科技论文写作

KEJI LUNWEN XIEZUO

第二版

郭倩玲　主编

秦 颖　谢智敏　副主编

化学工业出版社

·北京·

《科技论文写作》系统地阐述了科技论文规范写作的基础理论和实用知识，全面分析和展示了科技论文写作的规则、技巧及注意事项，内容有很强的针对性和实用性。《科技论文写作》还系统地分析了影响科技论文投稿录用率和投稿价值的主要原因，并引入科技论文收录、引用和评价的内容，使学生有目的地选择投稿期刊，提高投稿录用率，充分体现科技成果的价值，使其得到有效地交流和传播。

《科技论文写作》共 8 章，内容包括：科技论文各组成部分的撰写要求和编排格式；科技论文写作中的各种规范表达；科技论文中的英文写作；学位论文的写作规范；科技论文的收录、引用与评价；科技论文的撰写过程及有效投稿；最新科技信息的获取。《科技论文写作》在第一版的基础上，根据 2015 年 12 月 1 日起实施的国家标准 GB/T 7714—2015《信息与文献参考文献著录规则》修订了参考文献的著录规则；此外，对英文科技论文写作文字表述中常出现的问题，科技论文的投稿方式，学位论文和科技论文的评审流程，科技论文评价，以及科技信息获取等内容进行了修订和补充。

《科技论文写作》可作为高等学校理工科本科生和研究生的教材，也可供科研工作者参考。

图书在版编目（CIP）数据

科技论文写作/郭倩玲主编. —2 版. —北京：化学工业出版社，2016.3（2022.1重印）
ISBN 978-7-122-26343-8

Ⅰ.①科… Ⅱ.①郭… Ⅲ.①科学技术-论文-写作 Ⅳ.①H152.3

中国版本图书馆 CIP 数据核字（2016）第 032664 号

责任编辑：唐旭华　　　　　　　　　装帧设计：韩　飞
责任校对：宋　玮

出版发行：化学工业出版社（北京市东城区青年湖南街 13 号　邮政编码 100011）
印　　刷：北京京华铭诚工贸有限公司
装　　订：三河市振勇印装有限公司
787mm×1092mm　1/16　印张 14¼　字数 344 千字　2022 年 1 月北京第 2 版第 8 次印刷

购书咨询：010-64518888　　　　　　　售后服务：010-64518899
网　　址：http://www.cip.com.cn
凡购买本书，如有缺损质量问题，本社销售中心负责调换。

定　　价：32.00 元　　　　　　　　　　　　　　　　　　　版权所有　违者必究

《科技论文写作》编写人员

主　　编　郭倩玲

副 主 编　秦　颖　谢智敏

编写人员　（以姓氏笔画为序）

　　　　　孙秀良　汪　琴　张　杰　张慧卿

　　　　　高彦静　郭倩玲　秦　颖　谢智敏

前　言

科技论文的主要功能是记录、总结科研成果，促进科研工作的完成，是科学研究的重要手段。科技论文又是科研人员交流学术思想和科研成果的工具。因此，科技论文写作是科研工作者必备的基本素质。高等学校的学生作为学校培养的高级专门人才只有掌握科技论文的写作技巧和写作规范，才能在学位论文的写作和今后的科研工作中发挥其应有的作用。然而，目前许多学生这一技能非常欠缺，对自己的科研成果不知如何用论文的形式表达；且经常出现所写的论文表达晦涩难懂，可读性不强，及各种不符合规范的问题；还有的学生对投稿目标期刊不了解，以致不能正确选择投稿目标期刊，使所做的工作不能及时发表，甚至使自己的科研成果失去新颖性；也有的学生只求论文能发表，很少考虑论文发表的价值，这些都会使科技论文的质量受到影响，降低论文的投稿录用率和投稿价值，甚至很难将自己的劳动成果与同行进行有效地交流。因此，对高等学校学生开设"科技论文写作"课程非常必要。

《科技论文写作》主要是针对高等学校理工科本科生和研究生而编写的，是一本本科生和研究生的教学参考书。《科技论文写作》系统地阐述了科技论文规范写作的基础理论和实用知识；分析了影响科技论文投稿录用率和投稿价值的主要原因，并引入科技论文收录、引用和评价的内容，使学生有目的地选择投稿期刊，提高投稿录用率，以充分体现科研成果的价值，使其得到有效地交流和传播。

随着互联网技术的发展和应用，科技论文的投稿方式已发生改变，也改变着科技论文的公开渠道和评价指标，同时由于检索技术的不断发展，科技信息的获取渠道和方法也发生着改变，因此，有必要对2012年出版的《科技论文写作》进行修订。这次在第一版的基础上，根据2015年12月1日起实施的国家标准GB/T 7714—2015《信息与文献参考文献著录规则》修订了参考文献的著录规则；分析了英文科技论文写作文字表述中常出现的问题；在科技论文投稿方式方面侧重介绍了网络在线投稿系统，引入了学术不端检测系统的应用，修改了学位论文的评审流程；对科技论文评价和科技信息获取的有关内容进行了修订和补充。

《科技论文写作》共8章，其中第1章由汪琴编写，第2章由张杰编写，第3章由秦颖编写，第4章由高彦静编写，第5章由孙秀良编写，第6章由谢智敏编写，第7、8章由张慧卿编写。全书由郭倩玲统稿。

由于编者水平有限，书中疏漏和不妥之处在所难免，敬请广大读者批评指正。

编者
2016年1月

目 录

1 绪论 ... 1

  1.1 科学研究概述 ... 1

    1.1.1 科学研究的概念 ... 1

    1.1.2 科学研究的分类 ... 1

    1.1.3 科学研究的选题 ... 1

  1.2 科技论文概述 ... 2

    1.2.1 科技论文的概念 ... 2

    1.2.2 科技论文的特点 ... 2

    1.2.3 科技论文的分类 ... 3

    1.2.4 科技论文的作用 ... 5

    1.2.5 科技论文写作应具备的基本素质 ... 6

    1.2.6 科技论文的表述形式 ... 7

    1.2.7 科技论文与学术道德 ... 8

2 科技论文的构成 ... 11

  2.1 题名 ... 11

    2.1.1 题名的拟定要点 ... 11

    2.1.2 层次标题 ... 13

  2.2 作者署名 ... 13

    2.2.1 署名的意义 ... 13

    2.2.2 署名的原则 ... 14

    2.2.3 署名的规范 ... 14

    2.2.4 第一作者和通讯作者 ... 15

  2.3 作者的工作单位 ... 16

  2.4 摘要 ... 17

    2.4.1 摘要的内容 ... 18

    2.4.2 摘要的分类 ... 18

    2.4.3 摘要的写作要求 ... 19

  2.5 关键词 ... 21

    2.5.1 关键词的分类 ... 21

    2.5.2 关键词的标引 ... 21

  2.6 中图分类号、文献标识码和论文编号 ... 22

    2.6.1 中图分类号 ... 22

    2.6.2 文献标识码 ... 24

2.6.3 论文编号 ··· 24
2.7 引言 ··· 24
  2.7.1 引言的内容 ··· 25
  2.7.2 引言的写作要求 ··· 25
  2.7.3 引言的撰写技巧 ··· 25
  2.7.4 引言的书写方法 ··· 26
2.8 正文 ··· 27
  2.8.1 实验型论文的正文 ·· 27
  2.8.2 理论型论文的正文 ·· 30
  2.8.3 综述型论文的正文 ·· 31
  2.8.4 正文的结构层次 ··· 31
2.9 结论 ··· 32
  2.9.1 结论的内容 ··· 32
  2.9.2 结论的撰写技巧 ··· 32
  2.9.3 结论的撰写示例 ··· 33
2.10 致谢 ·· 33
  2.10.1 致谢对象 ··· 33
  2.10.2 致谢的撰写要求 ·· 34
  2.10.3 基金项目 ··· 34
2.11 参考文献 ·· 34
  2.11.1 参考文献著录的目的与作用 ··· 34
  2.11.2 参考文献的著录原则 ··· 35
2.12 附录与注释 ··· 35
  2.12.1 附录 ··· 35
  2.12.2 注释 ··· 36
2.13 论文日期信息 ·· 36

3 科技论文的写作规范 ·· 37

3.1 科技论文中量和单位的规范使用 ·· 37
  3.1.1 物理量 ·· 37
  3.1.2 计量单位 ··· 38
  3.1.3 量和单位的规范使用 ·· 43
  3.1.4 量和单位使用的常见问题 ··· 48
  3.1.5 常用领域量和单位的使用注意事项 ·· 49
3.2 科技论文中外文字符的规范使用 ·· 51
  3.2.1 字母类别 ··· 51
  3.2.2 外文字母大写 ··· 52
  3.2.3 外文字母小写 ··· 52
  3.2.4 正体字母 ··· 53
  3.2.5 斜体字母 ··· 54

3.2.6　字体类别 …………………………………………………… 54
3.3　科技论文中数字的规范使用 ……………………………………… 54
　　3.3.1　数字使用场合 …………………………………………… 54
　　3.3.2　阿拉伯数字的规范使用 ………………………………… 56
　　3.3.3　罗马数字的使用规范 …………………………………… 58
3.4　科技论文中名词名称的规范使用 ………………………………… 58
　　3.4.1　术语 ……………………………………………………… 58
　　3.4.2　日期和时间 ……………………………………………… 60
　　3.4.3　人名 ……………………………………………………… 60
　　3.4.4　地名 ……………………………………………………… 61
　　3.4.5　机构名 …………………………………………………… 61
　　3.4.6　型号编号 ………………………………………………… 61
3.5　科技论文中式子的规范使用 ……………………………………… 61
　　3.5.1　式子的简单分类 ………………………………………… 61
　　3.5.2　数学式及其规范使用 …………………………………… 62
　　3.5.3　化学式及其规范使用 …………………………………… 66
3.6　科技论文插图和表格的规范使用 ………………………………… 71
　　3.6.1　科技论文插图概述 ……………………………………… 72
　　3.6.2　科技论文插图的规范使用 ……………………………… 74
　　3.6.3　科技论文表格概述 ……………………………………… 78
　　3.6.4　科技论文表格的规范使用 ……………………………… 81
3.7　科技论文语言的规范使用 ………………………………………… 87
　　3.7.1　科技论文语言的特点 …………………………………… 87
　　3.7.2　科技论文语言的使用要求 ……………………………… 87
　　3.7.3　科技论文常见语病 ……………………………………… 88
3.8　科技论文中标点符号的规范使用 ………………………………… 98
　　3.8.1　标点符号分类和用法 …………………………………… 98
　　3.8.2　点号的降格使用 ………………………………………… 104
　　3.8.3　标点符号的配合与系列标点 …………………………… 104
　　3.8.4　系列标点的使用 ………………………………………… 105
3.9　科技论文中参考文献的著录规范 ………………………………… 105
　　3.9.1　参考文献的标注方法 …………………………………… 106
　　3.9.2　参考文献类型和文献载体及其标识代码 ……………… 106
　　3.9.3　参考文献的著录格式 …………………………………… 107
　　3.9.4　规范著录细则 …………………………………………… 109

4　英文科技论文的写作 …………………………………………………… 112

4.1　英文科技论文的主要结构组成 …………………………………… 112
4.2　英文科技论文的文体特点 ………………………………………… 113
　　4.2.1　文体概述 ………………………………………………… 113

    4.2.2　词汇特点 …………………………………………………………… 114
    4.2.3　句法特点 …………………………………………………………… 116
  4.3　英文题名 ……………………………………………………………………… 117
  4.4　作者的英文署名和工作单位 ………………………………………………… 118
  4.5　英文摘要 ……………………………………………………………………… 120
    4.5.1　英文摘要的精练方法 ………………………………………………… 120
    4.5.2　英文摘要中的动词 …………………………………………………… 120
    4.5.3　撰写英文摘要的注意事项 …………………………………………… 121
  4.6　英文致谢的写法 ……………………………………………………………… 122
  4.7　英文科技论文写作文字表述中常出现的问题 ……………………………… 123

5　学位论文的写作 …………………………………………………………………… 126
  5.1　学位论文概述 ………………………………………………………………… 126
    5.1.1　学位论文的概念 ……………………………………………………… 126
    5.1.2　学位制度的产生和发展 ……………………………………………… 126
    5.1.3　学位论文的种类 ……………………………………………………… 127
  5.2　学位论文的选题 ……………………………………………………………… 128
    5.2.1　选题的目的 …………………………………………………………… 129
    5.2.2　选题的意义 …………………………………………………………… 129
    5.2.3　选题的原则 …………………………………………………………… 130
    5.2.4　选题的步骤 …………………………………………………………… 134
    5.2.5　选题的方法 …………………………………………………………… 136
  5.3　学位论文的写作要求 ………………………………………………………… 139
    5.3.1　完成论文的独立性 …………………………………………………… 139
    5.3.2　论证对象的专业性 …………………………………………………… 139
    5.3.3　研究内容的学术性 …………………………………………………… 139
    5.3.4　论证过程的科学性 …………………………………………………… 140
    5.3.5　揭示规律的创新性 …………………………………………………… 140
    5.3.6　研究成果的应用性 …………………………………………………… 140
    5.3.7　知识结构的系统性 …………………………………………………… 140
    5.3.8　表述格式的规范性 …………………………………………………… 140
    5.3.9　论文篇幅的规模性 …………………………………………………… 141
    5.3.10　内容表达的可读性 …………………………………………………… 141
  5.4　学位论文的基本结构 ………………………………………………………… 141
    5.4.1　前置部分 ……………………………………………………………… 142
    5.4.2　主体部分 ……………………………………………………………… 143
    5.4.3　参考文献表 …………………………………………………………… 145
    5.4.4　致谢 …………………………………………………………………… 145
    5.4.5　附录 …………………………………………………………………… 145
    5.4.6　结尾部分 ……………………………………………………………… 145

5.5 学位论文的答辩 ········ 146
5.5.1 学位论文答辩的目的 ········ 146
5.5.2 学位论文答辩的意义 ········ 147
5.5.3 学位论文答辩前的准备 ········ 148
5.5.4 学位论文答辩时的注意事项 ········ 150
5.5.5 学位论文答辩的过程 ········ 152
5.6 学位论文和答辩的评价 ········ 154
5.6.1 学位论文成绩的评定 ········ 154
5.6.2 学位论文书面成绩的评定标准 ········ 154
5.6.3 学位论文答辩成绩的评定标准 ········ 155

6 科技论文的收录、引用与评价 ········ 156
6.1 科技论文的收录、引用 ········ 156
6.1.1 科技论文的收录 ········ 156
6.1.2 科技论文的引用 ········ 157
6.2 科技论文的主要评价方法和评价指标 ········ 157
6.2.1 科技论文的主要评价方法 ········ 157
6.2.2 科技论文的主要评价指标 ········ 158
6.3 国内外重要的期刊源数据库 ········ 161
6.3.1 科学引文索引 ········ 161
6.3.2 工程索引 ········ 165
6.3.3 会议录引文索引 ········ 169
6.3.4 中国科学引文数据库 ········ 169
6.3.5 中国科技期刊引证报告 ········ 171
6.3.6 核心期刊 ········ 171

7 科技论文的撰写、投稿与发表 ········ 174
7.1 科技论文的撰写 ········ 174
7.1.1 科技论文的选题 ········ 174
7.1.2 科技论文的写作准备 ········ 176
7.1.3 科技论文的写作 ········ 180
7.2 科技论文的投稿与发表 ········ 183
7.2.1 选择投稿期刊 ········ 183
7.2.2 稿件的投递 ········ 184
7.2.3 投稿后的通信联系 ········ 185
7.2.4 稿件的评审与编辑 ········ 185

8 文献检索与科技论文写作 ········ 189
8.1 文献检索对科技论文写作的作用 ········ 189
8.1.1 文献检索的意义 ········ 189

  8.1.2 文献检索在科技论文写作中的作用 ………………………………… 189
 8.2 科技文献及文献检索的基础知识 …………………………………………… 190
  8.2.1 科技文献的基本常识 …………………………………………………… 190
  8.2.2 科技文献的类型 ………………………………………………………… 190
  8.2.3 文献检索的步骤 ………………………………………………………… 193
 8.3 参考型检索工具 ……………………………………………………………… 197
  8.3.1 参考型检索工具的排检方法 …………………………………………… 197
  8.3.2 参考型检索工具的类型 ………………………………………………… 199
 8.4 数字信息资源检索的基础知识 ……………………………………………… 201
  8.4.1 数字信息资源的基本概念 ……………………………………………… 201
  8.4.2 数字信息资源的类型 …………………………………………………… 201
  8.4.3 数字信息资源检索的常用算符和常用技术 …………………………… 202
 8.5 常用的网络数据库 …………………………………………………………… 205
  8.5.1 中国知识资源总库 ……………………………………………………… 205
  8.5.2 万方数据知识服务平台 ………………………………………………… 207
  8.5.3 维普期刊资源整合服务平台 …………………………………………… 210
  8.5.4 ScienceDirect …………………………………………………………… 211
  8.5.5 SpringerLINK …………………………………………………………… 212
  8.5.6 EBSCOhost ……………………………………………………………… 213

参考文献 ……………………………………………………………………………… 215

1 绪 论

1.1 科学研究概述

1.1.1 科学研究的概念

科学研究是指对一些现象或问题经过调查、验证、讨论及思维，然后进行推论、分析和综合，来获得客观事实的过程。各国科学研究进程不同，对科学研究的释义也有一定的差别。如中华人民共和国教育部对科学研究的定义是："科学研究是指为了增进知识包括关于人类文化和社会的知识以及利用这些知识去发明新的技术而进行的系统的创造性工作。"美国资源委员会对科学研究的定义是："科学研究工作是科学领域中的检索和应用包括对已有知识的整理、统计以及对数据的搜集、编辑和分析研究工作。"综合来看，科学研究一般是指利用科研手段、设备和装备，为了认识客观事物的内在本质和运动规律而进行的调查研究、实验、试制等一系列的活动，为创造发明新产品、新技术提供理论依据，为归纳总结新理论提供实践依据。

1.1.2 科学研究的分类

科学研究的基本任务就是探索、认识未知，是一个解决问题或矛盾的全过程。根据研究工作的目的、任务和方法的不同，科学研究通常划分为以下三种类型。

(1) 基础研究

基础研究是对新理论、新原理的探讨，目的在于发现新的科学领域，为新的技术发明和创造提供理论前提。

(2) 应用研究

应用研究是把基础研究发现的新理论应用于特定目标的研究，它是基础研究的继续，目的在于为基础研究的成果开辟具体的应用途径，使之转化为实用技术。

(3) 开发研究

开发研究又称发展研究，是把基础研究、应用研究应用于生产实践的研究，是科学转化为生产力的中心环节。

基础研究、应用研究、开发研究是整个科学研究系统中三个互相联系的环节，它们在一个国家、一个专业领域的科学研究体系中协调一致地发展。科学研究应具备一定的条件，如需要有一支合理的科研队伍，必要的科研经费，完善的科研技术装备，以及科研试验场所等。

1.1.3 科学研究的选题

科学技术的迅速发展，使各门学科相互交融，出现了许多交叉学科和边缘学科，科学研究选题的内容也极其广泛。科研选题是一门科学，更是一种艺术，是科学研究人员必须掌握的一项基本功。题目选得好，方向正确，就能事半功倍，多出成果，出好成果。相反，如果社会价值和现实意义不大，或者不适合个人的研究能力，就很难深入开展研究，最终无法完成研究工作。那么，科学研究选题应遵循什么原则，才能做到在纷繁复杂的课题中准确定位呢？

(1) 价值性原则

科学研究选题首先要从社会发展的实际出发，选择能促进科学技术发展，或在生产和建设、居民生活中迫切需要解决的有重大效益的课题。价值性体现在两个方面：一是有现实意义，有实际或直接应用价值。选题应与社会生活、人们普遍关心的热点问题密切相关，与社会发展建设有关。这类课题的研究为应用研究或开发研究。二是有理论意义，有科学和学术价值。探讨和研究事物发展的客观规律，对现实性课题进行理论分析和综合探讨，注重从个别上升到一般，从具体发展到抽象，这类研究为基础研究，是进一步开展应用研究的良好起点。

(2) 创新性原则

创新是一种科学发现，是开创一个新的学科领域，对于人类的认识上升到哲学的高度产生深入的影响。坚持科学研究选题的创新性原则，首先要了解该课题研究领域已取得的进展，明确研究的起点。其次要把继承和创新结合起来。科学研究是在前人取得研究成果的基础上进行的，不继承前人的理论观点、思维方法和研究成果，就谈不上创新，也就无先进性可言。而科学研究总是在前人尚未问津、没有解决的问题上进行探索，不突破前人的观点、学说和方法，只能是简单的重复。

(3) 可行性原则

科学研究的选题一定要量力而行，避免盲目性。选题的方向、大小、难易等，都应与自己的知识积累、分析问题和解决问题的能力以及写作经验相适应，要从个人的主客观实际情况出发，选取真正适合自己研究的课题。要全面考虑主客观条件，确保选题经过努力能够实现。具体来讲，需要考虑三个方面的可行性：一是科学原理上可行。选题应以一定的事实根据和科学理论为依据，不能违反自然规律和科学原理，这是科研选题的起码要求。在确定题目前，应阅读大量文献，了解当前研究现状，汲取前人的实践经验和最新研究成果。二是选题的难易、大小要适度可行，正确处理"知难而进"和"量力而行"的关系。选题时应考虑自己的知识水平、科研能力，不可贪大求全。三是文献资料、研究经费、协作人员、仪器设备、检测手段等条件上可行，不能抛开科研条件盲目上马。文献资料是开展科研的基础，没有充足资料可供参考，会增加研究的难度。仪器设备等硬件条件的缺乏，也直接关系到研究的水平和深度。

1.2 科技论文概述

1.2.1 科技论文的概念

科技论文是在科学研究、科学实验的基础上，对自然科学和专业技术领域里的某些现象或问题进行专题研究，运用概念、判断、推理、证明或反驳等逻辑思维手段，分析、阐述和揭示出这些现象和问题的本质及其规律性而撰写成的论文。科技论文区别于其他文体的特点，在于创新性科学研究工作成果的科学论述，是某些理论性、实验性或观测性新知识的科学记录，是某些已知原理应用于实际中取得新进展、新成果的科学总结。因此，完备的科技论文应该具有科学性、首创性、逻辑性和有效性，这也就构成了科技论文的基本特点。

1.2.2 科技论文的特点

科技论文具有如下特点。

(1) 科学性

科学性是科技论文在方法论上的特征，它不仅仅描述的是涉及科学和技术领域的命题，而且更重要的是论述的内容具有科学可信性，是可以复现的成熟理论、技巧或物件，或者是经过多次使用已成熟能够推广应用的技术。

(2) 首创性

首创性是科技论文的灵魂，是有别于其他文献的特征所在。它要求文章所揭示的事物现象、属性、特点及事物运动时所遵循的规律，或者这些规律的运用必须是前所未见的、首创的或部分首创的，必须有所发现，有所发明，有所创造，有所前进，而不是对前人工作的复述、模仿或解释。

(3) 逻辑性

逻辑性是文章的结构特点。它要求科技论文脉络清晰、结构严谨、前提完备、演算正确、符号规范、文字通顺、图表精制、推断合理、后呼前应、自成系统。

(4) 有效性

有效性指文章的发表方式。当今只有经过相关专业同行专家的审阅，并在一定规格的学术评议会上答辩通过、存档归案；或在正式的科技期刊上发表的科技论文才被承认是完备和有效的。这时，不管科技论文采用何种文字发表，它表明科技论文所揭示的事实及其真谛已能方便地为他人所应用，成为人类知识宝库中的一个组成部分。

1.2.3 科技论文的分类

科技论文从不同的角度进行分类，会有不同的分类结果。既可以按其发挥的作用来分类，也可以按研究的方式和论述的内容来分类。

1.2.3.1 按发挥的作用划分

(1) 学术性论文

学术性论文指研究人员提供给学术性期刊发表或向学术会议提交的论文，它以报道学术研究成果为主要内容。学术性论文反映了该学科领域最新的、最前沿的科学水平和发展动向，对科学技术事业的发展起着重要的推动作用。这类论文应具有新的观点、新的分析方法和新的数据或结论，并具有科学性。

(2) 技术性论文

技术性论文指工程技术人员为报道工程技术研究成果而提交的论文，这种研究成果主要是应用已有的理论来解决设计、技术、工艺、设备、材料等具体技术问题而取得的。技术性论文对技术进步和提高生产力起着直接的推动作用。这类论文应具有技术的先进性、实用性和科学性。

(3) 学位论文

学位论文指学位申请者提交的论文。根据学位的高低可分为以下3种。

① 学士学位论文　指大学本科毕业生申请学士学位要提交的论文。工科大学生有的做毕业设计，毕业设计与科技论文有某些相同之处。论文或设计应反映出作者具有专门的知识和技能，具有从事科学研究或担负专门技术工作的初步能力。这种论文一般只涉及不太复杂的课题，论述的范围较窄，深度也较浅，因此，严格地说，学士论文一般还不能作为科技论文发表。

② 硕士学位论文　指硕士研究生申请硕士学位要提交的论文。它是在导师指导下完成的，但必须具有一定程度的创新性，强调作者的独立思考作用。通过答辩的硕士论文，应该

说基本上达到了发表水平。

③ 博士学位论文 指博士研究生申请博士学位要提交的论文。它可以是1篇论文，亦可以是相互关联的若干篇论文的总和。博士论文应反映出作者具有坚实、广博的基础理论知识和系统及深入的专门知识，并具有独立从事科学研究工作的能力，还应反映出该科学技术领域最前沿的独创性成果。因此，博士论文被视为重要的科技文献。

学位论文要经过考核和答辩，因此，无论是论述文献综述，还是介绍实验装置、实验方法都要比较详尽，而学术性或技术性论文是写给同专业的人员看的，要力求简洁。除此之外，学位论文与学术性论文和技术性论文之间并无其他严格的区别。

1.2.3.2 按研究的方式和论述的内容划分

在科学研究工作中，人们的研究内容和方式是不同的，有的以实验为研究手段，通过实验发现新现象，寻找科学规律，或验证某种理论和假说，总之，实验结果的科学记录和总结就是研究工作的成果；有的是先提出假说，进行数学推导或逻辑推理，或者借助数学方法作为研究的手段，用实验结果来检验理论，这类论文以论述或论证为中心，或提出新的理论，或对原有的理论做出新的补充和发展，或做出否定；有的研究对象虽然属于自然科学或工程技术范畴，但论述的方式却类似于社会科学的某些论文，即用可信的调查研究所得的事实或数据来论证新的观点，等等。根据这些，按研究的方式和论述的内容可对科技论文做如下分类。

(1) 实验型

这类论文主要针对科技领域的一个学科或专题，有目的地进行实验与分析，调查与考察，或进行相应的模拟研究，得到系统的实验数据或效果、观测现象等较为重要的原始资料和分析结论，准确与齐备的原始资料通常会成为进一步深入研究的依据与基础。实验型论文不同于一般的实验报告，其写作重点应放在研究上，需要的是可靠的理论依据、先进的实验方案、适用的测试手段、准确的数据处理及严密的分析论证。

(2) 理论型

① 理论推导型 这类论文主要是对提出的新的假说通过数学推导和逻辑推理，从而得到新的理论，包括定理、定律和法则。其写作要求是数学推导要科学、准确，逻辑推理要严密，并准确地使用定义和概念，力求得到无懈可击的结论。从事专题研究的人员写这方面的科技论文多些。

② 理论分析型 这类论文主要是对新的设想、原理、模型、机构、材料、工艺、样品等进行理论分析，对过去的理论分析加以完善、补充或修正。其论证分析要严谨，数学运算要正确，资料数据要可靠，结论除了要准确外，一般还须经实（试）验验证。

(3) 设计计算型

设计计算型论文一般是指为解决某些工程问题、技术问题和管理问题而进行的计算机程序设计；某些系统、工程方案、产品的计算机辅助设计和优化设计，以及某些过程的计算机模拟；某些产品（包括整机、部件或零件）或物质（材料、原料等）的设计或调制和配制等。对这类论文总的要求是相对要"新"，数学模型的建立和参数的选择要合理，编制的程序要能正常运行，计算结果要合理、准确；设计的产品或调、配制的物质要经试验证实或经生产、使用考核。从事计算机等软件开发的人员写这方面的科技论文多些。

(4) 发现发明型

发现发明型论文是记述被发现事物或事件的背景、现象、本质、特性及其运动变化规律和人类使用这种发现前景的文章；阐述被发明的装备、系统、工具、材料、工艺、配方形式或方法的功效、性能、特点、原理及使用条件等的文章。从事工程施工方面的人员写这方面的稿件多些。

(5) 专题论述型

专题论述型论文是指对某些事业（产业）、某一领域、某一学科、某项工作发表议论（包括立论和驳论），通过分析论证，对它们的发展战略决策、发展方向和道路，以及方针政策等提出新的独到的见解。

(6) 综合论述型

综合论述型论文即综述型论文，应是在作者大量阅读文献的基础上，综合介绍、分析、评述该学科（专业）领域里国内外的研究新成果、发展新趋势，并表明作者自己的观点，做出发展的科学预测，提出比较中肯的建设性意见和建议。一篇好的综合论述，对于学科发展的探讨，产品、设计、工艺材料改进的研究，科学研究的选题，以及研究生学位论文的选题和青年科技人员及教师进修方向的选择等的指导作用都是很大的。对这类论文的基本要求是，资料新而全，作者立足点高、眼光远，问题综合恰当、分析在理，意见和建议比较中肯。它的写法通常有两类：一类以汇集文献资料为主，辅以注释，客观而少评述。另一类则着重评述。通过回顾、观察和展望，提出合乎逻辑的、具有启迪性的看法和建议，从事管理工作的人员写这方面的科技论文较多。

1.2.4 科技论文的作用

作为科学研究成果的科技论文可以在专业期刊上发表，也可在学术会议及科技论坛上报告、交流，并力争通过开发使研究成果转化为生产力。科技论文主要功能是记录、总结科研成果，促进科研工作的完成，是科学研究的重要手段。科技论文又是科技人员交流学术思想和科研成果的工具。所以，科技论文可作为科技领导部门进行科技决策的根据，也可作为考核科技人员的依据。科技论文数量越多、质量越高，标志着科技人员和科研单位的科技水平越高。总体来说，科技论文的作用概括为以下四个方面。

(1) 科技论文的写作是科研工作者进行科学研究的重要手段

有的科研工作者在接受科研任务时，往往认为他们接受的只是"1项"任务，即科研；实际上，他们开始就应当认为接受的是"2项"任务——科研和写作，科研工作者应当建立起这样一个概念。法拉第说得好，"开拓，研究完成，发表"，可见写作与发表对一个科研工作者有多么重要。

不少作者往往把写作论文当作课题研究最后阶段的事来做，因而常常听到他们说："等课题完了再写吧！"其实，写论文不是为了"交差"、"还账"，也不只是为了发表；科技论文的写作是科学研究的一种手段，是科学研究工作的重要组成部分。最好的做法是，课题研究的开始就是论文写作的开始，即不要等课题完成了才写，而应在课题研究一开始就写，因为思考一个比较复杂的问题，借助于写作效果会更好些。写，就是用文字符号把思考的过程一一记录下来，让它们在纸面上视觉化，便于反复琢磨与推敲，使飘浮、抽象、混乱的思维清晰起来，具体化和条理化起来，使思维更缜密。如果把写作贯穿在整个研究工作中，边研究，边写作，则可及时发现研究工作的不足，补充和修正正在进行的研究，使研究成果更加完善；同时也还有这样的可能，即写作灵感的突发，将导致研究方案的重大改进，从而提高研究成果的水平和价值。

(2) 科技论文的发表可以促进学术交流

英国文学家肖伯纳说过:"倘若你有一个苹果,我也有一个苹果,而我们彼此交换,那你和我仍各有(只有)一个苹果。但倘若你有一种思想,我也有一种思想,而我们彼此交流,那我们将各有两种思想。"写作与发表的科技论文则正是科研工作者之间进行科学思想交流的永久记录,也是科学的历史,它记载了探索真理的过程,记载了各种观测结果和研究结果,而科学研究是一种承上启下的连续性的工作,一项研究的结束可能是另一项研究的起点。因此,科研工作者通过论文写作与发表形式进行的学术交流,能促进研究成果的推广和应用,有利于科学事业的繁荣与发展。

(3) 科技论文的写作与发表有利于科学积累

科技论文写作是信息的书面存储活动,通过论文的写作与发表,信息的传递将超越时空的限制,研究成果将作为文献保存下来,成为科学技术宝库的重要组成部分,为同时代人和后人提供科学技术知识,由整个人类所共享。人类整个科学技术历史长河就是由这样一个个浪花汇集而成的。

(4) 科技论文的发表是发现人才的重要渠道和考核科研工作者业务成绩的重要依据

一篇论文的发表,可能使一个原来默默无闻的科研工作者被发现并受到重用,这在科技史上和当今的事例是很多的。发表论文的数量和质量是衡量一个科研工作者学识水平与业务成绩的重要指标,同时也是考核他们能否晋升学位和技术职务的重要依据。

1.2.5 科技论文写作应具备的基本素质

有价值的科研成果同好的科技论文并不是一回事,必须运用文字对科研成果进行再加工,才可能撰写出优秀的科技论文。科技论文不仅要在结构、内容、形式、规范上符合要求,而且要概念清晰、语言精练、结构严谨、层次清楚、逻辑性强,从而引起读者的兴趣,加以重视。因此,科技论文作者应具备必要的专业知识、文字功夫和思想修养等基本素质。

(1) 广博扎实的专业知识

所谓广博,意思是除了全面系统的学习和掌握本学科或本专业的知识外,还应对其他学科知识有所涉猎;所谓扎实,是指对该专业知识的基本概念、基本原理、基本观点要熟练掌握,才能在某一具体问题上提出自己的新见解、新论点。其中,广博是基础,扎实是根本,广博才能枝繁叶茂,扎实才能根深蒂固,两者在科技论文中相辅相成,相互促进,这是写作科技论文应具备的文化素质。

作者还应对自己所要研究的学科或专业领域外的某些相关学科的基础理论,特别是相关新学科知识有所了解。作者的知识面越广泛,就越有可能从相关学科汲取新思想、新方法、新成果,独辟蹊径,进行综合分析、推理判断。

特别要注重及时阅读、掌握国内外科研成果的第一手文献资料。

(2) 行文通常的文字功夫

科技论文作者除了必须具备语法、修辞、逻辑等基本的语言文字知识和表达技巧外,还应在撰写论文的实际中,不断熟悉科技论文的要求,掌握好科技语言的自身特点,科技语体的词汇特征、句型特征,科技论文中规范化、标准化的图、表、符号、公式等的书写和表达方法。

(3) 强烈的社会责任感

这是撰写科技论文必备的思想素质。论文写作是一项具有较大创作性的工作,需要对社会生活有较强的感悟力和敏锐的洞察力。在生活和工作中善于观察问题，分析解决问题，在撰写论文中始终保持实事求是、严肃认真的科学态度。

1.2.6 科技论文的表述形式

科技论文的表述形式包括科技论文的规范形式、简略形式、特殊形式。

科技论文是一种特殊文体，是按一定格式要求进行表述的。目的是促进科技成果的准确表达，便于读者阅读、检索。按照科技论文在征集、发表时的要求不同，论文的表述形式也有所不同。一般来说，大致可以将其表述形式分成三大类，即规范形式、简略形式和特殊形式。

1.2.6.1 科技论文的规范表述形式

规范形式的科技论文一般包括前置部分、主体部分、附录部分和结尾部分，图1-1中列出了学术论文的主要结构。

1.2.6.2 科技论文的简略表述形式

科技论文简略形式主要包括研究简报、摘要、快报、题录等形式。

（1）研究简报

研究简报是科技论文的一种简略形式。是学术性期刊为了尽可能多、尽可能快地发表科技论文，对于某些在原理、方法、技术上与已发表的论文基本一致，仅在作者设计并研究的特定分支有所创新的论文，通常以研究简报形式出现。研究简报的撰写要点和构成与科技论文的规范形式相同，但全文字数要加以控制，通常将字数控制在 3000～4000 字。

（2）摘要

这里所讲的摘要与科技论文构成部分之一的内容提要是不同的。摘要是许多学术会议征集或刊登于科技论文集中最常用的简略形式。摘要的构成部分与其规范形式相比则较少。通常要求由题名、作者姓名、工作单位、通讯联系方式及内容提要等部分组成。

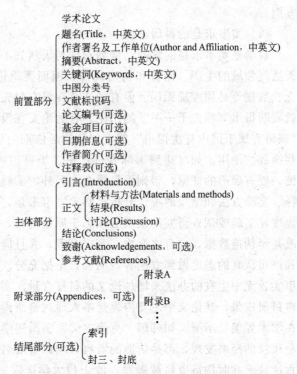

图1-1　科技论文规范形式的结构及组成

（3）快报

快报也称为通讯，是迅速扼要地报道最新的重要研究成果的一种论文简略形式。快报通常以短文形式对论述的主题做清晰、完整的交代，形式较为完整。

（4）题录

题录是介绍研究内容基本信息的短文。一般由论文题名，作者姓名，工作单位和通讯联系方式三部分构成。

1.2.6.3 科技论文的特殊表述形式

科技论文特殊形式主要包括综述、墙报等形式。

（1）综述

综述也称为述评，是高度浓缩化的科技信息。是对某一时期内的某一学科或专题的研究成果或技术成就，进行系统、全面地分析研究，进而归纳整理后做出的综合叙述。

(2) 墙报

墙报是以大型张形式的文字材料，展贴在墙上做介绍。墙报在内容的表述上与科技论文的规范形式相一致，只是文字更加简练，文章不求系统、完整，只需要把作者的创新点、应用价值等介绍清楚。墙报不同于摘要，可以列出必要的示意图、照片、图谱及数字表格，必要时可准备一定的实物样品，使读者能够得到更直观的了解。

1.2.7 科技论文与学术道德

学术道德作为一种精神力量，是人们行动的内在动机，物化为责任感、义务感来制约人的行为。科技论文写作的学术道德就是要求人们实事求是、诚实，它既属于科研工作者的学术道德范畴，也是提高论文质量的重要保证。科技论文写作的学术道德表现在以下几个方面。

(1) 实事求是的科研态度

科学是实事求是的学问，例如石油与天然气工程的论文，其目的都是揭示和研究石油与天然气领域的生产、储备和利用规律，因而要求论文中采用的资料必须真实可靠，每个概念、数据等必须准确无误。但有的文章在没有与先前研究文献报道的结果做充分比较的前提就武断得出"领先于……"的结论，有的论文在没有经过充分的文献检索的情况下盲目夸大"该研究属于国内首次提出"等，如此缺乏依据的结论往往是论文的重要弱点。所以对于某些措辞的使用，如可达到国际先进水平、填补国内空白、首次发现、重大突破等要慎之又慎，要有确凿的证据，否则便是浮夸。另外，实验的设计、技术方法的确定、实验材料的选择、实验方法和结果的统计分析都必须实事求是，经得起科学验证和实践检验。实事求是还表现在实验或调查研究的结果必须忠于原始资料，数据准确无误不得随意取舍，更不允许删改甚至伪造数据，要言之有物，言之有理，并且应有可重复性。要坚持用唯物辩证法的立场和严肃认真的态度做到立论客观明确，论据充分，论证严谨，不主观臆断，坚决避免用歪曲事实、无中生有的办法来增加论文的科技含量。实事求是还表现在作者需依靠自己的劳动获得科研成果，其论文中主要内容是本人通过科研得来的第一手材料。然而，弄虚作假的行径在学术界屡见不鲜。如韩国"克隆之父"黄禹锡学术造假轰动世界，拷问着科学诚信；朝鲜金凤汉的经络发现，都是伪造的资料，均以身败名裂告终。耶鲁大学一名学者在研究神经性食欲缺乏症时伪造资料被揭发，波士顿大学医院一个癌症实验治疗小组虚构数据和实验记录，英国《自然》杂志揭露了约翰·达西在12年里共编造假论文100篇。这类事件在国内亦屡有发生，如北京大学存在抄袭剽窃等学术道德问题，文科有社会学系博士生导师王××教授抄袭事件，理科有生命科学学院6位老师1994年在国外发表的论文涉嫌严重抄袭事件。对这类沽名钓誉者，应当无情揭露，严厉谴责，严肃处理。

(2) 证伪求真的务实作风

证伪是编辑运用一定的方法或技巧发现文稿的内容存在问题，并证明其为错误或虚构的事实。证伪是一种思想状态，又是一种运动、方法和手段。生疑、提问和找错误是证伪过程的三个关键环节。提问是一种积极的、主动的思维表现，是在生疑、提问的基础上发现文章的问题，进而运用系统证伪法、数学证伪法、逻辑证伪法、范畴证伪法等检查一篇论文中有无内部矛盾，从头至尾能否自圆其说。不允许在同一篇论文中存在矛盾命题，包括图表、数据、结果、讨论等，另外需看论文的论证与科学常识是否存在矛盾。证伪不仅包括科学问题本身，同时也包括科学问题的表述，或科研成果的内容及语言表述错误。在科技论文中通常存在两种情况，一种是论文本身研究的是一个伪科学问题，违反了道德规范，对此应果断地去证伪；另一种是科学理论表述上的错误，对此应与作者讨论并及时纠正。

（3）研究内容的准确表述

科技论文表述的内容必须真实地反映客观存在的事实，包括科研设计是否合理，统计学方法是否正确，研究过程中得到的成功经验和经历的失败教训等。包括统计调查方法、统计数据获取、统计指标与统计分组、数据处理模型等的设计。如果在统计资料收集、数据获取等任何一个环节出现差错，都会影响科学研究的质量。科技论文表述不准确的表现形式主要有以下几种：一是对资料取舍方法交代不清、研究方法介绍不准确。如引用参考文献时断章取义，没有准确阐述原文的意图；撰写实验设计型论文时，缺少对实验方法设计的必要表述，影响对实验结果的正确理解。二是出现技术性错误。如选用的统计方法、实验手段、参数范围、数学模型等不符合研究对象的性质。三是对研究结果没有进行必要的统计学处理，得出的结论不具说服力。如有的论文只有实验结果，缺乏必要的过程数据做支撑，无法验证研究方法的正确性和结论的可靠性。四是论文无层次或与讨论的内容混为一谈。结果的交代层次直接决定着随后展开的讨论，有的文稿将所有的结果毫无层次地罗列在一起，难以理清头绪。因此，科技论文必须经过作者反复核对，确保论文资料的准确无误、实验数据的完整准确和结论的真实可信。否则，科技论文就是缺乏科学性的，不符合学术道德规范。

（4）参考文献的正确引用

参考文献是科技论文的重要组成部分，在论文中起着导向原文的作用，与科技论文的学术质量直接相关。它既可以为作者的某些论点、数据、资料提供科学依据，也是评价科技论文学术价值，为读者提供参考书目的主要来源。一篇没有参考文献的科技论文，脱离了科学研究工作的继承性，反映出作者科学作风和态度的欠缺。恰当、合理地引用文献不但避免了重复劳动，而且可为论文的研究成果提供更有权威性、更及时、更有说服力的证据。正确引用参考文献需要注意以下几个方面：一是著录格式的规范性。论文中参考文献的著录方法，国际上流行的有好多种，我国国家标准 GB/T 7714—2005《文后参考文献著录规则》中规定采用"顺序编码制"和"著者-出版年制"对参考文献进行文内标注和文后规范整理。其中，顺序编码制为我国科学技术期刊所普遍采用。但是，目前在论文写作中许多作者比较疏忽参考文献的著录格式，一方面是部分作者对写作规范不甚了解或者规范意识淡漠，另一方面是个别作者的主要观点和内容都来自别人已做的工作，没有自己创新的内容，为论文发表的需要故意不标出参考文献。二是著录内容的正确。科技论文的主要内容是作者通过科学研究得出的成果，均为作者的第一手资料。如果论文引用了他人的观点、结论或数据等，则应标注参考文献的来源，以显示对他人劳动成果的尊重。照抄他人论文或仅更改个别文字，就属于抄袭或剽窃行为，这是不符合学术道德规范的。

（5）论文署名的严谨规范

科技论文的署名是版权中的重要人身权利，主要依据作者对论文贡献的大小依次排列，既表示对作者的尊重，也体现作者对论文负责的精神。作者应是论文的全部或部分学术内容的创造者，研究中原始数据的采集者，参加论文撰写或校订研究内容的参与者。参加过部分工作、对课题缺乏全面了解、不能对论文负责的人员，均不应该署名，但可在论文的附注中或致谢中提及，以体现其劳动成果。当前，在论文署名中出现了人情风和随意性,如有的作者为了搞好人情关系,在论文中添加领导或同事的姓名;也有人把知名者列为自己论文的合作者,以图提高论文身份;也有人凭借不正当手段在他人的论文中署名;还有的论文本来由多人完成,但论文发表时只署1人姓名,这样必然导致纠纷发生。侵权署名是各国法律都不允许的。我国《著作权法》第13条规定:"没有参加创作的人,不能成为合作作者"。署名的滥用和不恰当,不利于学术交流,并且会干扰科学研究的严肃性。

2 科技论文的构成

科技论文由前置部分、主体部分、附录部分和结尾部分组成。其中前置部分包括题名、作者署名及工作单位、摘要、关键词、中图分类号、文献标识码、论文编号等；主体部分包括引言、正文、结论、致谢和参考文献；附录部分主要是主体部分的补充项，不是必备项；结尾部分主要是指相关索引，也不是必备项。本章将详细介绍各项的写作规则和要求。

2.1 题 名

科技论文的题名，又称题目、标题、篇名或文题。题名是科技论文的必要组成部分，题名应是以最恰当、最简明的词语反映报告、论文中最重要的特定内容的逻辑组合。

题名是一篇文章的眼睛，是文章借以显神的文字。题名是论文内容的高度概括，它应准确、简练、清晰地反映论文的研究范围和深度，以便于读者选读，同时也便于文献检索或追踪。对一篇文章来说，首先映入读者眼帘的，总是它的题名。读者从文摘、索引或题录等情报资料中，最先找到的也是文章的题名。读者通常也是根据题名来考虑是否进一步阅读某篇文章的摘要，乃至全文。因此，一个恰当的题名可以为文章争取更多的读者。

2.1.1 题名的拟定要点

撰写题名一定要准确、简洁、鲜明，对题名中所有字词的选择应格外注意，它们之间的逻辑关系也应认真处理好。

（1）突出主题，准确得体

题名要准确地表达论文的中心内容，恰当地反映研究的范围和深度。用含义确切、实事求是的文字恰当而生动地表达论文的核心内容，忌用笼统的泛指性强和华而不实的词语。常见的毛病如下。

① 题名过于笼统，反映的面太大，而研究内容的范围却比较窄，即"帽子太大"。例如：（ⅰ）离子液体的制备；（ⅱ）抗生素对细菌的作用；（ⅲ）选育菌株的研究。这三个题名都过于笼统，反映的面太大而不明确，也不便于检索。如果针对文章的研究内容或具体研究对象来命名，效果则会好很多。题名（ⅰ）研究的主要内容是合成了在咪唑环上分别连接碳链长度不同的烷基的含羧基的功能化离子液体，题名使用"含羧基的功能化离子液体的制备"，更能反映文章的研究内容；题名（ⅱ）研究的内容是苯唑青霉素对金黄色葡萄球菌的作用，更确切的题名应为"苯唑青霉素对金黄色葡萄球菌的作用"；题名（ⅲ）的主要内容是利用基因改组技术，获得了耐高温性能和耐乙醇性能都较好的酿酒酵母菌株，题名可改为"基因改组技术选育耐高温、耐高乙醇酿酒酵母菌株的研究"。

② 题名过分夸大或拔高。例如，文章的研究内容深度不大，但却冠以"……机理研究"、"……理论研究"等题名。

③ 题名与研究内容不相符，即不切题。

（2）文字精练，涵义确切

题名应当确切具体地反映主要的研究内容或对象，文字要简短精练，一个简短明了的题名，能使读者印象鲜明，便于记忆和引用。对题名的字数无统一的硬性规定，题名一般不宜超过 20 字。题名中尽可能地删除多余的字、词，避免同时使用同义词或近义词。例如：（ⅰ）关于钢水中所含化学成分的快速分析方法的研究；（ⅱ）利用导电高分子材料和无机氧化物为基的灵巧光学窗口的研究。这两个题名在语言表达上较为繁琐、冗长。题名（ⅰ）中的"关于"、"研究"，题名（ⅱ）中的"利用"、"灵巧"等词在删掉的情况下，并不会影响意思的表达，分别可改为"钢水中所含化学成分的快速分析方法"和"导电高分子材料和无机氧化物为基的光学窗口"。

值得注意的是，题名末尾的"研究"在多数情况下，可以省略；但有时不宜省略，因为省略后可能会影响原意的表达。如，"低压燃油雾化喷嘴流动能量损失特性数值研究"中的"研究"不宜删掉。

但是，不能因为追求字数少而影响题名对论文内容的恰当反映，省略不当往往会出现语法错误或通过题名不能使读者理解论文的内容。例如：（ⅰ）几种天然固体基质栽培番茄的比较试验；（ⅱ）车辆维修器材计算机信息处理系统。题名（ⅰ）以固体基质作主语道理上讲不通，蕴藏的主语为"作者"，可改为"用几种天然固体基质栽培番茄的比较试验"；由论文内容可知，题名（ⅱ）处理的不是"器材"的信息，而是"器材管理"的信息，可改为"车辆维修器材管理的计算机信息处理系统"。

（3）结构合理

题名像一条标签，忌用主、谓、宾结构的完整句子，常用以名词或名词性词组为中心的偏正结构词组，一般不用动宾结构。

例如，"研究一种制取苯乙醛的新方法"，此题名为动宾结构，可改为偏正结构："一种制取苯乙醛的新方法"。

如果中心动词前有状语，此时用动宾结构；"论……"，"谈谈……"等形式的题名也可用动宾结构。例如：（ⅰ）用荧光光度法测定微量汞；（ⅱ）浅谈影响聚合物熔体流变行为的主要因素。题名（ⅰ）的中心动词"测定"前有状语"用荧光光度法"，无法将"测定"这个动词作为名词改为相应的偏正结构，所以可以使用动宾结构；题名（ⅱ）为"浅谈……的主要因素"，不必改为偏正结构。

（4）语序正确

题名中的语序要正确，如果语序不合理会造成语义混乱，使读者难以理解。如，"计算机辅助机床几何精度测试"，本意是表达机床几何精度的辅助测试，由于语序不正确，使人费解，可改为"机床几何精度的计算机辅助测试"。

此外，还应注意题名中"的"字的位置，其位置不同，题名所表达的意思有可能不同。如，"拱坝的应力特点和分布规律的探讨"，根据论文的内容，作者本意是研究拱坝应力的特点和分布规律，第一个"的"字放错了位置，且题名中的"探讨"可以省略，题名可改为"拱坝应力的特点和分布规律"。

（5）便于检索

题名中所用的词语要符合二次文献编制题录、索引和关键词的有关原则，目前，大多数索引和摘要系统都已采用"关键词"系统，所以题名中应尽可能多地使用关键词，从而使论文容易被检索。一般情况下，中文题名中应避免直接使用英文词，为方便检索，题名中尽量不出现数学公式，化学式，上下角标，特殊符号（如数学符号、希腊字母等），不常用的术语、非公知公用的缩略语和代号等，避免使用材料仪器的公司名称或商品名、商业标记等，以采用客观的学术名称为宜。

例如，"多元体系 Me（OAC）$_3$-C$_{11}$H$_{12}$（Antipyrine）-H$_2$O 的研究"中出现了化学式、英文词和上下角标，不便于检索。

（6）有些情况下可以用副题名

如果短的题名不足以显示论文的内容，可用副题名来补充说明文章的特定内容。主、副题名之间中文用破折号"——"连接，也可以用冒号"："连接。如，"有源位错群的动力学特性——用电子计算机模拟有源位错群的滑移特性"。

另外，如果一个研究工作用几篇文章来报道，在内容上是连续的、密切相关的，每篇文章可以加副题名，构成系列题名。如"轴流压气机转子尖部三维复杂流动Ⅰ——实验和理论研究"和"轴流压气机转子尖部三维复杂流动Ⅱ——数值模拟研究"。

2.1.2 层次标题

层次标题又叫小标题，是除论文题名外的各级分标题。层次标题在实验部分和结果与讨论中经常出现。层次标题可以帮助作者理清思路，安排论文结构，方便读者阅读，便于检索，还可以使论文版式更加美观。层次分级一般不超过 4 级。

科技论文中的题名和层次标题的书写格式要依据指定的标准。不同的期刊、场合和对象可能有不同的要求。科技报告、论文中可采用六级层次标题，1 至 4 级采用阿拉伯数字分级编号，各级间数字右下加圆点。如图 2-1 所示。

第一级	第二级	第三级	第四级	…
1	2.1	2.2.1	2.2.11.1	…
2	2.2	2.2.2	2.2.11.2	…
3	2.3	2.2.3	2.2.11.3	…
…	…	…	…	
10	2.10	2.2.10	2.2.11.10	…
11	2.11	2.2.11	2.2.11.11	…

图 2-1 科技论文中的层次编号

2.2 作者署名

在科技论文上署名能表明署名者的身份，即拥有著作权，并表示承担相应的义务，对论文负责。署名可以是单作者署名、多作者署名和团体或单位署名。

2.2.1 署名的意义

① 作者对论文拥有著作权的一个声明　《中华人民共和国著作权法》规定："著作权属于作者"，著作权也称版权（Copyright）包括发表权、署名权、修改权、保护作品完整权、使用权和获得报酬权等。未经著作权人授权，其他任何人不得占有、控制和使用其作品。拥有著作权的人，可以与出版者订立合同，转让或收回著作权。在论文（或其他著作物）上署名，就是宣布拥有著作权的一个声明。一般期刊社在"作者须知"的有关条目中说明著作权（或版权）的归属、转让等事项，作者向其投稿，即表明接受期刊社的约定，期刊社一般要求作者填写"版权转让书"。

② 文责自负的承诺　所谓文责自负，是论文一经发表，署名者应对论文负责，要负法

律、科学、道义上的责任。如果论文存在剽窃、抄袭、损害国家利益，或者在科学上有严重错误并导致严重后果，或者被指控有其他不道德的和不科学的问题，署名者理应担负全部责任。

③ 便于读者联系 在阅读完论文后，若读者想求教、质疑，或者与作者商榷，则可以直接与作者联系。

④ 便于检索 作者的姓名是重要的检索信息，也是有关数据库重要的统计源。

2.2.2 署名的原则

署名最基本的原则是突出创造性工作，尊重客观事实、实事求是。多作者署名一般按各人对论文中研究工作的贡献大小依次排列。

美国《内科学纪事》一书中提出作者署名的 5 个条件。其一，必须参与了本项研究的设计和开创工作，如在后期参与工作，必须赞同前期的研究和设计；其二，必须参加了论文中的某项观察和获取数据的工作；其三，必须参与了实验工作、观察所见或对取得的数据做解释，并从中导出论文的结论；其四，必须参与论文的撰写或讨论；其五，必须阅读过论文的全文，并同意其发表。这些条件，对中国当前科技学术论文的署名，也有一定的参考价值。

学术论文正文前署名的个人作者，只限于那些对于选定研究课题和制定研究方案、直接参加全部或主要部分研究工作并做出主要贡献，以及参加撰写论文并能对内容负责的人，按其贡献大小排列名次。至于参加部分工作的合作者、按研究计划分工负责具体小项的工作者、某一项测试的承担者，以及接受委托进行分析检验和观察的辅助人员等，均不列入。这些人可以作为参加工作的人员一一列入致谢部分，或排于脚注。

2.2.3 署名的规范

我国科技期刊论文的作者署名，通常按照新闻出版署印发，1999 年 2 月试行的《中国学术期刊（光盘版）检索与评价数据规范》执行。

① 多作者署名，所有作者依次并列书写，作者的姓名之间用","或用"空格"间隔；两字名之间有空格。

② 科技论文署名时，汉语人名的汉字表达出错很少，而汉语人名的英文译名表达容易出错。汉语人名的英文译名一般有汉语拼音和韦氏拼音（Wade-Giles System）两种表达方式（后一种方式在港澳台地区仍较普遍）。使用汉语人名（中国作者）的英文译名时应首先确认该译名所采用的表达方式，对用韦氏拼音书写的人名不得强行改用汉语拼音方式。

a. 汉语人名姓前名后，姓与名间加空格；姓氏的全部字母均大写，复姓应连写；名字的首字母大写，双名间加连字符；名字不缩写。例如，LIU Dan（刘丹），ZHUGE Hua（诸葛华），WANG Xi-lian（王锡联）等。国外期刊一般会尊重作者对自己姓名的表达方式，但大多倾向于大写字母只限于姓氏的全部字母（或首字母）及名字的首字母。

b. 按韦氏拼音，姓的首字母大写，双名间用连字符。例如，Huang Tso-lin（Huang Zuolin，黄佐林），Tsung-Dao Lee（李政道），Chen-Ning Yang（杨振宁），Chiapyng Lee（李嘉平）等。在引用汉语人名时，要注意区分韦氏拼音与汉语拼音这两种不同的拼音系统。

c. 英语国家作者姓名的通用形式为"首名（First name）中间名首字母（Middle initial）姓（Last name）"。中间名不用全拼的形式是为了方便计算机检索和文献引用时对作者姓和名的识别，如"Robert Smith Jones"的形式可能会导致难以区分其中的姓是"Jones"还是"Robert Smith"，但若用"Robert S. Jones"，则使姓和名的区分简单明了。

d. 作者本人应尽量采用相对固定的英文姓名的表达形式，编辑也应尊重作者姓名的习惯拼写形式，以减少在文献检索和论文引用中被他人误解的可能性。

注意：不同期刊的论文对作者姓名的写法形式要求有所不同，作者应根据所投出版物的要求规范地署名，出版部门应制定规范统一的本出版物中论文的署名形式，编辑应严格执行有关规范，保证本出版物中所有论文有相同的署名形式。

2.2.4 第一作者和通讯作者

(1) 第一作者

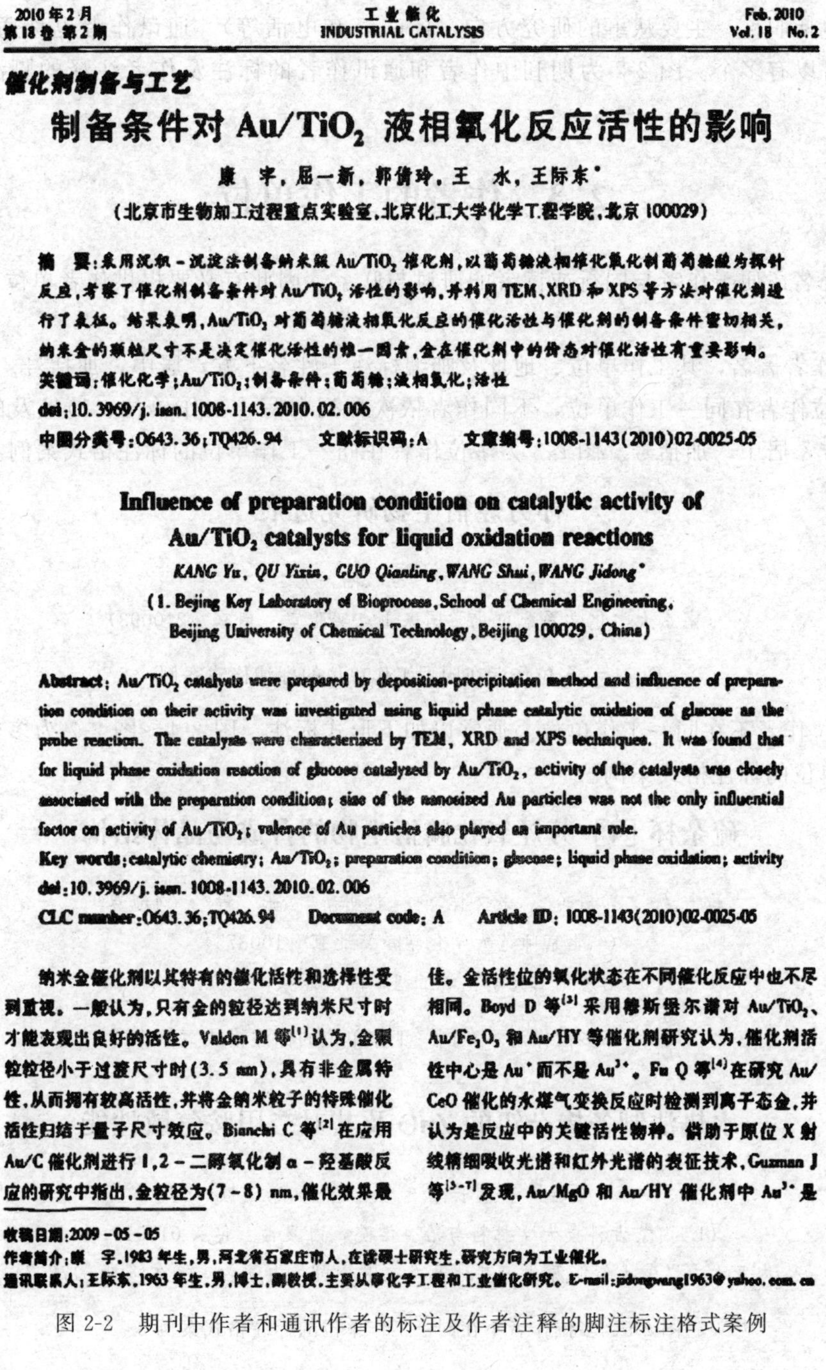
2010年2月 第18卷 第2期 工业催化 INDUSTRIAL CATALYSIS Feb. 2010 Vol. 18 No. 2

催化剂制备与工艺

制备条件对 Au/TiO_2 液相氧化反应活性的影响

康 宇，屈一新，郭倩玲，王 水，王际东*

(北京市生物加工过程重点实验室，北京化工大学化学工程学院，北京 100029)

摘 要：采用沉积－沉淀法制备纳米级 Au/TiO_2 催化剂，以葡萄糖液相催化氧化制葡萄糖酸为探针反应，考察了催化剂制备条件对 Au/TiO_2 活性的影响，并利用 TEM、XRD 和 XPS 等方法对催化剂进行了表征。结果表明，Au/TiO_2 对葡萄糖液相氧化反应的催化活性与催化剂的制备条件密切相关，纳米金的颗粒尺寸不是决定催化活性的惟一因素，金在催化剂中的价态对催化活性有重要影响。

关键词：催化化学；Au/TiO_2；制备条件；葡萄糖；液相氧化；活性

doi:10.3969/j.issn.1008-1143.2010.02.006

中图分类号：O643.36；TQ426.94 文献标识码：A 文章编号：1008-1143(2010)02-0025-05

Influence of preparation condition on catalytic activity of Au/TiO_2 catalysts for liquid oxidation reactions

KANG Yu, QU Yixin, GUO Qianling, WANG Shui, WANG Jidong*

(1. Beijing Key Laboratory of Bioprocess, School of Chemical Engineering, Beijing University of Chemical Technology, Beijing 100029, China)

Abstract: Au/TiO_2 catalysts were prepared by deposition-precipitation method and influence of preparation condition on their activity was investigated using liquid phase catalytic oxidation of glucose as the probe reaction. The catalysts were characterized by TEM, XRD and XPS techniques. It was found that for liquid phase oxidation reaction of glucose catalyzed by Au/TiO_2, activity of the catalysts was closely associated with the preparation condition; size of the nanosized Au particles was not the only influential factor on activity of Au/TiO_2; valence of Au particles also played an important role.

Key words: catalytic chemistry; Au/TiO_2; preparation condition; glucose; liquid phase oxidation; activity

doi:10.3969/j.issn.1008-1143.2010.02.006

CLC number: O643.36; TQ426.94 Document code: A Article ID: 1008-1143(2010)02-0025-05

纳米金催化剂以其特有的催化活性和选择性受到重视。一般认为，只有金的粒径达到纳米尺寸时才能发现出良好的活性。Valden M 等[1]认为，金颗粒粒径小于过渡尺寸时(3.5 nm)，具有非金属特性，从而拥有较高活性，并将金纳米粒子的特殊催化活性归结于量子尺寸效应。Bianchi C 等[2]在应用 Au/C 催化剂进行 1,2－二醇氧化制 α－羟基酸反应的研究中指出，金粒径为(7～8) nm，催化效果最佳。金活性位的氧化状态在不同催化反应中也不尽相同。Boyd D 等[3]采用穆斯堡尔谱对 Au/TiO_2、Au/Fe_2O_3 和 Au/HY 等催化剂研究认为，催化剂活性中心是 Au^+ 而不是 Au^{3+}。Fu Q 等[4]在研究 Au/CeO 催化的水煤气变换反应时检测到离子态金，并认为是反应中的关键活性物种。借助于原位 X 射线精细吸收光谱和红外光谱的表征技术，Guzman J 等[5-7]发现，Au/MgO 和 Au/HY 催化剂中 Au^{3+} 是

收稿日期：2009－05－05

作者简介：康 宇，1983 年生，男，河北省石家庄市人，在读硕士研究生，研究方向为工业催化。

通讯联系人：王际东，1963 年生，男，博士，副教授，主要从事化学工程和工业催化研究。E-mail: jidongwang1963@yahoo.com.cn

图 2-2 期刊中作者和通讯作者的标注及作者注释的脚注标注格式案例

现代科学研究往往需要一个团队来完成，所以论文的作者常常不止一个，如果有多个作者，应按各人的贡献大小排列于题名的正下方。对研究工作与论文撰写实际贡献最大的列为第一作者。一般，除在题名下方的作者署名外，有些期刊还要求在首页脚注列出第一作者的作者简介，内容包括：姓名（出生年一），性别，学位，职称及 E-mail 等。

(2) 通讯作者

通讯作者一般是研究课题的负责人，应是参与论文研究和写作，并能够对稿件负全部责任的作者。通讯作者的联络方式必须畅通，因为有的期刊，稿件的各个阶段都只和通讯作者联系。通讯作者一般在名字上用"*"标注，在文章首页脚注给出通讯作者的简介和联系方式（通常包括职称、主要从事的研究方向、E-mail 和电话等）。通讯作者也称通讯联系人，通讯作者可以有多个。图 2-2 为期刊中作者和通讯作者的标注及作者注释的脚注标注格式案例。

2.3 作者的工作单位

论文署名还便于作者与同行或读者的研讨与联系，因此有必要提供作者单位及地址。标注方式如下。

① 单作者署名，其工作单位、地址及邮编标注于姓名下方，居中，加括号。

② 多位作者在同一工作单位，不同作者依次并列书写，工作单位、地址及邮编在作者姓名的下方，居中，加括号。图 2-3 为多位作者在同一工作单位的标注格式案例。

杯芳烃衍生物研究进展

郭 勋 刘 芳 陆国元*

（南京大学化学系配位化学国家重点实验室 南京 210093）

图 2-3 多位作者在同一工作单位的标注格式案例

③ 多位作者不在同一工作单位。通常以如下形式标注。图 2-4～图 2-7 为多位作者不在同一工作单位的标注格式案例。

硫杂杯[4]芳烃氧化膦衍生物的合成与晶体结构

马淑兰[a] 郭倩玲[b] 朱文祥[*,a] 赵明新[a] 张 静[a] 刘迎春[a]

（[a] 北京师范大学化学系 北京 100875）

（[b] 北京化工大学化学工程学院 北京 100029）

图 2-4 多位作者不在同一工作单位的标注格式案例 1

水热法制备掺杂铒的 ZnO 及其对二甲胺气敏性能

宋金玲[1*]，周长才[2] 吴 宇[1] 蔡 颖[1]

（1. 内蒙古科技大学材料与冶金学院，内蒙古 包头 014010；

2. 内蒙古中煤蒙大新能源化工基地开发有限公司，内蒙古 鄂尔多斯 017307）

图 2-5 多位作者不在同一工作单位的标注格式案例 2

碳包覆磁性镍纳米粒子对亚甲基蓝的吸附性能*

李冉冉[1]　黄昊[1]　董星龙[1]　王永辉[1]　于洪涛[2]　仝燮[2]
JUNG Younggguan[3]

1. 大连理工大学材料科学与工程学院　三束材料改性教育部重点实验室　大连　116024
2. 大连理工大学环境与生命学院　工业生态与环境工程教育部重点实验室　大连　116024
3. Department of Mechanical Engineering, Kumoh National Institute of Technology, Gumi, South Korea

图 2-6　多位作者不在同一工作单位的标注格式案例 3

上海市霾污染与长江口叶绿素 a 含量关系分析

魏雨晴[1,2]　程金平[2]　印春生[1]　朱琼宇[2]　江璇[2]　王文华[2]

(1. 上海海洋大学海洋科学学院，上海　201306；2. 上海交通大学环境科学与工程学院，上海　200240)

图 2-7　多位作者不在同一工作单位的标注格式案例 4

标注作者工作单位的注意事项如下。

① 不同期刊的论文对作者单位的标注形式有所不同，作者应根据所投期刊的要求标注。

② 标注时应准确、简洁，单位需写全称，不能用简称或缩写。例如，不要将"北京化工大学"写为"北化工"或"北化大"，不要将"Beijing University of Chemical Technology"（北京化工大学）写为"BUCT"。作者和编辑一定要熟悉、了解和使用单位对外公布的标准名称，必要时可进行查证。单位中文名称通常应该按层级"由大到小"来写。例如，"北京化工大学化学工程学院"不要写成"化学工程学院北京化工大学"。而英文名称通常应该按层级"由小到大"来写。例如"College of Chemical Engineering, Beijing University of Chemical Technology"。

③ 应尽可能地给出作者工作单位所在的城市名称和邮政编码。对国外作者的工作单位还应标出所在城市的国家名称。如，"华威大学工学院　考文垂　CV47AL 英国"。

④ 如果论文出版时作者调到一个新的单位（不同于投稿时作者所署的单位），新单位应在论文首页的脚注中给出。

⑤ 如果一位作者同时为其他单位的兼职或客座研究人员，而且需要体现研究成果的归属，则可以在论文中同时标注其实际所在单位和兼职单位，而且第一作者或通讯作者的有效通信地址一定要表达清楚。

⑥ 对同一论文，中、英文署名和作者的工作单位在内容上必须完全一致，不能出现中、英文作者数量不一致，姓名不对应；中、英文单位数量不一致，名称不对应等严重问题。

2.4　摘　　要

摘要也称文摘、概要、内容提要，是科技论文的组成部分。摘要一般说来就是对论文内容不加注释、评论的简短陈述，介绍论文的主要信息，以使读者对论文内容有个概括性的了解。另外，摘要又可满足编制二次文献工作的需要，世界上各大文摘、检索机构一般都直接利用摘要。我国国家标准 GB/T 6447—1986《文摘编写规则》中对摘要的定义为："以提供文献内容梗概为目的，不加评论和补充解释，简明、确切地记述文献重要内容的短文。"

ISO 对摘要的定义是:"不加注释和评论,对文献内容的精确和扼要的表达。"

摘要应具有独立性和自含性,即不阅读论文的全文,就能获得必要的信息。摘要中有数据、有结论,是一篇完整的短文,可以独立使用,可以引用。摘要的内容包含与论文同等量的主要信息,供读者确定有无必要阅读全文,也供文摘等二次文献采用。

2.4.1 摘要的内容

摘要的内容一般包括目的、方法、结果、结论 4 个方面。应重点写出主要的研究结果和结论,特别是其中的创新之处。

① 目的　研究工作的前提、目的、任务及所涉及的主题范围。

② 方法　所采用的原理、理论、技术、条件、材料、工艺、结构、手段、装备和程序等。

③ 结果　观测、观察、实验的结果和数据,取得的效果、性能等。

④ 结论　对结果的分析、研究、比较、评价、应用,提出的问题、观点、理论等,今后的课题、假设、启发、建议及预测等。

很多医学期刊中论文的摘要都是按照这 4 个方面来要求的。例如,发表在《检验医学》上一篇论文的摘要如下。

目的　建立一种伴有质控点的金免疫渗滤法(GIFA),用于半定量检测血清甲胎蛋白(AFP)。**方法**　应用 2 株抗 AFP 单克隆抗体,其中一株包被在固相膜上,另一株与胶体金结合,组成金免疫渗滤试剂。膜上另包被 2 种浓度的 AFP,用于测定时的定量质控。**结果**　本法经 AFP 标准液测定,结果判定可分为<30μg/L、30~200μg/L、>200μg/L 3 个半定量区;119 例经化学发光免疫分析系统定量测定 AFP 浓度的临床血清标本用于本法的对比测定,结果符合性良好。**结论**　本法具有半定量和内质控的特点,结果可靠,适用于原发性肝细胞癌的早期诊断,方法简便、快速,特别适合中、小医院和门诊部使用。

以这种格式给出的摘要将各要素以一定的标识加以区分,结构清晰、明了。这种摘要属于结构式摘要,便于编辑、审稿、阅读及计算机检索,有些结构式摘要会通过分段来区分各要素。很多期刊中论文的摘要使用非结构式,将各要素以一定的逻辑关系连续写出,不分段落或以明显的标识进行区分。示例如下。

采用沉积-沉淀法制备纳米级 Au/TiO_2 催化剂,以葡萄糖液相催化氧化制葡萄糖酸为探针反应,考察了催化剂制备条件对 Au/TiO_2 活性的影响,并利用 TEM、XRD 和 XPS 等方法对催化剂进行了表征。结果表明,Au/TiO_2 对葡萄糖液相氧化反应的催化活性与催化剂的制备条件密切相关,纳米金的颗粒尺寸不是决定催化活性的唯一因素,金在催化剂中的价态对催化活性有重要影响。

不同类型的摘要,以上要素的内容各有侧重,也可根据论文的具体内容灵活运用。例如下面这篇摘要,主要包含了研究的主题、方法和结果。

合成了部分取代的硫杂杯[4]芳烃氧化膦衍生物,二(亚甲基二苯基氧化膦)对叔丁基硫杂杯[4]芳烃(化合物 1),培养了化合物的单晶,用 Smart 1000 CCD 衍射仪测定了其晶体结构。结果表明,1 的组成为:$C_{66}H_{70}O_6P_2S_4 \cdot 2CH_3OH$,属三斜晶系,$P\bar{1}$ 空间群,晶胞参数 $a=1.3453(6)$ nm,$b=1.5289(7)$ nm,$c=1.7893(9)$ nm;$\alpha=75.707(9)°$,$\beta=69.131(8)°$,$\gamma=79.734(9)°$,$Z=2$;$V=3.316(3)$ nm^3,$d=1.215g/cm^3$,$F(000)=1288$,$\mu(MoK\alpha)=0.244mm^{-1}$,$R_1=0.0625$,$wR_2=0.1372$。杯芳烃分子采取了锥式构象。

2.4.2 摘要的分类

根据内容的不同,摘要可分为报道性摘要、指示性摘要和报道-指示性摘要三类。

(1) 报道性摘要

报道性摘要也称信息性摘要或资料性摘要,用来全面、简要地概括和反映论文的目的、方法及主要结果和结论，向读者提供论文中创新的内容和尽可能多的信息。这种摘要相当于简介，不但包含研究目的、方法，还为读者提供研究结果、结论和建议，通常可以部分地代替阅读全文。常用于创新内容比较多的论文，主要为实验研究和专题研究类文章所采用，一般要求篇幅200～300个汉字。前面的几个例子均属于这种摘要。

报道性摘要又分为传统型（或非结构式）摘要和结构式摘要两类。传统型摘要将各要素以一定的逻辑关系连续写出，不分段落或以明显的标识进行区分；结构式摘要将各要素以一定的标识或通过分段来加以区分。

结构式摘要可根据包含要素的多少分为全结构式摘要和半结构式摘要。1974年，加拿大McMaster大学医学中心的Dr. R. Brian Haynes首先提出建立临床研究论文的结构式摘要，在Dr. Edward J. Huth的倡导下，美国《内科学记事》在国际上率先采用了这种摘要。Haynes提出的全结构式摘要包含以下8个要素：目的（Objective）——说明要解决的问题；设计（Design）——说明研究的基本设计；地点（Setting）——说明研究的地点和研究机构的等级；对象（Patients，Participants，Subjects）——说明参加并完成研究的病人或受试者的性质、数量及挑选方法；处理（Interventions）——说明确切的治疗或处理方法；主要测定项目（Main outcome measures）——说明为评定研究结果而进行的主要测试项目；结果（Results）——说明主要的客观结果；结论（Conclusions）——说明主要的结论，包括直接临床应用的意义。这种全结构式摘要的观点更明确，信息量更大，同时也更符合计算机数据库的建设和使用要求；但这样的摘要繁琐、重复、篇幅过长，也不是所有研究内容都能按上述8个要素分类。所以，更多的期刊采用半结构式摘要。半结构式摘要也称为4要素摘要，包括目的、方法、结果和结论。国内很多医学期刊中论文的摘要都采用半结构式摘要。

采用何种摘要形式需要根据各出版期刊的具体要求而定，但内容要包含与论文同等量的主要信息和创新之处。

(2) 指示性摘要

指示性摘要也称说明性摘要、描述性摘要或论点摘要，一般只用两三句话概括论文的主题，而不涉及论据和结论。适用于研究简报、综述型论文和专题论述。这类摘要的特点是概述性、简介性。只简单地介绍论文的论题或表达研究的目的，使读者对内容有一个概括的了解。一般要求篇幅在50～100个汉字为宜。示例如下。

概述了多环芳烃在液相、固相和气相介质中的光降解过程及应用定量结构-性质关系模型预测多环芳烃光降解的研究进展。在此基础上，对今后一段时期多环芳烃光降解研究提出几点看法。

(3) 报道-指示性摘要

报道-指示性摘要是以报道性摘要的形式表述论文中价值较高的那部分内容，以指示性摘要的形式表述其余部分，篇幅以100～200个汉字为宜。示例如下。

介绍了不经任何改装的S195型柴油机燃用棉籽油与柴油混合油或纯棉籽油的试验研究情况。结果表明，燃用棉柴混合油或纯棉籽油时，发动机性能良好，无异常现象；适当调整供油提前角、加大循环供油量，可以达到原机功率，而且烟度有所下降。还分析了S195型柴油机在试验工况下的燃烧特性和放热规律。

一般地说，科技论文尽可能选用报道性摘要；创新内容较少的论文可选用报道-指示性摘要或指示性摘要；综述型、资料型或评论型的论文可写成指示性摘要。

2.4.3 摘要的写作要求

摘要的撰写应符合以下几个方面的要求。

(1) 用第三人称，不用其他人称

摘要作为一种可供阅读和检索的独立使用文体，应采用第三人称的写法。建议采用"对……进行了研究"，"阐述了……"，"进行了……调查"等记述方法标明一次文献的性质和文献主题，不必使用"本文"、"作者"、"笔者"、"本研究"、"本课题"等做主语，也不要出现"文中"、"这里"等状语。

(2) 简短精练，明确具体

摘要中应排除本学科领域已成为常识的内容，研究背景信息的表达应尽可能简洁而概括，不要把应在引言中出现的篇幅较长的内容写入。示例如下。

对醇催化氧化制醛或酮的研究进展进行了全面评述，介绍了均相催化剂、液固多相催化剂、有机相-水相两相催化剂、氟两相催化剂和离子液相催化剂。在有机合成中，由醇催化氧化得到一些相应羰基化合物的反应，不论是在实验室的研究工作中，还是在工业上都有十分重要的意义。所以，如何通过一些简单、易行的方法将醇转变成相应的醛、酮等羰基化合物，一直受到很多化学工作者的高度重视。

其中"在有机合成中，由醇催化氧化得到一些相应羰基化合物的反应，不论是在实验室的研究工作中，还是在工业上都有十分重要的意义。所以，如何通过一些简单、易行的方法将醇转变成相应的醛、酮等羰基化合物，一直受到很多化学工作者的高度重视。"为写在引言中的内容，不必写入摘要中，可以删掉。结合论文的内容，上述摘要可进行如下修改。

评述了醇催化氧化制醛或酮的研究进展，分别介绍了均相、液固多相、有机相-水相两相、氟两相和离子液相等催化体系，着重讨论了以氧气为氧源的催化体系。

摘要中也不要对论文内容做诠的释和评论，切忌进行自我评价。下面的例子中加入了自我评价。

本文以变量代换为工具，利用高等代数的知识，证明了齐线性微分方程组的降阶定理，给出了一种实际的解题方法。因此，这个结论的证明不仅具有一定的理论意义，而且在解题过程中也具有重要的指导意义。

应改为"以变量代换为工具，利用高等代数的知识，证明了齐线性微分方程组的降阶定理。"

(3) 格式要规范

要使用规范的术语和符号，不用非共知和共用的术语和符号，新术语或尚无合适汉语的词语，可用原文或译出后加括号注明原文。摘要中的缩略语、简称、代号等，除了相关专业读者能清楚理解的以外，在首次出现时应先写出其全称。下面的例子中提到了PAHs，PAHs为缩写词。

概述了PAHs的研究现状，系统介绍了PAHs的来源、危害、防治政策和检测方法，在此基础上，详细介绍了PAHs的微生物降解方法和光降解方法。

PAHs为多环芳烃的缩写，应在首次出现时写出其全称，修改如下。

概述了多环芳烃（PAHs）的研究现状，系统介绍了PAHs的来源、危害、防治政策和检测方法，在此基础上，详细介绍了PAHs的微生物降解方法和光降解方法。

除特别需要外，摘要中一般不用图表、化学结构式，也不宜引用正文中图、表、公式和参考文献的序号。

摘要的内容切忌通过罗列层次标题来拼凑，不要列举例证，不要讲述详细的研究或工作过程。

摘要中一般不出现引文，但对于证实或否定了他人已出版文献的特别文献，可以在摘要中加以引用，涉及他人的研究成果时应尽量列出其姓名。

除非在事实清楚的情况下，摘要中不要出现言过其实的不严谨的词句，如"本文涉及的研究工作是对过去……方面研究的补充（改进、发展、验证）"，"本文首次提出来……"，"尚未发现与本文类似的研究"等。也不宜与其他研究工作比较，不要做自我评价。

（4）语言通顺，结构严谨，标点符号要准确

摘要是一篇完整的短文，其各部分要按逻辑顺序来安排，句子间要上下连贯，摘要的每一句话都要表意明白，不要用空泛、笼统和含混的词语。摘要中应正确使用语言文字和标点符号，还要正确使用量和单位。

此外，学位论文为了评审，且包含的内容多，学术会议论文为了参加学术会议，可按要求写成变异体式的摘要，不受字数规定的限制。

2.5 关 键 词

关键词是为了文献标引工作，从论文中选取出来，用以表示全文主题内容信息款目的单词或术语。关键词也称说明词或索引术语，主要用于编制索引或帮助读者检索文献，也用于计算机情报检索和其他二次文献检索。

关键词可以从论文题名、正文和摘要中抽选出来，能提示（或表达）论文主题内容特征，具有实质意义的词或词组。每篇论文通常选取 3~8 个词作为关键词，并另行排在摘要的下方。为了便于国际交流，应标注与中文对应的英文关键词。

2.5.1 关键词的分类

关键词包括叙词（也称正式主题词或主题词）和自由词两类。

（1）叙词

叙词指收入《汉语主题词表》和专业性词表中，可用于标引文献主题概念而从自然语言的主要词汇中挑选出来并经过规范化的词或词组。专业性词表主要有：《医学主题词表》（《MeSH 主题词表》，MeSH 为 Medical Subject Headings 的缩写）；《航空航天叙词表》（《NASA 叙词表》，NASA 为 National Aeronautics and Space Administration 的缩写）；《核科学技术叙词表》（《INIS 叙词表》，INIS 为 International Nuclear Information System 的缩写）；《工程与科学词汇叙词表》（《TEST 叙词表》）等。由于每个词在词表中规定为单义词，具有唯一性和专指性，因此应尽量选主题词作关键词。

（2）自由词

自由词指主题词表中未收入的，从论文的题名、摘要、层次标题或结论中抽取出来的，能够反映该主题概念的自然语言的词或词组。

2.5.2 关键词的标引

关键词标引是对文献和某些有检索意义的特征（如研究对象、处理方法和实验设备等）进行主题分析，并利用主题词表给出主题检索标识的过程。进行主题分析是为了从内容复杂的文献中通过分析找出构成文献主题的基本要素，准确地标引所需的叙词。标引是检索的前提，没有正确的标引就不可能有正确的检索。科技论文应按叙词的标引方法标引关键词，尽可能将自由词规范为叙词。关键词标引可按 GB/T 3860—2009《文献主题标引规则》的原则和方法参照各种词表和工具书选取；未被词表收录的新学科、新技术中的重要术语及论文题名的人名、地名也可作关键词（自由词）标出。

（1）基本原则

关键词标引应遵循专指性原则、组配原则和自由词标引原则。

① 专指性原则 专指性指一个词只能表达一个主题概念。若在叙词表中能找到与主题概念直接对应的专指性叙词，就不允许选用词表中的上位词或下位词；若在叙词表中找不到与主题概念直接对应的叙词，而词表中的上位词确实与主题概念相符，即可选用该上位词。

② 组配原则 当词表中没有与文献主题概念直接相对应的专指叙词时，应选用两个或两个以上的叙词进行组配标引。

组配包括交叉组配和方面组配。交叉组配指两个或两个以上具有概念交叉关系的叙词所进行的组配，其结果表达一个专指概念。方面组配指由一个表示事物的叙词和另一个表示事物某个属性或某个方面的叙词所进行的组配，其结果表达一个专指概念。组配标引时，优先考虑交叉组配，然后考虑方面组配。参与组配的叙词必须是与文献主题概念关系最密切、最邻近的叙词，以避免越级组配。组配结果要求所表达概念清楚、确切，而且只能表达一个概念。如果无法用组配方法表达主题概念，可选用最直接的上位词或相关叙词标引。

③ 自由词的选用原则 一是主题词中明显漏选；二是表达新学科、新理论等新出现的概念；三是词表中未收录的地区、人物、文献、产品及重要数据和名称；四是某些概念采用组配出现多义时。自由词应尽可能选自其他词表或较权威的参考书、工具书，选用的自由词应词形简练、概念明确、实用性强。

（2）标引方法

关键词标引的一般选择方法或步骤为：①进行主题分析，弄清主题概念和主题内容；②尽量从论文题名、摘要、层次标题和重要段落中选取与主题概念一致的词、词组；③把找出的词进行排序。对照《汉语主题词表》，确定哪些可以直接引用，哪些可以进行组配，哪些属于自由词。

（3）标引关键词的注意事项

关键词为较定型的名词，多是单词和词组，原形而非缩略语；无检索价值的词语不能作为关键词，如"技术"、"应用"、"观察"、"调查"等；化学式一般不可作为关键词；论文中提到的常规技术，内容为大家所熟知，也未加探讨和改进的，不能作为关键词；每篇论文标引的关键词一般为3～8个，最好不要超过10个；中英文关键词相互对应，且数量完全一致。

2.6 中图分类号、文献标识码和论文编号

2.6.1 中图分类号

中图分类号通常排印在"关键词"下面，作用是标示出论文的类别，便于文献的存储、编制索引和检索。中图分类号是指《中国图书馆分类法》分类表中给出的代号，它是分类语言文字的体现。《中国图书馆分类法》，原名《中国图书馆图书分类法》，是我国图书馆和情报单位普遍使用的一部综合性分类法。由中国图书馆图书分类法编辑委员会编。《中国图书馆分类法》使用字母与数字相结合的混合号码，基本采用层累制编号法。

分类语言由符号体系、词汇和语言组成。符号体系是指表示分类语言类名所使用的代码系统，它由字母和阿拉伯数字组成。

《中国图书馆分类法》共分5个基本部类，即马克思主义、列宁主义、毛泽东思想、邓小平理论，哲学，社会科学，自然科学，综合性图书。下设：一级类目22个，用1个大写

字母表示。

A 马克思主义、列宁主义、毛泽东思想、邓小平理论；
B 哲学、宗教；
C 社会科学总论；
D 政治、法律；
E 军事；
F 经济；
G 文化、科学、教育、体育；
H 语言、文字；
I 文学；
J 艺术；
K 历史、地理；
N 自然科学总论；
O 数理科学和化学；
P 天文学、地球科学；
Q 生物科学；
R 医药、卫生；
S 农业科学；
T 工业技术；
U 交通运输；
V 航空、航天；
X 环境科学、安全科学；
Z 综合性图书。

二级类目除"T 工业技术"用一级类目字母后加 1 个字母表示外，其余二级类目均采用一级类目字母加数字表示。示例如下。

"T 工业技术"下的二级类目：

TB 一般工业技术	TL 原子能技术
TD 矿业工程	TM 电工技术
TE 石油、天然气工业	TN 无线电电子学、电信技术
TF 冶金工业	TP 自动化技术、计算机技术
TG 金属学与金属工艺	TQ 化学工业
TH 机械、仪表工业	TS 轻工业、手工业
TJ 武器工业	TU 建筑科学
TK 能源动力工程	TV 水利工程

"P 天文学、地球科学"下的二级类目：

P1 天文学	P5 地质学
P2 测绘学	P7 海洋学
P3 地球物理学	P9 自然地理学
P4 大气科学（气象学）	

"T 工业技术"的三级类目用二级类目字母后加数字表示，例如，TD32 为矿山压力与

岩层移动。

一篇科技论文涉及多个学科时，可以给出几个分类号，其中主分类号置于前面。

2.6.2 文献标识码

文献标识码是《中国学术期刊（光盘版）检索与评价数据规范》（由国家新闻出版署印发）中规定的，为便于文献统计和期刊评价，确定文献检索范围，提高检索结果的适用性，每篇文章按 5 类不同类型标识一个文献标识码，其中，文献标识码 A 指理论与应用研究学术论文；B 指实用性技术成果报告，理论学习与社会实践总结；C 指业务指导与技术管理性文章；D 指一般动态、信息；E 指文件、资料，不属于上述各类的文章不加文献标识码。

2.6.3 论文编号

（1）文章编号

文章编号是《中国学术期刊（光盘版）检索与评价数据规范》中规定的，组成为 XXXX-XXXX（YYYY）NN-PPPP-CC，其中 XXXX-XXXX 为文章所在期刊的 ISSN 号，YYYY 为文章的出版年，NN 为文章的期次，期次为两位数字，实际期次为一位数字时在其前面加"0"补齐，PPPP 为文章首页所在期刊页码，实际页码不足四位在其前面加"0"补齐，CC 为文章页数，实际页数不足两位，也在其前面加"0"补齐。"-"为连接号。

（2）DOI 号

DOI 为"Digital Object Indentifier"的缩写，译成中文是"数字对象标识符"，是一种包括字母和数字组合的对数字内容或对象的唯一标识符，其主要作用是实现引文互联。目前美国 CrossRef 公司是国际 DOI 基金会指定的唯一官方 DOI 注册机构。在 DOI 中心目录中，DOI 与内容或对象的解析地址（OpenURL）关联，此目录容易更新、升级。

DOI 号由前缀和后缀两部分构成，前缀与后缀间用斜线相隔。前缀由管理机构指定（由 CrossRef 注册中心分配的前缀通常以"10"开始）；后缀由出版机构或版权所有者等自行命名或分配。例如，doi：10.1016/j.molstruc.2004.08.002，doi：10.1016/j.poly.2003.06.002，DOI：10.1002/ejic.200300273，DOI：10.1002/ejoc.200300492 等。

2.7 引　　言

学术期刊上刊登的科技论文主体部分的内容和组成会因学科、选题、论文类型及具体内容等的不同而有较大差别，对其内容和组成没有硬性的统一规定，一般包括引言、正文、结论、致谢和参考文献，如图 2-8 所示。

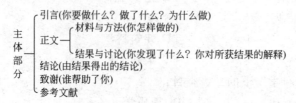

图 2-8　科技论文的主体部分

科技论文的主体结构组成，即所谓的 IMRAD 结构：

Introduction（引言）

Materials and Methods（材料与方法）

Results and Discussion（结果和讨论）

也有一些期刊并不采用这种结构，但绝大多数论文采用的是与之接近的结构。这种标准化的结构使行文更符合逻辑；使论文更易预判、更易阅读；提供了一张"地图"，读者可以迅速发现文内自己感兴趣的内容；提示作者应纳入哪些内容。IMRAD 构成论文的主体，再辅之以题名、作者姓名、工作单位及通讯地址、摘要、关键词、结论、附录（可省略）、致谢（可省略）和参考文献就形成论文的完整结构。

引言又称前言、序言、导言、导论、绪论等，揭开并引出正文的主要内容。

引言中应提供足够的研究背景和内容，引领读者快速进入论文主题，领悟作者研究工作的构想与设计思路，使读者不查阅关于此论题的出版物就能够正确理解和评价论文中研究的结果。

2.7.1 引言的内容

引言通常包括以下内容：

① 为什么写这篇论文，要解决什么问题；

② 与课题相关的历史回顾，本课题与前人工作的关系，在学科领域中所占的地位及课题的意义和价值；

③ 本研究所涉及的界限、规模和范围；

④ 理论依据和实验设备基础；

⑤ 预期目标；

⑥ 概念和术语的定义。

以上内容不必逐一介绍，而要视具体情况选定。应突出重点，关键是从一开始就吸引住读者的注意力，使读者了解为何要选择这个课题，这项研究为何如此重要。

2.7.2 引言的写作要求

引言的写作要求如下。

① 引言一开始，先介绍作者的研究领域，叙述有关该研究领域的一般研究概况与进展，并针对论文将要探讨的问题或现象提供背景资料，选择引用经典、重要且说服力强的文献。

② 介绍并评论国内外其他学者对该问题或现象曾经发表的相关研究，即文献回顾。选择引用密切相关的文献，先从普遍问题开始，然后逐步缩小讨论问题的范围，最后将重点落在与论文探讨的问题密切相关的主题上。

③ 指出仍然有某个问题或现象值得进一步研究，点明此研究的意义。

④ 介绍作者的研究目的或研究活动。要用客观公正的语言，突出介绍本次研究的重要结果或发现，体现作者的贡献或工作的创新性，避免自我评价。

总之，撰写引言时作者要通过研究背景的介绍，指出目前研究中存在的不足，引出值得研究的问题或现象即论文的主题，最后点出研究的意义。在写作过程中既要突出创新点，又要承上启下，过渡自然，要将作者研究中的逻辑思维过程清晰地呈现给读者，使读者能顺着这样的逻辑演进而阅读全文。

2.7.3 引言的撰写技巧

引言的撰写技巧如下。

① 避免内容空泛或过于简单，力求反映作者的创意。

② 要繁简适度地阐述研究背景，对所探讨问题的本质和范围阐述要准确、简洁、清楚，内容选择不必过于分散、琐碎，措辞要精练。由于读者一般已具备相关的专业基础知识，不

要介绍人所共知的普通专业知识或教科书上的材料。

③ 不要过多强调作者过去的成就，回顾只是为了交代此项研究的目的。

④ 在引言中介绍自己的工作时，不要过分评价，也不必故作谦虚，少用套话。可以使用"限于条件"等谦虚用语，但不必对自己的研究或能力过谦。不宜用"才疏学浅"、"水平有限"、"恳求指教"和"抛砖引玉"等客套用语；也不要自吹自擂，抬高自己，贬低别人，除非是事实的情况下，一般不用"首次发现"、"首次提出"、"有很高的学术价值"、"填补了国内外空白"、"达到国际先进水平"等评价式用语。也避免使用广告式语言。

要采取适当的方式强调作者在本次研究中的重要发现或贡献，让读者顺着逻辑的演进阅读全文，不要故意制造悬念。

对于前人在相关领域已做的工作，要客观地介绍，不要贬低他人。

⑤ 引言不应重述摘要和解释摘要。

⑥ 引言不应对实验的理论、方法和结果做详尽叙述，也不提前使用结论和建议。

⑦ 在引言中应考虑哪些术语需要明确其定义。

2.7.4 引言的书写方法

撰写引言主要有以下方法。

① 以研究对象加以展开。适用于研究对象有其特殊性的论文。示例如下。

藏雪鸡又名淡腹雪鸡，是青藏高原特产的珍禽，对其地理分布、生态习性等均做过报道[1-7]，唯对其生长发育的观测资料很少，笔者于1992年对人工孵育出的10只雏雪鸡在二个月生长期内的体重、体尺、体色、羽毛等的发育情况在室内做了较为详细的观察测定，现将结果报告如下。

② 以观测指标或处理因素展开。适用于研究对象比较一般，而观测指标或处理因素、实验方法有特殊性的科技论文，也用于系列报道第二篇（含第二篇）以后的论文。示例如下。

自从××××在……发现……以来，国内外学者进行了广泛研究，目前公认的有……方法，但还未有采用……方法进行的，鉴于此，本文……。

③ 以研究方法加以展开。适用于化学、冶金、生物学、医学等学科有关检验方面的论文，但必须是检验（测）方法有特殊性的论文。示例如下。

……方法在……学科（方面）均有重要意义，目前所见的报道有……法、……法。本文研究……，据此建立了……法。

科技论文的引言会因学科、选题、论文类型及具体内容等的不同而有较大差别，对其内容和组成没有硬性的统一规定，而要视具体情况撰写。应突出重点，能吸引住读者的注意力，使读者了解为何要选择这个课题及其研究的重要性。下面列举几个示例。

20世纪80年代以来，一类新型大环化合物——杯芳烃（Calixarene）的研究引起人们的广泛兴趣[1]。杯芳烃是由对位取代苯酚与甲醛在酚羟基邻位缩合而成的一类大环化合物。其独特的孔穴结构和方便的上下缘功能化取代，使其对金属离子具有丰富的配位性能。硫杂杯芳烃是传统杯芳烃的亚甲基被硫取代的衍生物，它具有硫醚基团，具有优于经典杯芳烃的独特性质，是杯芳烃家族的一个大分支。杯芳烃易于修饰，但对杯芳烃下缘羟基的选择性修饰是一个颇具挑战性的课题。含氧化膦官能团的分子在锕系和镧系金属离子的分离中有重要的应用[2,3]，对此类化合物的研究日益受到人们的关注。近年来也有关于杯芳烃氧化膦衍生物合成的研究报道，但大都是传统杯芳烃的氧化膦衍生物[4~7]，而且对此类衍生物的研究多集中在溶液中。本工作合成了硫杂杯[4]芳烃的二取代氧化膦衍生物，培养了其单晶，测定了晶体结构，对化合物的固体结构性质进行了研究。

上述引言介绍了相关的研究背景，写明了前人在该课题相关领域所做的工作和存在的不足，然后逐渐转入本论文的研究主题。

对引言的篇幅也没有硬性的统一规定，应根据论文篇幅和表达需要来确定，一般为 200~600 字，长的可达到 700~800 字或 1000 字，甚至更多，短的可以不到 100 字。有的论文可以不单列"引言"，也有些期刊不把"引言"作为独立的一部分，在论文正文前写一两段文字即可起到引言的作用。下面一段引言篇幅较长，在介绍了相关研究背景时，还对研究情况做了横向比较。

氮杂冠醚的配位特性介于与碱金属、碱土金属强配位的全氧冠醚和与过渡金属离子强配位的全氮大环多胺之间，它们对多种金属离子及有机离子都有良好的配位能力，因而引起众多研究者的浓厚兴趣[1]，人们不断设计合成出用于分离不同金属阳离子的新型氮杂大环配体[2~4]。众所周知，大环配体对过渡金属和镧系金属阳离子选择性的影响因素是多种多样的，其中最重要的是大环配体的空腔尺寸及其取代基的性质。空腔尺寸较大的配体往往易于与尺寸匹配的半径较大的金属离子配位，从而形成相对稳定的配合物。但是，以往的研究结果表明[5,6]，大环配体的刚性并不像人们所想象的那样强，如大环配体 L1[7] 的构型随外界环境不同会发生变化，如为了同较小的金属阳离子如 Ni^{2+} 配位，其构型会发生折叠，因而对金属离子的选择性效果不太理想。为提高大环配体对金属离子的选择性，化学家试图对大环配体进行结构固定，以提高其刚性进而改善其选择性，因此，不断设计合成出一系列选择性良好的刚性配体，如结构固定的配体 L2 比母体 L3 具有效果更好的离子选择性[8]。

由于四氮杂大环配体 L4 柔性较强，因而对金属离子的选择性不好。Wade 等[9] 对四氮杂大环配体 L4 进行结构固定，设计并合成出配体 L5 和 L6，只有一个乙撑基固定的配体 L5 同 Pb^{2+} 形成配合物的稳定性有所降低，且随金属离子半径的减小，所形成配合物的稳定常数也是随之减小的，而具有两个乙撑基固定的配体 L6 对 Pb^{2+} 具有良好的选择性。

本文对母体 L4 采用亚甲基作桥固定的方法设计并合成出一个新的刚性三环串连式四氮杂 18-冠-6 配体 L7，在乙醚中培养出单晶并测定了它的晶体结构，制备了该新配体与金属的配合物。

2.8 正　文

正文是引言之后，结论之前的部分，是论文的核心部分，是具体体现研究工作成果和学术水平的主要部分。科技论文的结构形式取决于科研成果的内容，本书 1.2 节提到科技论文按研究方式和论述内容可分为实验型、理论型、设计计算型、发现发明型、专题论述型和综述型。下面主要介绍实验型、理论型和综述型论文中正文的结构形式和内容。

2.8.1　实验型论文的正文

实验型论文阐述的核心内容是实验，以及进一步对实验结果进行定性或定量的讨论。实验型论文的正文一般有实验部分（或材料与方法）和结果与讨论。

2.8.1.1 实验部分

(1) 实验用原料与材料

撰写实验材料时，实验所用的原料、材料、样品添加物和试剂等，要做详细说明，如：材料的确切技术规格、数量、来源及其制备方法，试剂的纯度、主要的物理和化学性能等。尽量不采用材料的商品名称，以采用材料的俗名或化学名称为宜。

对所用原料说明来源（制造厂）和纯度时，若购入原料还需自行提纯，则要说明提纯方法和提纯后的纯度，有时要提出原料的一些物理性质（如熔点、折射率等），从另一侧面证明纯度。

对甲苯磺酰氯（C.P.，北京兴津化工厂）；三氯化磷（A.R.，北京益利精细化学品有限公司）；溴苯（A.R.，北京瀛海精细化工厂）；氢化钠（华北地区特种试剂开发中心）；多聚甲醛（优级纯，北京市旭东化工厂）；对叔丁基苯酚（A.R.，上海试剂一厂）；升华硫（三级，天津市大化工实验厂），四甘醇二甲醚（G.C.，Fluka Co.）；甲苯、三氯化磷使用前经过干燥除水处理。

如果所用原料是沿用前人的方法合成的，只需给出文献，如果是自己设计合成的需比较详细地描述实验步骤，并提供原料的一些物理性质证明其纯度。示例如下。

参考文献 [12] 合成了对叔丁基硫杂杯 [4] 芳烃，产物用三氯甲烷重结晶，为无色晶体，产率约 40%，m.p. >300℃. Anal. calcd for $C_{40}H_{48}O_4S_4 \cdot CHCl_3$：C 58.59，H 5.86；found C 58.71，H 5.97。

二（亚甲基二苯基氧化膦）对叔丁基硫杂杯 [4] 芳烃（化合物 1）的合成路线如下。

在干燥的三口瓶中，通入氮气以排除空气，空气排尽后，加入约 20mL 的石油醚，将约 2g 的氢化钠用石油醚浸泡去油。浸泡一段时间后，用胶头滴管将油吸走。加入 90mL 的干燥甲苯。磁力搅拌，装上温度计监测反应温度。在氮气氛围下，加入 2g 的对叔丁基硫杂杯 [4] 芳烃。油浴加热至 80℃。反应液呈灰白色，保持这个条件 6~8h，加入 $Ph_2P(O)CH_2OTs$ 2g。在 80℃ 条件下搅拌，通氮气保护，溶液逐渐变为深黄色。保持这个温度 3~4d。冷却反应液。慢慢加入 50mL 甲醇，分解剩余的氢化钠，得橙色溶液，旋蒸除去溶剂，得棕色黏稠物，将此黏稠物用 200mL 二氯甲烷溶解，得橙色溶液，用 1mol/L 的盐酸 150mL 分三次洗涤，然后再用 200mL 蒸馏水分三次洗涤，有机层为黄色，合并有机层，用无水 $MgSO_4$ 干燥过夜。过滤，旋蒸除去溶剂，得黄色黏稠物，加入甲醇，出现白色粉末，放在冰箱中冷冻数日，过滤得白色粉末。将此固体用二氯甲烷-石油醚混合溶剂重结晶，得到适合于 X-ray 单晶衍射的无色晶体，m.p. >300℃，Anal. calcd for $C_{66}H_{70}O_6P_2S_4$：C 68.90，H 6.09；found C 68.82，H 6.01。

(2) 实验技术和方法

撰写实验技术和方法时要注意下列问题。

① 撰写实验技术部分时，不要写成实验报告。

a. 一定要叙述主要的、关键的、非一般常用的、不同于一般同类型的实验设备和仪器。凡属于通用的、标准的、常见的设备和仪器，其精度应足够高，只需提供型号、规格、主要性能指标；如沿用前人用过的设备，应保证其足够高的可靠性，只需给出文献；属于自己设计制造或改装的设备仪器，需比较详细地说明其特点，提供可达到的准确性和精度，必要时可给出构造示意图或流程图。

b. 列出实验所用的设备仪器及操作过程，并说明研究过程中实验条件的变化因素及其考虑的依据和设想等。

c. 对于实验过程，一般不必详细论述，若有特殊或关键之处，可专门说明。

② 撰写实验方法部分时总体要把握重点突出，详略得当。

a. 对公知公用的方法写明其方法名称即可。

b. 引用他人的方法、标准，已有应用而尚未为人们熟悉的新方法等应注明文献出处，并对其方法做简要介绍。

c. 对改进或创新部分应详细介绍。

总之，实验材料和方法的介绍，既便于为其他研究者提供一个可重复研究的蓝图，更可以提高读者对该研究设计及其结果可靠性的信任程度。

2.8.1.2　结果与讨论

(1) 实验结果

实验结果是对研究中发现的重要现象的归纳，论文的讨论由此引发，对问题的判断推理由此导出，全文的一切结论由此得到，这一部分是论文的核心。与"材料与方法"相呼应，以文字、插图、表格、照片等来表达与论文有关的实验数据和结果。

① 描述研究结果时，要挑选出重要的实验或观察到的结果，并对实验误差加以分析和讨论。

实验数据需要进行整理、分析、归纳和统计处理，决不要堆积全部实验数据，要运用数理统计等方法对实验数据和结果进行必要处理，呈现给读者直观、易懂、有逻辑性和规律性的数据。有时需要对数据进行换算，但不要列出全部运算过程。应该强调，必须做到科学、准确地表达必要的实验结果。

② 选取图表公式与文字相结合的合理表达形式。另外，随着计算机的广泛应用，应尽可能将实验数据模型化，即把实验数据按物理或经验模型关联成一个数学式，并给出其中的系数值，方程可由作者自己推导出，但更多是引用文献中的或一些纯经验的公式。

③ 在介绍研究结果时，作者要指明研究结果在哪些图表公式中给出，还应注意对结果进行说明、解释，与模型或他人结果比较等。作者应该以文字叙述的方式直接告诉读者这些数据出现何种趋势，有何意义，并清楚地陈述根据图表中的资料所能得出的推论和结论，以及说明这些资料如何能支持自己的推论。

④ 避免在文字叙述中表达与图表中给出的完全相同的内容，尤其是不能在文字叙述中重复图表中的所有资料。图表用于表示详细的、完整的结果，文字叙述则用来提出图表中资料的重要特性或趋势。

⑤ 有些实验结果在某些方面异常，无法解释，即使不能证明论文主要观点，也应在论文中说明。

(2) 讨论

讨论是论文的重要部分，是论文中最有创造性见解、最严格的部分；对实验结果做出理论解释和讨论；对读者很有启迪作用，也是比较难写的部分。在这部分，作者要回答引言中所提出的问题，评估研究结果所蕴涵的意义，用结果去论证问题的答案。讨论部分写得好会充分体现论文的价值。

讨论可作为独立部分置于结果（Results）之后、结论（Conclusion）之前，也可与结果部分合并在一起（Results and Discussion）。

① 讨论部分的重点是论文内容的可靠性、外延性、创新性和可用性。

可靠性指论文提供的实测值或计算值是否可靠，要用重复性和误差分析来说明。可靠性还要与其他人的测定成果进行对照，因此要尽可能搜寻已有的文献值，进行对比，以说明本论文数据在合理的范围内。

外延性指通过本论文所提供的数据可供读者在更大范围内使用，因此要尽可能给出数据关联式。

创新性要与引言部分一致。在引言部分中指出本论文总的创新性，而在讨论中要把这一点具体化。其具体内容大致上要表达：文献上有无同样的方法，或是把原有的方法得以提高，即精度或测量范围的扩大；文献上有无用同样方法或不同方法的测量结果；通过文献数据与本论文数据的对比，说明本论文数据更可靠或提供了前人未测定的数据。

可用性有两层意思。第一层与外延性一致；另一层意思是把数据变活，把不同条件的数据做对比，并尽可能做出优化选择，提出最优条件或最佳结果。

② 讨论部分的撰写步骤如下。

a. 再次概述研究目的或假设，说明预期结果是否实现，提出问题，然后简述最重要的结果，并指出这些结果能否支持原先的假设或是否与其他研究者的结果一致，有时还会再次强调个别的重要结果。

b. 对结果进行分析、说明、比较和评价，总结与他人的研究相比本论文研究的特色，给出由结果所能得出的推论或结论（推论要符合逻辑），并指出研究方法或结果的局限性（不足）及由此对结果产生的影响。

c. 点出研究结果的理论意义或实际应用价值。

③ 讨论部分的撰写技巧如下。

a. 讨论必须以结果为中心和依据，展开分析推理，重点要深入而突出，着重讨论新发现及由此得出的结论和观点。

b. 用已知的理论（包括他人的结论）充分论证或印证一个学术观点，并将研究结果与国内外同类文献相比较，突出自己的创新点，解释意外的发现，分析与他人结果不一致的原因，指出本研究不足之处，提出今后的研究方向、设想和建议。

c. 所引用的文献应准确无误，标明出处，以便读者查阅。

讨论中容易出现应注意避免的问题：脱离本文的结果，泛谈理论，针对性不强；重复引言、方法部分已陈述过的内容；推论太远，混淆了自己的工作与他人的工作，侃谈结果中没有涉及的信息和成果，因而做出不成熟的论断或不当、含糊不清的结论；工作尚未完成就提出或暗示要求首创权；与结论混同。

2.8.2 理论型论文的正文

这类论文运用的主要研究方法是理论分析和求证，其正文通常无固定格式要求。此类论文的特点如下。

a. 证明某一定义、定理。

b. 分析某种理论的意义或局限，做出修正、补充和质疑。

c. 研究某种理论的运用，如为了解决某一实践中的问题建立数学模型，给出实验方法等。

对应的正文常见结构形式为：

a. 证明式。即给出定理、定义，然后逐一证明。

b. 剖析式。即将原理或理论分解为一些方面，逐项研究。

c. 验证式。即先给出公式、方程或原理，然后进行计算推导，最后运用于实例进行验证。

总之，它们是通过严密的理论推导或数学运算来获得研究结果的。理论阐述的要点是：假设；前提条件；分析的对象；所引用的数据及其可靠性；适用的理论或新模型的提出；分析方法；计算过程；新理论或模型的验证；导出的结论。

2.8.3 综述型论文的正文

综述型论文应综合介绍、分析、评述该学科（专业）领域里国内外的研究新成果、发展新趋势，并表明作者自己的观点，做出学科发展预测，提出比较中肯的建设性意见和建议。

综述型论文的内容一般包括：①问题的提出；②发展历史的介绍；③现状分析；④未来发展趋势和建议。

这类论文的价值在于，作者通过对已有文献的综合和归纳，分析某学术领域或某一方面研究工作的发展历史和现状，指出该领域科学活动的发展方向，提出具有科学性、创造性和前瞻性的研究课题。

撰写这类论文时应当注意：

① 要综合归纳已经正式发表的该领域有影响的研究成果，不要把作者自己未公开发表的某一具体研究工作掺杂进去；

② 要直接参考引用原始文献，不要在他人综述论文的基础上做"二手综述"；

③ 要观点与材料统一，理论与实践统一；

④ 要有科学性、创新性、前瞻性和指导性的见解。

2.8.4 正文的结构层次

（1）分标题的确定

确定分标题的原则：凡能形成独立的一个观点或一部分内容的都可立小节和相应的标题。

① 不同的论点或内容叙述时，应该设立分标题。

② 节（章）的标题要与文章的总题名紧密联系起来，各节的标题尽可能格调一致，并能表达节（章）所表达的内容。

③ 章、节、段在构思时要注意层次性、相关性和递进性。

（2）结构层次的安排

层次是论文在叙述时形成的意义上相对独立完整的、结构上相互联系的部分。层次的安排可以有以下几种顺序。

① 时空顺序　按写作对象发生的时间先后顺序或者以空间的位置为序排列。

② 推理顺序　按照逻辑推理、分析问题或理论推导步骤为序排列。

③ 并列顺序　根据写作对象的类别，分别列举叙述。

④ 总分顺序　按写作对象的总体和分解的几个问题逐一排列叙述。

文章总是有段落的，段落是文章构成的基本单位。层次和段落是相互联系的。层次靠结构的内在逻辑及意义表示彼此的区别，段落借助于外部形式来表达。简单的层次可以是一个自然段落，复杂的层次则要由几个自然段来表达。段落的安排要注意以下几点。

① 完整性　一个意思要在一段中讲完。

② 单义性　一个段落只讲一个意思。

③ 逻辑性　段落之间的衔接顺序要符合逻辑顺序、因果顺序、总分或并列顺序。

④ 匀称性　文章中的段落长短要适度，不要一篇文章一段到底。

下面是一篇论文正文的总体结构和层次分标题。

1　实验部分
1.1　试剂和仪器
1.2　化合物的合成
1.2.1　中间体对甲苯磺酰甲基二苯基氧化膦的合成
1.2.2　对叔丁基硫杂杯［4］芳烃的合成
1.2.3　二（亚甲基二苯基氧化膦）对叔丁基硫杂杯［4］芳烃（化合物 1）的合成
1.3　晶体结构分析
2　结果与讨论
2.1　化合物 1 的分子结构
2.2　化合物 1 的氢键结构分析

2.9　结　论

结论又称结语或结束语，位于正文的后面部分，是以结果和讨论为前提，经过严密的逻辑推理所做出的最后判断，是论文要点的归纳和提高。结论既不是观察和实验的结果，也不是正文讨论部分各种观点和意见的简单合并和重复，结论应比研究结果和分析要推进一步。是作者对实验和观测所得数据及结果，经过推理、判断、归纳等逻辑分析而得到的总体观点和见解。

2.9.1　结论的内容

结论的内容包括如下方面。

① 研究结果说明什么，得出了什么规律性的结论，解决了什么理论或实际问题。

② 研究的创新点，对前人、他人或自己先前的研究结果做了哪些验证、修改、补充、拓展、发展或否定。

③ 研究工作与他人（包括作者本人）已有研究工作的异同。

④ 获得的研究成果及其理论意义与应用价值。

⑤ 研究的局限性，遗留未能解决或尚待解决的问题，解决这些问题可能的关键点、方向及基本思路。

⑥ 对进一步深入研究相关课题的建议和意见，指明可能的应用前景及需要进一步深入研究的方向。

2.9.2　结论的撰写技巧

通常先概述主要的研究工作（可有可无）；然后陈述研究的主要结论，包括简略地重复最重要的发现或结果，指出这些发现或结果的重要内涵，对发现或结果提出可能的说明；最后提出本研究结果可能的应用前景以及进一步研究工作的设想，仪器设备将如何改进等（可有可无）。在格式上，可以分点叙述，也可以用一小段话来叙述，根据论文的具体内容来选择。

结论的规范写作应遵循以下原则。

① 应针对引言中提出的要解决的问题及预期目标做出是非分明的回答,即与引言前后呼应。

② 还应做到概括准确,措词严谨,明确具体,简短精练,其文字用语力求鲜明、精确,不要用"大概"、"可能"一类的模糊性词语。

③ 不要新增前文未涉及的新事实,但也不要简单重复摘要、引言、结果与讨论中的内容,尤其不要重复其中的句子,更应避免将论文中的分标题进行罗列。

④ 一般不做自我评价,也不能将结论写成心得体会。

⑤ 有时得不出明确的结论,可以写成结语。在结语中,作者可以提出建议、研究设想、仪器设备的改进意见、有待解决的问题。如果没有特殊内容,为避免与摘要重复,结论部分可以不写。

⑥ 不要夸大结论。不要从很少的数据(事实)就做出结论,更不要从有限的数据就做出很广泛的结论;在很多情况下,曲线的有效范围是有一定限度的,如有必要从延长的曲线上读数而做出结论时,应特别慎重;对于所有结论,应说明它的范围;如果试图做出臆断或提出意见,必须在提法上使读者能体会它是臆断(揣测)或是意见,而不是有可靠根据的论断。

2.9.3 结论的撰写示例

下面为结论的撰写示例。

合成和表征了新的配合物:$[Cu(HPB)(L-Ala)-(ClO_4)(H_2O)]_2 \cdot H_2O$,并研究了该配合物抗菌活性及对 pBR322 DNA 的断裂作用。结果表明,配合物分子为一拉长的八面体结构,其中 2-(2'-吡啶)苯并咪唑和 L-丙氨酸根均以双齿方式在八面体赤道平面上与中心铜(Ⅱ)离子配位,而水分子及高氯酸根以单齿弱配位于分子轴向上;与相关配体及铜盐相比,配合物对枯草杆菌($B.\ sub\text{-}tilis$, $G+$),金黄色葡萄球菌($S.\ aureus$, $G+$),大肠杆菌($E.\ coil$, $G-$)和沙门氏杆菌($Salmonella$, $G-$)等具有良好的抑制作用;在 Vit C 存在下,能够通过羟基自由基·OH 氧化断裂 DNA。研究结果对于开发新型抗菌剂具有重要意义。

上述结论简明扼要、高度概括地对整篇论文的研究结果进行了总结,较为规范。

2.10 致 谢

研究工作会得到多方面的帮助。对于在工作中给予帮助的人员(如参加过部分工作、承担过某些任务、提出过有益建议或给予过某些指导的同志与集体等),应在论文中书面致谢。致谢排在结论之后。

2.10.1 致谢对象

下列对象可以在正文后致谢。

① 国家科学基金,资助研究工作的奖学金基金,合同单位,资助或支持的企业、组织或个人;

② 协助完成研究工作和提供便利条件的组织或个人;

③ 在研究工作中提出建议和帮助的人;

④ 给予转载和引用权的资料、图片、文献、研究思想和设想的所有者;

⑤ 其他应感谢的组织或个人。

由上可见,作者的致谢对象可分为 2 类:一是在研究经费上给予支持或资助的机构、企业、组织或个人，国内期刊通常要求将经费资助作为论文题名的一种注释放到论文首页的脚注，国外期刊统一放入结论后的致谢部分；二是在技术、条件、资料和信息等工作上给予支持和帮助的组织或个人。以下组织或个人应给予致谢：参加过部分工作的人员，承担过某项测试任务的人员，对研究工作提出过技术协助或有益建议者，提供过实验材料、试样或实验设备、仪器的组织或个人，在论文的撰写过程中曾帮助审阅、修改并给予指导的有关人员，帮助绘制插图、查找资料等的有关人员。

2.10.2 致谢的撰写要求

致谢的撰写要求如下。

① 直书其名，可加职务。对于被感谢者，可以在致谢中直书其名，若是个人，应写出其工作单位，也可以在人名后加上"教授"、"高级工程师"等技术职称或专业技术职务，以示尊敬。

② 言辞恳切，实事求是。要选用恰当的词语和句式来表达感激之情，避免因疏忽而冒犯应该接受感谢的个人或组织。要具体而恰如其分地表达致谢的内容，感谢哪方面的贡献，应该表达清楚。切忌借致谢之名而列出一些未曾给予过实质性帮助的名家姓名，切忌以名家的青睐来抬高自己论文的身价，或掩饰论文中的缺陷和错误。

③ 要参照出版物对致谢的习惯和规定的表达形式。

④ 要注意在投稿前与致谢对象联络、沟通，必要时请其阅读论文。致谢某人意味着他赞同论文的观点或结论，切忌强加于人。

2.10.3 基金项目

基金项目用来表明论文研究工作的资助背景，国内期刊通常要求将经费资助作为论文题名的一种注释放到论文首页的脚注。它的表达形式一般为"……基金（项目编号）资助项目"或"基金项目：……（项目编号）"，有的期刊还要求给出基金项目的英文名称。一篇论文有多个基金项目时，各项目应依次列出，其间用标点符号分隔。例如，"北京市自然科学基金（No. 2022011）、北京师范大学青年基金（No. 10770005）资助项目"。

2.11 参考文献

参考文献是指为撰写（或编辑）论文论著而引用的有关图书资料。引文的质量和数量是评价论文质量、水平及其起点、深度、科学依据的重要指标，是进行引文统计分析的重要信息源之一。

在科技论文中凡是引用他人（包括作者自己）已经发表的文献中的观点、数据、材料和研究结果等内容的，都要对它们在文中出现的地方给予注明，并且在文末列出参考文献，这项工作叫做参考文献著录。

2.11.1 参考文献著录的目的与作用

参考文献著录的目的与作用如下。

① 便于读者查阅原始资料中的有关内容；

② 便于读者了解本工作的基础，评估学术水平；

③ 将论文成果和观点与前人的研究做出比较，同时也说明论文的创新性；

④ 尊重他人的劳动成果，承认科学的继承性；

⑤ 有利于缩短论文的篇幅；

⑥ 有助于进行科学情报研究和文献计量学研究，推动学科的进步和发展；
⑦ 可作为出版物水平评价的重要依据，通过引文分析可对出版物做出客观评价。

2.11.2　参考文献的著录原则

参考文献的著录原则如下。

① 应著录直接引用的文献。著录的参考文献应是论文作者亲自阅读过并在论文中直接引用的文献，即所谓一次文献。

② 应著录最必要、最主要及最新的文献。最必要的参考文献指论文作者在叙述自己的工作背景及阐述自己观点的过程中不可避免地要引用的他人的观点、方法和资料等，这些是必须引用的文献；最主要的文献指在众多的文献中选择最有效、最重要的文献；最新文献指近年内发表的文献，它标志着论文作者对最新科研工作的了解和掌握情况，避免重复性工作出现，体现论文的创新性。

③ 采用标准化的著录格式。

参考文献的来源主要有常规性文献资料源和特殊性文献资料源。常规性参考资料源主要有：（ⅰ）期刊(Journal)；（ⅱ）书籍(Book)；（ⅲ）工具书(Handbook)；（ⅳ）会议录和资料汇编(Proceedings, Edited-collections)；（ⅴ）技术报告(Technical report)；（ⅵ）专利(Patent)；（ⅶ）档案资料(Deposited document)；（ⅷ）学位论文(Dissertation)；（ⅸ）电子资源(Electronic resource)；（ⅹ）其他(Others)。特殊性参考资料源主要有：（ⅰ）新闻、报刊(News & Newspaper)；（ⅱ）电影、电视节目解说词(Caption in movie or television)；（ⅲ）广告(Advertisement)；（ⅳ）私人通信(Private letter)；（ⅴ）其他(Others)。

参考文献的标注方法、著录项目和格式详见本书3.9节。

2.12　附录与注释

2.12.1　附录

附录，是指论文中不便收录的研究资料、数据图表、修订说明及译名对照表等，可作为附件附于文末，以供读者查考和参阅。附录是论文内容的组成部分之一，是正文的注释和补充，并不是每篇文章所必须的。

归纳起来，下列内容可以作为附录编于报告、论文后。

① 为了整篇报告、论文材料的完整，但编入正文又有损于编排的条理和逻辑性，这一类材料包括比正文更为详尽的信息，研究方法和技术更深入的叙述，建议可以阅读的参考文献题录，对了解正文内容有用的补充信息等；

② 由于篇幅过大或取材于复制品而不便于编入正文的材料；

③ 不便于编入正文的罕见珍贵资料；

④ 对一般读者并非必要阅读，但对本专业同行却有参考价值的资料；

⑤ 某些重要的原始数据、数学推导、计算程序、框图、结构图、注释、统计表、计算机打印输出件等。

附录的主要内容有：不同专业常用术语的缩写，度量衡单位符号，数理化及生物等学科中使用的各种符号，化合物及仪器设备代号，实验测得的原始重要数据，有代表性的计算实例的有关数据、图谱等资料；重要的公式推导、计算框图，主要设备的技术性能，建议阅读的参考文献题录以及不便于写入正文又与正文关系十分密切的且有重要参考价值的材料等。

其作用是给同行提供有启发性的专业知识，帮助一般读者更好地掌握和理解正文内容。

如果附录不止一个，可以用"附录A"，"附录B"，……来分别表示。附录与正文连续编页码，每一附录应另起一页。为节省期刊印刷版的版面，很多期刊都采用电子补充材料（Electronic supplementary material）的方式，将附录附在电子版中，在文章摘要下面或致谢后面醒目地用文字说明该文有电子补充材料，在电子版正文后面给出附录内容或提供附录内容的文件下载。

2.12.2 注释

注释是对题名及论文内容的解释。直接注释时，在文中用括号。不随文列出的注释叫脚注。

2.13 论文日期信息

论文日期信息是指论文的投稿、修改和接受等时间信息，多位于论文首页脚注，属于论文题名的一种注释，通常格式为"收稿日期：……；接受日期：……"，英文为"Received…；accepted…"。不同期刊的具体标识项目和格式会有所不同。例如，Received August 23, 2004; revised October 9, 2004; accepted November 28, 2004（《化学学报》），Received 22 June 2010; accepted 30 November 2010（《结构化学》），收稿日期：2009-05-05（《工业催化》）等。

3 科技论文的写作规范

3.1 科技论文中量和单位的规范使用

为了适应我国改革开放和现代化建设,促进我国市场经济与国际快速接轨,我国于1993年修订了国家标准 GB 3100~3102—1993《量和单位》,自1994年7月1日起实施。这套标准涉及自然科学各个领域,是我国各行各业必须执行的强制性、基础性标准,所规定的物理量及其计量单位名称、符号即为规范的名称、规范的符号,所规定的计量单位即为法定计量单位。

3.1.1 物理量

3.1.1.1 量

"量"分为物理量和非物理量,前者用于定量地描述物理现象,使用单位为法定计量单位,而后者应用于日常生活中,使用的是一般量词。国家标准中所述的量均为物理量,即指现象、物体或物质的可定性区别和定量确定的一种属性。在计量学领域,往往把物理量称为可测量,且习惯上将计数得出的量称为计数量。所谓可测量,其含义并非是指可以测量得出的量。例如声压级、固体表面硬度、溶液的 pH 等,虽然是经过测量(即将其与已知的量相比较)得出结果,但它们并不是物理量,也不能称为可测量。在不致造成混淆时,物理量和可测量均可简称为量。

从量的定义中可以看出,量有两个特征:一是可定性区别,二是可定量确定。一方面,量反映了现象、物体和物质在性质上的区别,按物理属性可把量分为诸如几何量、力学量、电学量、热学量等不同类别的量;另一方面,量反映了属性的大小、轻重、长短或多少等概念。定量确定是指确定具体量的大小。

3.1.1.2 量的单位和数值

凡是可以相互比较的量都称为同一类量。要定量确定,就需要在同一类量中选出某一个称之为单位的参考量,则这一类量中的任何其他量,都可用这个单位与一个数的乘积表示,这个数就称为该量的数值。例如,$m=20kg$,其中 m 是某物体质量的量符号,kg 是质量单位千克的符号,而 20 则是以 kg 为单位时某物体质量的数值。对于任何一个量 A,量和单位的关系可以表示为 $A=\{A\}\cdot[A]$。式中,A 为某一量的符号,$[A]$ 为某一单位的符号,$\{A\}$ 是以单位 $[A]$ 表示量 A 的数值。对于矢量和张量,其分量亦可按上述方式表示。

当选取不同的单位时,数值会发生变化,而量的符号不发生变化。例如,将某一量用另一单位表示,而此单位等于原来单位的 k 倍,则新的数值等于原来数值的 $1/k$。这就表明作为数值和单位乘积的量与单位的选择无关,即当选取不同的单位表达量时,量的大小(即量值)本身不变,也即选择不同的单位时,只会改变与之相关的数值,而不会影响量值的大小。

3.1.1.3 量的方程式

没有孤立存在的量,量与量之间都可建立某种数学关系,执行加、减、乘、除等数学运算而形成方程式。科学技术中所用的方程式分为两类：一类是量方程式，其中用量符号代表量值（即数值×单位）；另一类是数值方程式。

数值方程式与所选用的单位有关，如果采用数值方程式，则在文中相应位置必须注明单位。而量方程式的优点是与所选用的单位无关，因此应该优先采用量方程式。例如，式 $v=l/t$（v 表示速度，l 表示长度，t 表示时间）为量方程式，不论量采用什么单位，该关系式均成立。但是物理量的量值是由数值与单位构成的，故在使用量方程式进行运算时，必须代入相应的数值与单位，而不应只代入数值。例如，$v=l/t=100\text{m}/3\text{s}=120\text{km/h}$。

3.1.1.4 量制

量制是一组存在给定关系的量的集合，这种关系的核心是基本量。不同的基本量构成了不同的量制，适用于不同的学科领域。

国际单位制（SI）采用的是七量制，约定选取了适用于所有学科领域的长度、质量、时间、电流、热力学温度、发光强度和物质的量 7 个基本量。力学量制是以长度、质量和时间为基本量，电学量制是以长度、质量、时间和电流为基本量，热学量制则是以长度、质量、时间和热力学温度为基本量。

3.1.1.5 量纲

量纲只是表示量的属性，而不是指量的大小。量纲只用于定性地描述物理量，特别是定性地给出导出量与基本量之间的关系。

任一量 Q 可以用其他量以方程式的形式表示，这一表达形式可以是若干项的和，而每一项又可表示为所选定的一组基本量 A，B，C，$\cdots$ 的乘方之积，有时还乘以数字因数 ζ，即 $\zeta A^\alpha B^\beta C^\gamma \cdots$，而各项的基本量组的指数（$\alpha$，$\beta$，$\gamma$，$\cdots$）则相同。于是量 Q 的量纲可以表示为量纲积：$\dim Q = A^\alpha B^\beta C^\gamma \cdots$。式中，A，B，C，$\cdots$ 表示基本量 A，B，C，$\cdots$ 的量纲，而 α，β，γ，$\cdots$ 则称为量纲指数。

在以 7 个基本量为基础的量制中，其基本量的量纲可分别用 L，M，T，I，Θ，N，J 表示，则量 Q 的量纲一般为 $\dim Q = L^\alpha M^\beta T^\gamma I^\delta \Theta^\epsilon N^\zeta J^\eta$。

例如，物理化学中熵 S 的量纲可表示为 $\dim S = L^2 M T^{-2} \Theta^{-1}$，其量纲指数为 2，1，$-2$，$-1$。

3.1.1.6 量纲一的量

量纲一的量是所有量纲指数都等于 0 的量（所以曾称为无量纲量，现行国家标准已称为量纲一的量），其量纲积或量纲为 $A^0 B^0 C^0 \cdots = 1$，即 $\dim Q = L^0 M^0 T^0 I^0 \Theta^0 N^0 J^0 = 1$。

这种量表示为一个数，国际单位制将其单位规定为 1，具有一切物理量所具有的特性，是可测的；可用特定的参考量作为单位；同类时可进行加减运算。

3.1.1.7 量名称和符号

每个量都有相应的名称和符号。国家标准中共列出 13 个领域中常用的 614 个量，按科学的命名规则，同时结合我国国情，适当考虑了原有广泛使用的习惯，给出了它们的标准名称和符号，即我国的法定量名称和符号。

3.1.2 计量单位

3.1.2.1 单位的概念

单位是计量单位（也称测量单位）的简称，是约定定义和采用的用以比较并表示同类量中不同量大小的某一种特定量（即物理常量）。这种约定的范围是不受限制的，包括国际约定、一国约定或更小范围的约定，SI 单位就属于国际约定。单位恒为特定量，当然属于物理量，因此也有量纲。单位并不要求数值为1，因此不能把单位理解为数值为1的量。

3.1.2.2 单位制

单位制是和量制同步发展起来的，当基本量的单位选定后，便可通过方程式和量纲积得到导出量的单位。选定的基本量的单位称为基本单位，导出量的单位称为导出单位。同一量制中，由于基本单位选择的不同，可以有不同的单位制。

SI 约定选取了 7 个基本单位，用这些单位可以定义全部导出单位，而且导出单位定义方程中的因数都是 1。这种导出单位称为一贯导出计量单位，简称一贯单位。

量的单位可以任意选择，但如果对每一个量都独立地选择一个单位，则将导致在数值方程中出现附加的数字因数。不过可以选择一种单位制，使包含数字因数的数值方程同相应的量方程式有完全相同的形式，比较方便使用。

对有关量制及其方程式而言，按此原则构成的单位制称为一贯单位制，简称为一贯制。要想获得一贯制，应首先为基本量定义基本单位，然后根据基本单位通过代数表示式为每一个导出量定义相应的导出单位，该代数式由量的量纲积以基本单位的符号替换基本量纲的符号得到（如基本单位按以下方式进行符号替换：L→m，M→kg，T→s，I→A，Θ→K，N→mol，J→cd）。特别是量纲一的量得到单位 1；用基本单位表示的导出单位的表示式中不会出现非 1 的数字因数。

3.1.2.3 国际单位制

国际单位制（SI）是由国际计量大会所采用和推荐的一贯单位制。SI 是一个完整的单位体系。由单位和单位的倍数单位两部分构成。其中 SI 单位又分为 SI 基本单位和 SI 导出单位（包括 SI 辅助单位在内的具有专门名称 SI 导出单位和组合形式的 SI 导出单位）两部分。在实际使用中，SI 基本单位、SI 导出单位及其倍数单位是单独、交叉、组合或混合使用的，因此就构成了可以覆盖整个科学技术领域的计量单位体系。

3.1.2.4 我国法定计量单位

法定计量单位简称法定单位。我国法定单位是以 SI 单位为基础，根据我国国情加选 16 个非 SI 单位构成的，包括 6 个部分，如图 3-1 所示。

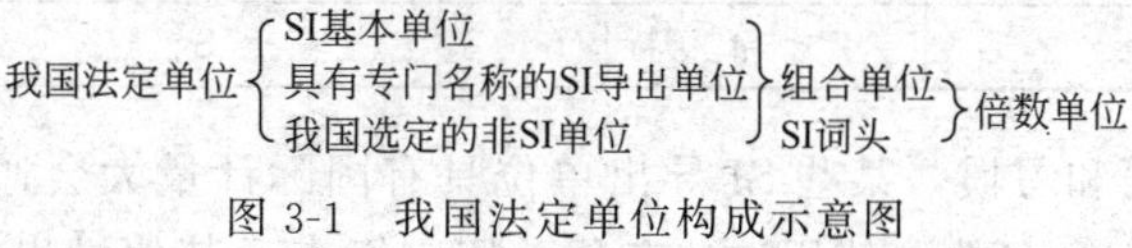

图 3-1 我国法定单位构成示意图

(1) SI 基本单位

SI 基本单位是相互独立的 7 个基本量的单位，如表 3-1 所示。

表 3-1 SI 基本单位

量名称	单位名称	单位符号
长度	米	m
质量	千克(公斤)	kg
时间	秒	s
电流	安[培]	A
热力学温度	开[尔文]	K
物质的量	摩[尔]	mol
发光强度	坎[德拉]	cd

(2) 具有专门名称的 SI 导出单位

这是一种由基本单位以代数形式表示的单位，单位符号中的乘和除采用数学符号，这种单位共 21 个（包括 SI 辅助单位在内），如表 3-2 所示。

表 3-2 具有专门名称的 SI 导出单位

量名称	单位名称	单位符号	其他表示示例
[平面]角	弧度	rad	
立体角	球面度	sr	
频率	赫[兹]	Hz	s^{-1}
力	牛[顿]	N	$kg \cdot m/s^2$
压力,压强,应力	帕[斯卡]	Pa	N/m^2
能[量],功,热量	焦[耳]	J	$N \cdot m$
功率,辐[射能]通量	瓦[特]	W	J/s
电荷[量]	库[仑]	C	$A \cdot s$
电位,电动势,电势	伏[特]	V	W/A
电容	法[拉]	F	C/A
电阻	欧[姆]	Ω	V/A
电导	西[门子]	S	A/V
磁通[量]	韦[伯]	Wb	$V \cdot s$
磁通[量]密度,磁感应强度	特[斯拉]	T	Wb/m^2
电感	亨[利]	H	Wb/A
摄氏温度	摄[氏度]	℃	K
光通量	流[明]	lm	$cd \cdot sr$
[光]照度	勒[克斯]	lx	lm/m^2
[放射性]活度	贝可[勒尔]	Bq	s^{-1}
吸收剂量,比授[予]能,比释动能	戈[瑞]	Gy	J/kg
剂量当量	希[沃特]	Sv	J/kg

为了使用上的方便和习惯，某些 SI 导出单位具有国际计量大会通过的专门名称，其中 18 个是用科学家的名字命名的。使用这些名称并用它们表示其他导出单位，往往更为方便、准确，如热量、能量的单位常用焦耳（J）代替牛顿米（N·m），电阻率的单位常用欧姆米（Ω·m）代替伏特米每安培（V·m/A）。

1960 年，国际计量大会将弧度和球面度两个 SI 单位划为辅助单位；1980 年，国际计量委员会决定将 SI 辅助单位归类为量纲一的量的导出单位。平面角和立体角的一贯制单位是数字 1。在许多实际情况中，用专门名称弧度（rad）和球面度（sr）分别代替数字 1 是方便的（$1rad=1m/m=1$；$1sr=1m^2/m^2=1$），如角速度的 SI 单位可写成弧度每秒（rad/s）。

用 SI 基本单位和具有专门名称的 SI 导出单位或（和）SI 辅助单位以代数形式表示的单位称为组合形式的 SI 导出单位。

(3) 我国选定的非 SI 单位

我国选定的非 SI 单位共 16 个，如表 3-3 所示，这些单位均是可与 SI 单位并用的我国法定计量单位。

表 3-3　我国选定的非 SI 单位

量名称	单位名称	单位符号	换算关系和说明
时间	分	min	1min=60s
	小时	h	1h=60min=3600s
	日,天	d	1d=24h=86400s
[平面]角	度	°	$1°=60'=(\pi/180)$rad(π 为圆周率)
	角分	′	$1'=(1/60)°=(\pi/10800)$rad
	角秒	″	$1''=(1/60)'=(\pi/648000)$rad
体积	升	L(l)	$1L=1dm^3=10^{-3}m^3$
质量	吨	t	$1t=10^3$kg
	原子质量单位	u	$1u\approx 1.660540\times 10^{-27}$kg
旋转速度	转每分	r/min	$1r/min=(1/60)s^{-1}$
长度	海里	n mile	1n mile=1852m(只用于航行)
速度	节	kn	1kn=1 n mile/h=(1852/3600)m/s(只用于航行)
能[量]	电子伏[特]	eV	$1eV\approx 1.602177\times 10^{-19}$J
级差	分贝	dB	
线密度	特[克斯]	tex	$1tex=10^{-6}$kg/m
面积	公顷	hm^2	$1hm^2=10^4m^2$

使用非 SI 单位时要特别注意以下几点。

① 时间单位,例如星期、月、年也是通常使用的单位。

② 平面角的单位度、分、秒的符号,在组合单位中应采用 (°)、(′)、(″) 的形式,例如用 "(°)/s" 而不用 "°/s"。

③ 升的符号原先为 l (小写英文字母,下同),因其易与阿拉伯数字 1 混淆,1979 年第 16 届国际计量大会通过了用 L 作其符号。国际标准中升的符号为 L 和 l (l 为备用符号),科技界倾向于用 L,我国和美国等国家的国标中都推荐采用 L。

④ 我国法定公顷的符号为 hm^2,而不是公顷的国际通用符号 ha。

⑤ 转的符号为 r,转每分 (r/min 或 $r\cdot min^{-1}$) 和转每秒 (r/s 或 $r\cdot s^{-1}$) 广泛用作旋转机械转速的单位 [$1r/min=(\pi/30)rad\cdot s^{-1}$,$1r/s=2\pi rad\cdot s^{-1}$]。

(4) 由以上单位组合而成的单位

由以上单位组合而成的单位(简称组合单位)是指由以上列出的 44 个法定单位通过乘或除组合而成的且具有物理意义的单位,这些单位都是我国法定单位。在组合单位中,用专门名称和符号往往是有益的。例如,速度单位 m/s(米每秒),力矩单位 $N\cdot m$(牛米)。

(5) 由 SI 词头与以上单位构成的倍数单位

这是一种为了避免出现过大或过小的数值而利用 SI 词头加在 SI 单位之前构成的十进倍数和分数单位。使用 SI 词头是为了使量值中的数值处于 0.1~1000。每个词头都代表一个因数,具有特定的名称和符号(见表 3-4)。凡是由 SI 词头与以上法定单位构成的十进倍数或分数单位都是我国法定单位,如 hm(百米),μmol(微摩尔),$kw\cdot h$(千瓦时),mol/mL(摩尔每毫升),$MeV\cdot m^2/kg$(兆电子伏二次方米每千克)等。

表 3-4 SI 词头

倍数和分数	词头	符号	英文	倍数和分数	词头	符号	英文
10^{24}	尧(它)	Y	yotta	10^{-1}	分	d	deci
10^{21}	泽(它)	Z	zetta	10^{-2}	厘	c	centi
10^{18}	艾(可萨)	E	exa	10^{-3}	毫	m	milli
10^{15}	拍(它)	P	peta	10^{-6}	微	μ	micro
10^{12}	太(拉)	T	tera	10^{-9}	纳(诺)	n	nano
10^{9}	吉(咖)	G	giga	10^{-12}	皮(可)	p	pico
10^{6}	兆	M	mega	10^{-15}	飞(母托)	f	femto
10^{3}	千	k	kilo	10^{-18}	阿(托)	a	atto
10^{2}	百	h	hecto	10^{-21}	仄(普托)	z	zepto
10^{1}	十	da	deca	10^{-24}	幺(科托)	y	yocto

使用词头时要注意我国的一些习惯用法，如 10^4 称为万，10^8 称为亿，10^{12} 称为万亿，这类汉字数词不是词头，其使用不受词头名称的影响，但不应与词头混淆。

3.1.2.5 单位一

量纲一的量是有单位的。任何量纲一的量的 SI 一贯单位都是一，符号是 1，在表示量值时，它们一般不明确写出。例如，折射率 $n=1.53\times 1=1.53$。然而，对于某些量而言，单位一被给予专门名称（例如，平面角 $a=1.5=1.5\text{rad}$；场量级 $L_F=20=20\text{Np}$），表示量值时单位 1 是否用专门名称取决于具体情况。

表示量纲一的量值时，单位一不能用符号 1 与词头结合以构成其十进倍数或分数单位，但可用 10 的幂（乘方）代替，有时也可用百分数符号％代替数字 0.01，即把％作为单位 1 的分数单位使用。例如，反射系数 $r=0.065[\times 1]=6.5\times 10^{-2}=6.5\%$。

3.1.2.6 单位名称和符号

单位名称用于口语和叙述性文字中，部分单位有全称、简称两种叫法。单位符号分中文符号和国际符号两种。科技文章中一般使用单位的国际符号。

单位名称使用的基本原则如下。

① 单位名称必须作为一个整体使用，不得拆开。

② 组合单位的名称与其符号表示的顺序一致，符号中的乘号没有对应的名称，除号的对应名称为"每"。无论分母中有几个单位，"每"字只出现一次。

③ 对乘方形式的单位名称，其顺序是指数名称在前，单位名称在后。

④ 除平面角、立体角这两个量纲一的量的单位名称规定为弧度、球面度外，其他量纲一的量的单位名称均为一。

单位符号使用的基本原则如下。

① 单位符号（简称单位）一般指单位的国际符号（也称单位标准化符号），用拉丁字母或希腊字母表示，用于一切需要使用单位的场合。

② 单位符号多用于数学式、数据表、曲线图、刻度盘和产品铭牌等地方，也用于叙述性文字中。

③ 单位的中文符号指非组合单位名称的简称，或简称与"·"或（和）"/"及（或）指数的组合。例如，动力黏度的单位为帕·秒；表面张力为的单位牛/米或牛·米$^{-1}$。

④ 单位的国际符号在国际上是通用的，它是以一个或若干拉丁字母或其他种类字母表示的标准化符号，或是由几个字母（包括词头符号）和"·"或（和）"/"及（或）指数组合而成的组合单位。组合单位中的"/"不能多于一条，对于分子为1的组合单位符号，一律用负数幂的形式。例如，传热系数的单位符号为 W/（m²·K），不能为 W/m²/K。

⑤ 单位符号一律用正体字符表示，除来源于人名的单位符号第一个字母大写外，其余一般为小写。例如，W（瓦）、N（牛）、Pa（帕）、mol（摩[尔]）等。表示因数大于或等于 10^6 的词头符号用大写，否则用小写。例如，大写字母"P"表示 10^{15}，小写字母"p"表示 10^{-12} 等。除平面角、立体角这两个量的单位外，其他量纲一的量的单位均为数字1，在实际中并不写出。

⑥ 词头可以加在单位的国际符号前来构成一个新的（十进倍数或分数）单位符号，以避免单位前的数值过大或过小。词头与单位符号之间不留空隙，即作为一个整体不可分割。例如，$1\text{cm}^3 = (10^{-2}\text{m})^3 = 10^{-6}\text{m}^3$；$1\text{kA/m} = (10^3\text{A})/\text{m} = 10^3\text{A/m}$。

3.1.3 量和单位的规范使用

3.1.3.1 量及其符号的规范使用

（1）规范使用量名称

规范使用量名称有以下规则。

① 不要使用废弃量名称。例如，要使用"密度"、"相对密度"、"比热容"、"相对分子质量"等标准量名称，而不要使用"比重"、"比热"、"分子量"等废弃量名称。

② 不要使用含义不确切的词组作量名称。例如，"浓度"既可以指"B 的质量浓度"，也可以指"B 的物质的量浓度"，还可以指"溶质 B 的质量摩尔浓度"，三者的单位分别为 kg/L，mol/m³（或 mol/L），mol/kg。

③ 不要使用"单位＋数"的形式作量名称。例如，不用"摩尔数"表示物质的量，不用"小时数"、"秒数"表示时间。

④ 不要使用与标准量名称有出入的字来书写量名称。例如，不要将"傅里叶数"写为"傅立叶数"或"付立叶数"或"付里叶数"。

⑤ 不要使用不优先推荐使用的量名称。例如，不要优先使用"摩擦系数"（应为摩擦因数）、"活度系数"（应为活度因子）等量名称。

（2）规范使用量符号

规范使用量符号需要注意以下规则。

① 不要将非标准量符号作量符号。要使用国家标准中规定的量符号，例如质量的标准量符号是 m，如果选择其他字母（如 M，W，P，μ 等）作其量符号，则这些符号就是它的非标准量符号。当量的符号与其他量的符号发生冲突或应该按习惯使用时，可考虑使用备用符号。例如，若已用 t 作时间的符号，就不宜再将 t 作为摄氏温度的符号，而应该用 θ 作其符号。

② 不要使用字符串作量符号。字符串通常来自英文量名称的缩写，有时为整个英文量名称。例如，用 $WEIGHT$ 作重量的符号，CRP 作临界压力的符号，均不妥当。

③ 不要使用化学名称、元素符号（包括原子式或分子式）作量符号。例如"$CO_2：O_2 = 1：5$"不规范，因为使用了分子式作量符号。对于此表达，若指体积比，应改为 $V(CO_2)：V(O_2) = 1：5$；若指浓度比，则应改为 $c(CO_2)：c(O_2) = 1：5$。

④ 不要把量纲不是一的量符号作为纯数。例如，对速度的量符号 v 取对数的表达 $\lg v$

(m·s^{-1}) 不妥，因为 v 的量纲不是一，不能取对数；速度与其单位之比 $v/$（m·s^{-1}）是一个数，数是可以取对数的，故正确的表达是 $\lg(v/$(m·s^{-1})$)$。

⑤ 一般不要使用正体字母表示量符号。

⑥ 不要使用普通字体表示矩阵、矢量和张量。它们的主符号一律用单个黑（加粗）体、斜体字母。例如，将矩阵 $\boldsymbol{A}$ 表示成 A，或字符加方括号的形式 $[A]$，或字符上方加箭头的形式，或字符串（如 MA，$matrixA$）等，均是错误的。

⑦ 不要对由两字母组成的量符号与两个量符号相乘相混淆。为避免把由两个字母组成的量符号误解为两个量相乘，相乘的量符号之间应当有表示乘号的"·"或"×"或加空（通常为 1/4 个汉字或 1/2 个阿拉伯数字的宽度）。例如，表示半径 R 与偏心距 e 相乘的 Re 及表示雷诺数的 Re 同时出现时，很容易造成混淆，最好加以区分，可将表示相乘的 Re 表示为 $R·e$ 或 $R×e$ 或 $R\,e$。

（3）规范表示量符号下标

当不同的量使用同一字母作量符号，或同一个量有不同的使用特点，或有不同的量值要表示时，为了相互区别，可以使用主符号附加下标的形式（必要时还可使用上标及其他标记）作量符号。表示下标时，应注意区分下标符号的类别、正斜体、大小写等。规范使用下标有以下规则。

① 数字、数学符号、记号（标记）、代表变动性数字的字母（连续性字母）、量符号、单位符号、来源于人名的缩写、关键英文词首字母、英文词缩写均可作下标。

② 下标为量符号，表示变动性数字的字母，坐标轴符号和表示几何图形中的点、线、面、体的字母时用斜体，其余则用正体。

③ 下标为量符号、单位符号时，大小写同原符号；英文缩写作下标时，来源于人名的缩写用大写，一般情况下的缩写用小写。

④ 要优先使用国际上和行业中规定或通用的下标写法。

⑤ 可用同一字母的大小写两种不同写法或在量符号上方加某些记号，来表示下标不足以表示不同量间区别时的量符号。

⑥ 当一个量符号中出现两个以上的下标或下标所代表的符号比较复杂时，可把这些下标符号加在"（）"中共同置于量符号之后。

⑦ 少用复合下标，即下标的下标。

⑧ 根据需要可以使用上标或其他标记符号。

3.1.3.2 单位名称及其中文符号的规范使用

（1）规范使用单位名称

规范使用单位名称有以下规则。

① 相除组合单位的名称与其符号的顺序要一致。符号中的乘号没有对应的名称，除号对应的名称为"每"字，无论分母中有几个单位，"每"字只能出现 1 次。例如，速度单位"m/s"不是"秒米"、"米秒"或"每秒米"，而是"米每秒"。

② 对乘方形式的单位名称要加以区分。乘方形式的单位名称，其顺序应是指数名称在前，单位名称在后，相应的指数名称由数字加"次方"二字而成。例如，截面二次矩单位"m^4"的名称为"四次方米"。

③ 书写组合单位名称时不必加不需要的符号（如表示乘、除的符号或其他符号），即单位名称中不得加任何符号。例如，电阻率单位"Ω·m"的名称是"欧姆米"，而不是"欧

姆·米"。

④ 读写量值时不必在单位名称前加"个"字。例如，不要将"14 小时"读写为"14 个小时"；不要将"12 牛"读写为"12 个牛"。

⑤ 不要使用非法定单位名称（包括单位名称的旧称）。例如，不要使用达因，马力，公尺、公分或糎，英尺或呎，英寸或吋，公升或立升，钟头等非法定单位名称，而要使用牛，焦，瓦，米、厘米或其他法定长度单位，海里，升，小时等法定单位名称。

(2) 规范使用单位中文符号

要按标准的中文符号来书写单位的中文名称。组合单位的中文符号由每个单位的中文符号组合而成；相乘单位只有加"·"一种形式，相除单位有加"/"或"·"两种形式。具体有以下规则。

① 不要把单位名称作为单位中文符号使用。应将法定单位名称的简称作为单位中文符号。例如，力单位"N"的中文符号是"牛"，而不是其名称"牛顿"。

② 不要使用不规范的形式表示组合单位。由两个以上单位相乘所构成的组合单位，其中文符号只用一种形式，即用居中圆点代表乘号；由两个以上单位相除所构成的组合单位，其中文符号可采用居中圆点代表乘号（使用负幂形式）和用"/"代表除号两种形式之一。例如，动力黏度单位"Pa·s"的中文符号是"帕·秒"。

③ 不要使用既不是单位中文符号也不是单位中文名称的"符号"作单位中文符号。例如，面质量单位"kg/m^2"的中文符号是"千克/米^2"或"千克·米$^{-2}$"，而不是"千克/平方米"或"千克/二次方米"。

④ 一般不要在组合单位中并用两种符号。例如，不要将"km/h"或"千米/时"写为"km/时"；不要将"t/a"或"吨/年"写为"t/年"。但是当单位无国际符号时可以并用两种符号，如"元/m^2"，"m^2/人"，"kg/（月·人）"等均是正确的表达。

⑤ 摄氏温度单位"摄氏度"的符号"℃"可作为其中文符号使用，"℃"可与其他中文符号构成组合形式的单位。

⑥ 不宜使用单位中文符号和中文名称。在非普通书刊和高中以上教科书中出现单位中文符号和中文名称的情况较为常见，但从执行国家标准的角度，应避免这种情况。

3.1.3.3 单位国际符号的规范使用

(1) 规范使用字体

书写单位国际符号要严格区分字母的类别、大小写及正斜体。单位符号一般多用小写字母表示，但来源于人名首字母时应该用大写字母表示；无例外均采用正体字母表示。

(2) 规范使用法定单位符号

不要把不属于法定单位符号的"符号"作单位符号。例如：表示时间的非标准单位符号，如旧符号 sec（秒），m（分），hr（时），Y 或 yr（年）（其法定单位分别是 s，min，h，a）。表示单位符号的缩写，如 rpm、bps 或 Bps，其法定单位应分别是 r/min（转每分）、bit/s（位每秒）或 B/s（字节每秒）等。

(3) 规范使用组合单位符号

规范使用组合单位符号有以下规则。

① 当组合单位符号由两个或两个以上的单位符号相乘构成时，要用单位符号间加居中圆点或留空隙的形式表示。例如，由"N"和"m"相乘构成的单位应表示为"N·m"和"N m"两种形式之一。"N m"也可以写成中间不留空隙的形式"Nm"。

② 当组合单位符号由两个单位符号相除构成时，要用单位符号分别作分子、分母的分数或者单位符号间加斜线或居中圆点的形式表示（情况复杂时可加括号）。当用斜线"/"表示相除时，单位符号的分子和分母都要与"/"处于同一行内。当分母中包含两个以上单位符号时，整个分母一般应加圆括号。在一个组合单位符号中，除加括号避免混淆外，在同一行内的"/"不得多于1条，而且其后不得有乘号或除号。在复杂情况下应当用负数幂或括号。例如：传热系数的单位是"W/(m²·K)"或"W·m^{-2}·K^{-1}"，而不能写成"W/m²/K"，或"W/m²·K"，或"W/m²·K^{-1}"。

③ 当表示分子为1的单位时，应采用负数幂的形式。例如，粒子数密度的单位是"m^{-3}"，一般不写成"1/m³"。

④ 当用"°"、"′"、"″"构成组合单位时，须给它们加圆括号"（ ）"。例如，"25′/min"应表示为"25（′）/min"。

⑤ 非物理量的单位（如"次、件、台、人、元"等）可以与单位国际符号构成组合形式的单位，但不要将非物理量的单位写成负数幂的形式。例如"元/d"、"次/s"、"件/（h·人）"均是正确的表达。

（4）无须修饰单位符号

在单位符号上不要附加任何其他标记或符号。单位符号没有复数形式，不要给单位符号附加上、下标；不要在单位符号间插入修饰性字符；不要为单位1进行修饰；不要使用习惯性修饰符号。

（5）规范表示量值

基于量和单位的关系 $A=\{A\}\cdot[A]$ 及有关规定表示量值。规范表示量值有以下规则。

① 数值与单位符号间留适当空隙（通常1/4个汉字或1/2个阿拉伯数字宽）。表示量值时，单位符号应置于数值之后，数值与单位符号间留一空隙。必须指出，摄氏温度的单位符号"℃"与其前面的数值间应留空隙，唯一例外为平面角的单位符号"°"、"′"、"″"与其前面数值间不留空隙。

② 不得把单位插在数值中间或把单位符号（或名称）拆开使用。例如，"2m33"，"9s05"表达错误，应分别改为"2.33m"，"9.05s"。

③ 对量值的和或差要正确、规范地表示。当所表示的量为量的和或差时，应当加圆括号将数值组合，且置共同的单位符号于全部数值之后，或者写成各个量的和或差的形式。

④ 对量值范围的表示形式要统一。表示量值范围时要使用浪纹式连接号"～"或直线连接号"—"。例如，1.2～2.4kg·m/s(或 1.2kg·m/s～2.4kg·m/s)，1.2—2.4kg·m/s(或 1.2kg·m/s—2.4kg·m/s)均是正确的表示。有的出版物要求使用以上括号中的形式，是为了避免引起误解。例如，对0.2～30%既可理解为0.2到30%，又可理解为0.2%到30%，因此在实际中要根据具体情况来选用具体形式。"～"和"—"的选用也无硬性规定，但有些出版物界定了二者的使用范围：表示数值范围时，用"～"号；表示时刻或地点的起止时，用"—"号。

⑤ 在图表中用特定单位表示量值要采用标准化表示方式。为区别量本身和用特定单位表示量值，尤其在图表中用特定单位表示量值，可用以下两种标准化方式：(a)量符号与单位符号之比 $A/[A]$，如 $\lambda/\mathrm{nm}=589.6$。(b)量符号加花括号"{ }"单位符号作下标的形式 $\{A\}_{[A]}$ 如 $\{\lambda\}_{\mathrm{nm}}=589.6$。第一种方式较好，使用较为普遍，高中教材、高考试题及越来越多的科技书刊已采用这种方式。实际中，量符号可用量名称替代，如"$v/(\mathrm{km}\cdot\mathrm{h}^{-1})$"可表

示为"速度/(km·h^{-1})"。

3.1.3.4 词头的规范使用

(1) 使用正确字体

使用正确字体指书写词头时要严格区分字母的类别、正斜体及大小写。词头所用字母除"微（10^{-6}）"用希腊字母"μ"表示外，其他均用拉丁字母表示；词头一律用正体字母表示，大小写要按其所表示的因数大小来区分。区分词头的大小写主要有以下规则。

① 表示的因数等于或大于 10^6 时用大写。这样的词头共 7 个，包括 M(10^6)，G(10^9)，T(10^{12})，P(10^{15})，E(10^{18})，Z(10^{21})，Y(10^{24})。

② 表示的因数等于或小于 10^3 时用小写。这样的词头共 13 个，包括 k(10^3)，h(10^2)，da(10^1)，d(10^{-1})，c(10^{-2})，m(10^{-3})，μ(10^{-6})，n(10^{-9})，p(10^{-12})，f(10^{-15})，a(10^{-18})，z(10^{-21})，y(10^{-24})。

(2) 词头与单位连用

词头只有置于单位符号之前与单位符号同时使用时才是有效的，即词头只有与单位连用才具有因数意义。词头不得独立或重叠使用，与单位符号之间不得留间隙。例如，"8km"不能写成"8k"，"146Gb"不能写成"146G"等。

通过相乘构成的组合单位一般也只用一个词头，通常用在组合单位的第一个单位前。例如，力矩单位"kN·m"不能写成"N·km"。通过相除构成的组合单位或通过乘和除构成的组合单位加词头时，词头一般加在分子中的第一个单位之前，分母中一般不用词头，但质量单位"kg"不作为有词头的单位对待。例如，摩尔内能单位"kJ/mol"不要写成"J/mmol"，而比能单位可以是"J/kg"。当组合单位的分母是长度、面积或体积的单位时，按习惯与方便，分母中可以选用词头构成倍数单位或分数单位。例如，密度单位可以选用"g/cm^3"。一般不在组合单位的分子、分母中同时采用词头。例如，电场强度单位不要用"kV/mm"，而应当用"MV/m"。

(3) 选用合适的词头

使用词头的目的是使量值中的数值处于 0.1～1000，为此要根据量值大小来确定词头因数的大小，进而选用合适的词头符号。例如，"5000×10^6Pa·s/m"应表示为"5GPa·s/m"，而不应表示为"5000MPa·s/m"；"0.00005m"应表示为"50μm"，而不应表示为"0.05mm"。

(4) 考虑词头使用的限制性

要考虑哪些单位不允许加词头，避免对不允许加词头的单位加词头。例如，"min"、"h"、"d"、"nmile"、"kn"、"kg"等单位不得加词头构成倍数单位或分数单位。由于历史原因，"质量"的基本单位名称"千克"中含有词头"千"，其十进倍数和分数单位由词头加在"克"字之前构成，如"毫克"的单位是"mg"，而不是"μkg"（微千克）。还要注意，1998 年 SI 第 7 版新规定"℃"（摄氏度）可以用词头，按此规定"k℃"、"m℃"等均是正确的单位符号。

(5) 正确处理词头与单位的幂次关系

将词头符号与所紧接的单位符号作为一个整体对待且有相同幂次，即倍数或分数单位的指数是包括词头在内的整个单位的幂。例如，1cm^2=1(10^{-2}m)^2=1×10^{-4}m^2，而 1cm$^2 \neq 10^{-2}$m^2。

3.1.3.5 法定单位的使用
使用法定单位是单位规范使用的重要方面,应当废除或停止使用非法定单位。

3.1.3.6 量纲匹配
量纲匹配指数学式中等号或不等号两边的量纲相同,若不相同,两边就不可能相等或进行大小比较。例如,式 $t=\lg(1-Q)$(式中 t 为释药时间,Q 为药物释放量),等号左边的"t"是一个有量纲的量,而右边是对"$1-Q$"这个数取对数,取对数的结果只能是一个纯数,因此等号两边的量纲不相同,就不可能相等,说明此式有误。

3.1.3.7 行文统一
行文统一指在同一篇论文中对含义确切的同一量应始终保持用同一名称和同一符号来表示,同一符号最好不要用来表示不同的量。同一符号应只表示同一量,同一量也应该只用同一符号表示;如果表示不同条件或特定状态下的同一量,应采用上下标加以区别。例如,文中若使用"摩擦因数"这一量名称,就应在整篇论文中统一用该名称,而不要混用其另一名称"摩擦系数";文中若已用 t 表示时间,就不宜再用 t 表示摄氏温度,而应选用 θ 表示摄氏温度;若已用 θ 表示摄氏温度,就不宜再用 t 加下标的形式表示不同时刻的此温度,而要用 θ 加下标的形式 θ_0,θ_1,θ_2,…或 θ_c(临界温度)表示。

3.1.4 量和单位使用的常见问题
量和单位的使用中常出现如下问题。

① 没有区分不同量之间的区别和联系,任意使用一些量和单位的名称和符号,存在概念混用、混淆和张冠李戴的现象。例如:笼统使用"浓度"一词,混淆了一些名称里有"浓度"一词的量;用"质量"的单位"kg"(千克)和"t"(吨)作"重量"及"力"的单位。

② 使用自造的或国家标准中已经废弃的量名称,没有使用国家标准中新增的量名称。例如:使用"比重"、"比热"、"分子量"和"含量"等已经废弃的量名称,而没有使用"密度"、"比热容"、"相对分子质量"和"质量分数"等标准的量名称。

③ 没有使用国家标准中规定的量符号,用由多个字母构成的字符串或英文单词表示一个物理量。例如,用 T,N,P 等而没有用 F 作"力"的符号;用 $WEIGHT$ 作"重量"的符号;用 CT ("critical temperature"的首字母)作"临界温度"的符号。

④ 使用国家标准中已经废弃的非法定单位。例如,使用"kgf"(千克力),"dyn"(达因)等非法定单位。

⑤ 用不是单位符号的符号作单位的符号,包括表示时间的非标准单位符号,表示单位符号的缩写,表示数量份额的缩写以及其他错误单位符号。例如,使用"hr"(时),"sec"(秒),"rpm"(转每分),"ppm"(百万分率)等错误符号。

⑥ 对具有专门名称的 SI 导出单位,仍使用原来的旧名称而没有使用其专门名称。例如,在表示"压力"(或"压强")和"应力"的单位时,仍用旧的单位"N/m^2"而没有用其专门名称"Pa"(帕)。

⑦ 将单位的名称或中文符号作为单位的符号,或把既不是单位的名称也不是单位的中文符号的符号作单位的符号。例如,把"压力 180Pa"写成"压力 180 帕"或"压力 180 帕斯卡"。

⑧ 使用单位中文符号和国际符号的组合形式表示单位的符号。例如,"速度"用"m/秒"表示,"面密度"用"千克/m^2"表示,"磁矩"用"安·m^2"表示。

⑨ 没有正确区分量符号(包括上、下标符号)和单位符号(包括词头符号)的字母种

类、大小写、正斜体、字体。例如，用大写字母"P"而没有用小写字母"p"表示"压力"（或"压强"）和"应力"的符号；用斜体字母"T"而没有用正体字母"T"表示矩阵转置的上标（如错将 A^T 表示成 A^T）；用拉丁字母"k"或"K"而没有用希腊字母"κ"表示"曲率"的符号。

⑩ 没有正确使用词头。例如，将"$2.46 \times 10^6 m^3$"写成"$2.46 Mm^3$"。

⑪ 没有使用标准化表示法表示插图和表格中的量和单位。例如，将"转速 $n/(r \cdot min^{-1})$"表示成"转速 n, $r \cdot min^{-1}$"或"转速 n ($r \cdot min^{-1}$)"，甚至错写成"转速 $n/r \cdot min^{-1}$"或"转速 $n/r/min$"。

⑫ 没有使用单个黑（加粗）体和斜体字符表示矩阵、矢量和张量的符号。例如，将矩阵 $\boldsymbol{K}$ 表示成 K 或 **K**，或字符加方括号的形式 $[K]$，或字符上方加箭头的形式，或字符串（如英文单词缩写 MK 或全称 $matrix K$）。

⑬ 没有使用标准符号 $\boldsymbol{E}$ 或 $\boldsymbol{I}$ 表示单位矩阵的符号。

⑭ 没有使用标准符号 $\boldsymbol{e}$ 表示单位矢量的符号。例如，用 n 而没有用 $\boldsymbol{e}_n$ 表示单位法向矢量；用 t 而没有用 $\boldsymbol{e}_t$ 表示单位切向矢量。

⑮ 对量纲一的量列出了单位。例如，用"个"等量词作这种量的单位。

⑯ 在单位名称的后面附以"数"代替量名称。例如，将"时间 t/d"表示成"天数$/d$"。

⑰ 对同一量的表达行文不统一。例如，在同一论文中混用多个符号 U, V, u 或 v 来表示同一量"电位差"。

3.1.5 常用领域量和单位的使用注意事项

3.1.5.1 空间和时间

下面是关于空间和时间的量和单位使用注意事项。

① 暂时还允许使用容积这一量名称，其量符号和单位与体积相同。

② 笛卡儿坐标一般用英文小写斜体字母 xyz 表示，原点用英文大写斜体字母 O 表示；当坐标轴都标注数值且都从数字"0"开始时，原点应该用数字"0"表示。数控机床标准中用大写斜体字母 XYZ，计算机编程语言中用大写正体字母 XYZ 都是允许的。

3.1.5.2 力学

下面是力学方面量和单位的使用注意事项。

① 质量的量符号为 m，氧的质量应表示为 $m(O_2)$。质量的单位为 kg。表示物体的质量时不允许使用重量，如有困难不改者，应加注说明是指物体的质量（重量按照习惯仍可用于表示质量，但不赞成这种习惯）。重量是指物体在特定参考系中获得其加速度等于当地自由落体加速度时的力，单位为 N。在地球参考系中，重量常称为物体所在地的重力。

② 过去使用的比重一般应以密度 ρ 替代，比重（N/m^3）与密度（kg/m^3）的换算关系是 $\gamma = \rho g$（γ 表示比重，ρ 表示密度，g 表示重力加速度）。工程中使用的重度 γ 表示单位体积的重力，为密度 ρ 与重力加速度 g 的乘积，即 $\gamma = \rho g$。工程中还有堆密度、松散密度、假密度等，这类量在生产中仍有实用意义，可以继续使用。

③ 要注意转动惯量（惯性矩）与截面二次轴矩（惯性矩）的区别，前者的单位是"$kg \cdot m^2$"，后者的单位是"m^4"。

④ 在电机和电力拖动专业暂时还允许使用飞轮力矩 GD^2，其单位是"$N \cdot m^2$"而不是"$kg \cdot m^2$"。

3.1.5.3 热学

热学方面的量和符号使用注意事项如下。

① 热力学温度的量符号为 T，单位为 K；摄氏温度的量符号为 t，单位为℃。这两个量不可混用。当表示温度间隔或温差时，单位 K 和℃均可使用。摄氏温度的定义是 $t=T-T_0$，$T_0=273.15K$，不应再使用"水的冰点为 0℃，水的沸点为 100℃"这样的陈旧定义。

② 过去使用的比热应改为质量热容或比热容 c（单位为 J/(kg·K)）。与比热容有关的摩尔热容 C_m（单位为 J/(mol·K)）列于国家标准 GB 3102.8—1993 中，体积热容 C_V（单位为 J/(m³·K)）在国家标准中虽未列出，但可以使用。

③ 常见的换热系数、给热系数应改为传热系数；[对流]放热系数应改为表面传热系数。在建筑技术中允许使用热传递系数 U。

④ 因各种形式的功和能的单位都用 SI 单位 J，故以前的工程制所列公式中的热功当量、功热当量均应删除。

⑤ 过去行业中多以 h 作焓的量符号，这容易与质量焓相混淆，应改用 H。

⑥ 等熵指数的量符号是希腊字母 κ。过去使用的绝热指数应改用等熵指数。

3.1.5.4 电学和磁学

关于电学和磁学方面的量和符号使用注意事项如下。

① 不可以使用电流强度这种已淘汰的量名称。

② 电荷[量]的简称是电荷而不是电量。

③ 电位（电势）V，φ 用于静电场。电位差 U，(V) 用于静电场，电压用于各种场合。强电多用符号 U，弱电多用符号 V。电动势 E 用于电源上，电动势不可简称为电势。

④ 不要将绕组的匝数 N 与电气图形符号中绕组的文字符号 W 混淆。

⑤ 在电工技术中，有功功率单位用瓦特（W），视在功率单位用伏安（V·A），无功功率单位用乏（var）。

3.1.5.5 物理化学和分子物理学

下面是物理化学和分子物理学方面的量和符号使用注意事项。

① 代表抽象物质的符号表示成右下标的形式，如 B 的浓度可写成 c_B。代表具体物质的符号及其状态置于与主符号齐线的括号中，如 $c(H_3PO_4)$。括号中的表达简单时，也可将括号中的内容排成右下标的形式。量符号右上角加"*"表示"纯的"，加"⊖"表示"标准"，如 $c^{\ominus}(H_3PO_4)$。

② 原子量应改为相对原子质量 A_r，分子量应改为相对分子质量 M_r。

③ 使用物质的量（包括其导出量）时必须指明基本单元。基本单元包括原子、分子、离子、电子及其他粒子或这些粒子的特定组合。例如，$n(H_2SO_4)=1mol$，式中的基本单元是 H_2SO_4，表示 H_2SO_4 的单元数与 0.012kg 碳 12 的原子数目相同，称 H_2SO_4 的物质的量为 1mol。H_2SO_4 的物质的量不表示 H_2SO_4 的粒子数、H_2SO_4 的质量。

过去使用的克分子数、克原子数、摩尔数都应改为物质的量，单位为 mol。例如，1 克分子 H_2SO_4 应改为 H_2SO_4 的物质的量为 1mol。

过去使用的克当量应改为该物质当量粒子的物质的量。

④ 使用摩尔质量 M 时须指明基本单元，对给定的基本单元，其 M 是一个常量：$M=M_r g/mol$。例如，$M(Cl)=35.5g/mol$，$M(O_2)=32g/mol$。过去使用的克分子量、克原

子量都应改为摩尔质量。例如,"氯的克原子量为 35.5"现应改为"氯原子的摩尔质量为 35.5g/mol"。

⑤ 应将克分子体积改为摩尔体积(V_m),并指明基本单元。

⑥ 应将克分子热容改为摩尔热容(C_m),并指明基本单元。

⑦ 表示含量与成分的量和单位分为以下 3 类 8 项。

第一类:

a. B 的分子浓度 $C_B = N_B/V$(B 的分子数/混合物的体积),单位为 m^{-3}。

b. B 的质量浓度 $\rho_B = m_B/V$(B 的质量/混合物的体积),单位为 kg/m^3 或 kg/L。

c. B 的浓度、B 的物质的量浓度 $c_B = n_B/V$(B 的物质的量/混合物的体积),应该替代体积克分子浓度、摩尔浓度、体积摩尔浓度、克分子浓度、当量浓度,单位为 mol/m^3 或 mol/L。

第二类:

d. B 的质量分数 $w_B = m_B/m$(B 的质量/混合物的质量)替代重量百分浓度、浓度(wt)。"质量分数为 20%"不能写作"20%(m/m)"。还可用 $5\mu g/g$ 的形式表示。

e. B 的体积分数 $\varphi_B = V_B/V$(B 的体积/混合物的体积)替代体积百分浓度、浓度(vt)。"体积分数为 10%"不能写作 $10\%(V/V)$。还可用 $5.3mL/m^3$ 的形式表示。

f. B 的摩尔分数 $x_B = n_B/n$(B 的物质的量/混合物的物质的量)替代克分子百分浓度、摩尔百分浓度、浓度(at)。

第三类:

g. 溶质 B 的摩尔比 $r_B = n_B/n_A$(溶质 B 的物质的量/溶剂 A 的物质的量)。

h. 溶质 B 的质量摩尔浓度 $b_B = n_B/m_A$(溶质 B 的物质的量/溶剂 A 的质量,单位为 mol/kg)替代重量克分子浓度、重量摩尔浓度。

⑧ 不要随意使用浓度这个名词。只有在 B 的分子浓度、B 的质量浓度、B 的物质的量浓度、溶质 B 的质量摩尔浓度等名称中可以用加定语的浓度,其中只有 B 物质的量浓度可简称为 B 的浓度。

⑨ 混合物组成比例的表示方法应改为用质量分数、体积分数或摩尔分数表示。例如,"C 0.10%"应改为"w(C)= 0.10%",也可以叙述为"碳的质量分数为 0.1%":"Cu%=40%"应改为"w(Cu)= 40%"。

⑩ 摩尔气体常数 R 应替代克分子气体常数。

⑪ 不应使用"ppm,pphm,ppb"之类的缩略语。例如,"质量分数为 $2.1\mu g/g$"或"质量分数为 2.1×10^{-6}",不表示为"质量分数为 2.1ppm"。

3.2 科技论文中外文字符的规范使用

外文字母在科技论文中的使用极其普遍,有字母类别、大小写、正斜体、字体类别、是否黑(加粗)体等区分。如运用不当,则会造成符号混乱,甚至出现大的错误。

3.2.1 字母类别

科技论文中常常会使用多种语种的外文字母,作为数学、物理学、化学和医学等专业符号,基本上都是用拉丁文或希腊文表示的。而科技论文中引用的参考文献中,也有俄文、德文、日文、法文等多种语种,在使用时也要按其规定书写。

有些外文字母在外形上与其他外文字母或符号相似,尤其是手写体,更不容易分清。要做到外文字母的规范使用,必须正确区分类别容易混淆的英文字母与希腊字母,大小写容易混淆的字母,与数字容易混淆的字母,形状容易混淆的字母。例如,英文字母 a,B,v,w 等分别与希腊字母 α,β,ν,ω 等容易混淆;英文字母 C 与 c,U 与 u,V 与 v,O 与 o 等,希腊字母 Φ 与 ϕ,B 与 β,Ψ 与 ψ,K 与 κ,O 与 o,Π 与 π,在大小写上容易混淆;英文字母 O,b,S,I,l 等分别与数字 0,6,5,1,1 等容易混淆;英文字母 U 与 V 及希腊字母 Φ 与 ϕ 的手写体极易混淆。

3.2.2 外文字母大写

科技论文中外文大写一般指外文词的第一个字母的大写。需要大写的情况有以下几种。

① 源于人名的计量单位符号或计量单位符号中的字母。例如,A(安[培]),C(库[仑]),S(西[门子]),Pa(帕[斯卡]),Hz(赫[兹]),Bq(贝可[勒尔]);我国法定计量单位中的非 SI 单位 eV(电子伏[特])和 dB(分贝),其中 V 和 B 分别来源于人名"伏特"、"贝尔";非 SI 单位 Ci(居里),R(伦琴)。

② 化学元素符号或化学元素符号中的首字母。例如,H(氢),O(氧),C(碳),Na(钠),Cu(铜),Co(钴),Au(金),Lr(铹)。

③ 计量单位中表示的因数等于或大于 10^6 的 SI 词头符号。例如,M(10^6),G(10^9),T(10^{12}),P(10^{15}),E(10^{18}),Z(10^{21}),Y(10^{24})。

④ 量纲符号。例如,基本量纲符号 L(长度),M(质量),T(时间),I(电流),K(热力学温度),N(物质的量),J(发光强度)。

⑤ 国家、机关、组织、学校、书刊、术语、项目等专有名词及文章题名中的每一个词(由 3 或者 4 个以下字母组成的前置词、冠词、连词等除外)的首字母。例如,Peking University(北京大学);Chinese Journal of Mechanical Engineering(中国机械工程学报);China Daily(中国日报);National Hi-tech Research and Development Program of China(863 Program)(国家高技术研究发展计划(863 计划));铁血风暴(Gathering Storm)。专有名词处于句首时,其第一个字母不论是否为实词,均应大写。

⑥ 英文译名的每个实词的首字母。例如,大不列颠及北爱尔兰联合王国(简称英国)(The United Kingdom of Great Britain and Northern Ireland)。

⑦ 科技名词术语的字母缩略语。例如,CEO(首席执行官,Chief executive officer);CBD(中央商务区,Central business district)。

⑧ 人的名字、姓的首字母或全部字母。例如,Valckenaers P(或 VALCKENAERS P)。

⑨ 月份和星期的首字母。例如,May(五月);Saturday(星期六)。

⑩ 地质时代及地层单位的首字母。例如,Neogene(晚第三纪);Holocene(全新世)。

⑪ 机械制图中基本偏差的代号、孔偏差。

3.2.3 外文字母小写

科技论文中在以下场合使用小写字母。

① 除来源于人名以外的一般计量单位符号。例如,m(米),kg(千克),mol(摩),lx(勒),s(秒),t(吨)。注意:法定计量单位"升",虽属一般计量单位,但它有两个单位符号,分别是大写英文字母"L"和小写英文字母"l"。

② 表示的因数 10^3 及其以下因数的 SI 词头符号。例如,k(10^3),m(10^{-3}),μ(10^{-6}),n(10^{-9}),p(10^{-12}),f(10^{-15}),a(10^{-18}),z(10^{-21}),y(10^{-24})。

③ 由三个或三个以下字母组成的冠词、连词、介词（英文中的介词也叫前置词）。例如，the，a，an，and，but，for，to，by，of 等词除处于句首位置或因特殊需要全部字母用大写外，一般用小写。

④ 附在中文译名后的普通词语原文（德文除外）。例如，研制周期（Lead time）；质量亏损（Mass defect）。这种词有的也可按专有名词来处理，即其英文实词首字母用大写。

⑤ 法国人、德国人等姓名中的附加词。例如，de，les，la，du 等（法国人）；von，der，zur 等（德国人）；do，da，dos 等（巴西人）。

⑥ 机械制图中基本偏差的代号、轴偏差。

3.2.4 正体字母

正体外文字母主要用于表示名称及与名称有关的代号。科技论文中在以下场合使用正体字母。

① 计量单位、SI 词头和量纲符号。例如，m（米），A（安），mol（摩尔），kg（千克），pm/℃，N（物质的量），Θ（热力学温度），J（发光强度）。

② 数学符号。数学符号包括以下类别。

a. 运算符号，如 $\sum$（求和），d（微分），Δ（有限增量，不同于三角形符号△）等。

b. 缩写符号，如 min（最小），det（行列式），sup（上确界），inf（下确界）等。

c. 常数符号，如 π（圆周率），e（自然对数的底），i（虚数单位）。

d. 函数符号。如三角函数符号 sin；指数函数符号 e，exp；对数函数符号 log，ln 等。

e. 特殊函数符号。如 Γ(x)（伽马函数），B(x, y)（贝塔函数），erf x（误差函数），但函数的变量仍用斜体。

f. 特殊集合符号，如 **Z**（整数集），**R**（实数集），**N**（非负整数集，自然数集）。

g. 算子符号，如 Δ（拉普拉斯算子，与"有限增量"的符号容易混淆时，就用 ∇^2）

h. 复数的实部和虚部符号，如 **Re** z（z 的实部），**Im** z（z 的虚部）。

③ 化学元素、粒子、射线、光谱线、光谱型星群等的符号。例如，O（氧），Ca（钙），AlMgSi 或 Al-Mg-Si（一种合金的名称）；e（电子），γ（光子）；i，h（光谱线）；A_5，B_4（光谱型星群）。

④ 表示酸碱度、硬度等的特殊符号。例如，pH（酸碱度符号）；HR（洛氏硬度符号）。

⑤ 机具、仪器、设备、元件、样品等的型号或代号。例如，IBM 笔记本，JSEM-200 电子显微镜，松下 TH-42PZ80C 型等离子电视机。

⑥ 方位、磁极符号。例如，E（东），W（西），N（北，北极），S（南，南极）。

⑦ 字母缩略语中的字母。例如，ACV（气垫船），PRC（中华人民共和国）等。

⑧ 表示序号的拉丁字母。例如，附录 A，附录 B；图 1 (a)，图 1 (b)。

⑨ 量符号中为区别于其他量而加的具有特定含义的非量符号。例如，F_n（法向力，下标 n 是英文单词 normal 的首字母，表示法向）。

⑩ 生物学中属以上（不含属）的拉丁学名。例如，Equidae（马科），Graminales（禾本目）。

⑪ 计算机流程图、程序语句和数字信息代码。例如，A_0，A_1，…，A_n（地址代码）。（其中下标可用平排形式。）

⑫ 外国人名、地名、书名和机构名；螺纹代号，如 M20×100；金属材料符号，如 T8A（特 8A 钢）；标准代号，如 GB，TB，NY/T；基本偏差（公差）代号，如 H6。

3.2.5 斜体字母

斜体外文字母主要用作量的符号，主要用于以下场合。

① 物理量、特征数的符号。例如，E（弹性模量），Re（雷诺数），Eu（欧拉数）。表示矩阵、矢量（向量）、张量的符号要用黑（加粗）斜体。注意：特征数符号在有乘积关系的数学式中作为相乘的因数出现时，应当在特征数符号与其他量符号之间留一空隙，或者用乘号（或括号）隔开，以避免将特征数符号中的两个连写的斜体符号误认为两个量符号相乘。

② 表示变量的字母、函数符号。表示变量的字母一般包括变量符号、坐标系符号、集合符号，几何图形中代表点、线、面、体、剖面、向视图的字母，以及直径、半径数字前的代号等。例如，变量 i，j，x，y。笛卡儿坐标变量 x，y，z；圆柱坐标变量 ρ，φ，z；球坐标变量 γ，θ，φ；原点 O，o。A，B（点、集合）；$\overline{AB}$，AB（[直]线段）；$\overset{\frown}{AB}$（弧）；$\triangle ABC$（三角形）；$\angle A$（平面角）；ABC 或 Σ（平面）；$P\text{-}ABC$（三棱锥体）；$A\text{-}A$（剖面）；B 向（向视图）；$\varphi 20$（直径），$R4.6m$（半径）。

③ 函数符号是指函数关系中表示自变量与因变量之间对应法则的符号。例如，"$f(x)$，$f(y)$"中的"f"；"$F(x)$，$F(y)$"中的"F"。

④ 化学中表示旋光性、分子构型、构象、取代基位置等的符号。例如，$sp\text{-}$（顺叠构象），$p\text{-}$（对位），$o\text{-}$（邻位），$l\text{-}$（左旋），$dl\text{-}$（外消旋），$trans\text{-}$（反式），$Z\text{-}$（双键的顺异构）。

⑤ 生物学中属以下（含属）的拉丁学名。例如，$Equus$（马属），$Ecaballus$（马），$Equus\ ferus$（野马）；$Qryza$（稻属），$O.\ sativa$（水稻）。

⑥ 作量符号下标的表示变量、变动性数字或坐标轴的字母。例如，c_p（p 表示压力）；$u_i(i=1,2,\cdots,n)$（i 为变动性数字）；c_{ik}（i，k 为连续数）；p_x（x 表示 x 轴）。

3.2.6 字体类别

科技论文中的外文字母多用 Times New Roman 字体，若用黑体，则设置为加粗体即可。表示矩阵、矢量（向量）、张量符号的字母用 Times New Roman 加粗斜体字体。特殊的集合符号用 Times New Roman 加粗正体字母（或空心正体字母），它们分别是：**N** 或 $\mathbb{N}$（非负整数集，自然数集）；**Z** 或 $\mathbb{Z}$（整数集）；**Q** 或 $\mathbb{Q}$（有理数集）；**R** 或 $\mathbb{R}$（实数集）；**C** 或 $\mathbb{C}$（复数集）。较长或整段的强调性英文语句中的词语可全部用 Times New Roman 加粗体（或斜体字母）。

3.3 科技论文中数字的规范使用

科技论文的主要特点之一是数字多。数字简练、准确、醒目、直观，是其他文字无法代替的。了解数字的使用规则，以便正确使用数字，对准确、规范地表达内容和提高论文的可读性非常重要。

3.3.1 数字使用场合

（1）汉字数字使用场合

科技论文中在下述场合必须使用汉字数字。

① 非公历纪年。如中国清代以前的历史纪年（帝王年号、谥号、庙号纪年、太平天国纪年等），民间现在仍在使用的干支纪年，新中国成立前的中华民国纪年，国内外其他民族的特有纪年（如中国藏族的生肖纪年、日本现在仍在使用的天皇年号纪年等），阴历日月等。

行文中,非公元纪年后应括注用阿拉伯数字表示的公元纪年。例如,辛巳年二月二十一日(2001年3月15日)、清咸丰十年(1860年)、秦孝公十二年(公元前350年)。

② 含有月日简称表示事件、节日和其他特定含义的词组中的数字。例如,"九·一八"事件,"一二·九"运动,五四运动,五一劳动节。月日简称是否加引号取决于事件的知名度,知名度高的可不加引号;月日简称中涉及1月、11月、12月时,应采用间隔号"·"将表示月的数字和表示日的数字分开。

③ 定型的词、词组、惯用语、谚语、缩略语、歇后语或具有修辞色彩的语句。例如,一概、星期六、二万五千里长征、五子登科、十全十美、九霄云外、八仙过海、八九不离十、三个代表、铁公鸡———一毛不拔。

④ 相邻两个数字连用表示的概数或带有"几"字的数字表示的约数。例如,一两个人、三五天、二三种书、十几、几百、五百几十、几万分之一。注意:用"余"、"多"、"左右"、"上下"、"约"等表示的约数一般用汉字。

⑤ 在古籍参考文献引用标注和著录中表示年代、卷、期、版本、页码等的数字。例如,"许慎:《说文解字》,四部丛刊本,卷六上,九页."

⑥ 竖排文字中的数字必须使用汉字数字(除与外文字母、罗马数字连用可顺时针转90°排版外)。注意:两个不同的阿拉伯数字连用或相邻时容易使人费解,这时可以将其中一个阿拉伯数字改用汉字数字表达。例如,"联立(1)～(3) 3个方程式进行求解,可得以下结果"中的"3"改为"三"更恰当。

⑦ 其他应使用汉字数字的场合。

a. 古诗文中的数字。例如,三人行,必有我师焉。(韩愈《师说》)白发三千丈,缘愁似个长。(李白《秋浦歌》)

b. 表示百分比的"成"。例如,今年一季度的产量与去年同期比提高了两成。"成"表示十分之一或10%,用"成"来表示百分比时必须使用汉字数字。

(2) 阿拉伯数字使用场合

科技论文中的数字通常使用阿拉伯数字,主要场合如下。

① 公历世纪、年代、年、月、日、时、分、秒。例如,公元前21世纪,20世纪50年代,公元79年,2011年12月15日,19时30分15秒,11:30 (11时30分)。注意:年份不能用简写。如2011年不能简写成"一一年"或"11年",但有些情况下可省年号。年月日的表示方法有几种,如2008年8月8日可写成2008-08-08(年月日之间用半字线相连,不满"10"的月日前面补"0"),也可写成2008.8.8(年月日之间用下脚圆点号,不用间隔号和顿号)。时、分、秒的分隔符要用冒号,不能用比号。

② 表示计数和计量,有以下几种情况。

a. 计算用的数字或统计表中的数字,包括正负整数、分数、小数、百分数、约数、比例等等。例如,86,−160.03,2.0×10^6,2/5,68%,65.21%,30%～60%,1:100。

b. 物理量的数值,即计量单位前的数字。例如,1cm,$60m^2$,$3km/s^2$,24h,10min,88～90kg,100t,0.20A,80V,38℃,400mm×500mm×300mm。注意:数值与单位符号间应该留一空隙。

c. 计量单位前面的数词。例如,98只碗,20元,1000个人,11张纸,2000多册。注意:非物理量量值一般情况下应尽量使用阿拉伯数字,但若是整数一至十,若不是出现在具有统计意义的一组数字中,则可以用汉字,但要照顾到上下文,求得局部体例上的一致。例如，六种产品；八个百分点；十台计算机。截至2011年12月，该大学共有分校3个，学院10个，专业20个，专职教员1000人。

d. 用"余"、"多"、"左右"、"上下"等表示的部分约数。例如，100余种，800多个，10天左右。如果出现一组具有统计和比较意义的数字，其中既有精确数字，又有"余"、"多"、"左右"、"上下"等表示的约数，为保持局部体例上的一致，其约数也可用阿拉伯数字。例如，该省从机动财力中拿出1900万元，调拨钢材3000吨、水泥2万多吨、柴油1400吨，用于农田水利建设。

③ 表示产品设备、仪器仪表、元器件等的型号、编号、代号、序号以及文件的编号、部队的番号等。例如，K51列车，ISSN 0577-6686，CN 11-2187/TH，GB/T 15835—1995，HP-3000型电子计算机，维生素B_6，国办发[2008]10号文件。

④ 在非古籍参考文献的著录中表示年代、卷、期、版本、页码等的数字。例如，"彭春燕.双数字信号处理器继电保护测试仪的设计.广东电力，2010，(02)：47-52."

3.3.2 阿拉伯数字的规范使用

（1）表示数值的书写

书写表示数值的阿拉伯数字遵循以下规则。

① 书写纯小数时须写出小数点前定位的"0"，小数点是齐底线的黑圆点，尾数"0"不能随意增删。例如，一组有3位有效数字的电流值"0.280A，0.480A，0.590A"，不写成".280A，.480A，.590A"，"0.28A，0.48A，0.59A"或"0.280A，0.48A，0.590A"。

② 书写尾数有多个"0"的整数和小数点后面有多个"0"的纯小数时，应按照科学计数法改写成"$k \times 10^n$"的形式，其中k为10以下的正整数或小数点前只有1位非"0"数字的小数（即$1 \leq k < 10$），n为整数。例如，"9660000"可写为"9.66×10^6"（保留3位有效数字），或"9.7×10^6"（保留2位有效数字），或"9.660×10^6"（保留4位有效数字）；同理，"0.000 000 966 0"可写为"9.66×10^{-7}"（保留3位有效数字），或"9.7×10^{-7}"（保留2位有效数字），或"9.660×10^{-7}"（保留4位有效数字）。

③ 阿拉伯数字可与数词"万"、"亿"以及可作为国际单位制（SI）中单位词头的"千"、"百"等其他数词连用。例如，"四十一亿五千六百万"可写为"41.56亿"，但不能写成"41亿5千6百万"，因为这里的数词"千"不是单位词头；"2300000千瓦"可写为"230万千瓦"或"2.30×10^6kW"，但不能写成"2百30万千瓦"，因为这里的数词"百"不是单位词头；"8 000米"可写成"8 千米"或"8km"，因为其中"千"是单位"米"的词头，但"8 000天"不能写为"8 千天"，因为单位"天"不允许加词头。不得使用词头的还有摄氏温度单位"摄氏度"，平面角单位"度、分、秒"，时间单位"日、时、分"，质量单位"千克"。

④ 对4位及以上的数字要采用三位分节法，即从小数点算起，向左和向右每3位数分成一组，组间空1/4个汉字（1/2个阿拉伯数字）的空隙，但一般不宜用逗号或其他符号来分组（非专业性科技出版物除外）。例如，3 245，3.141 592 65，5 188.688 8。

⑤ 多位数在同一行写不下而转行时，须将整个数字全部转入下一行，而不能将其断开转行，尤其不能将小数点后的数字或百分数的百分号转至下一行。

（2）表示数值的范围

用两个数字表示某一数值范围时，中间用连接号"～"（浪纹线）。例如，1～10，300～600，0.001～0.162。科技论文中的中文部分通常不用一字线或半字线作为数值范围的连接号，因为容易与数学中的负号相混淆。

① 不是表示数值范围就不要用浪纹线。例如，"4～5次"这样的表述不妥，"4"与"5"之间没有其他数值，应改为"四五次"。

② 用两个百分数表示某一范围时，每个百分数中的百分号（%）都不能省略。例如，"0.1%～60%"不能写成"0.1～60%"，因为后者容易理解为"0.1～0.60"。

③ 用两个有相同幂次的数值表示某一范围时，每个数值的幂次都不能省略。例如，"1.67×10^5～2.29×10^5"不写成"1.67～2.29×10^5"，后者容易理解成"1.67～229000"。

④ 用两个带有"万"或"亿"的数值表示某一范围时，每个数值后的"万"或"亿"都不能省略。例如，"1万～2万"不写成"1～2万"，后者容易理解为1～20000。

⑤ 用两个单位相同的数值表示某一范围时，前一个量值后边的单位可以省略，省略后通常不会引起误解。例如，"50g～150g"可以写成"50～150g"；但"3°～10°"不可写为"3～10°"，以免将角度的单位"°"与弧度的单位"rad"相混淆，即将3°错误理解成3rad。

⑥ 用两个单位不完全相同的数值表示某一范围时，每个量值的单位都应该写出。例如，"6h～8h 30min"不写作"6～8h 30min"，最好写成"6～8.5h"。

（3）表示公差及面积、体积

书写表示公差和面积、体积的阿拉伯数字有以下规则。

① 中心值与其公差的单位相同。当上下公差也相同时，单位可写一次。例如，"80.1mm±0.2mm"可写作"（80.1±0.2）mm"，但不能写成"80.1±0.2mm"。

当上下公差数值不相等时，公差应分别写在量值的右上角、右下角。若公差的单位与中心值相同，则在公差后面统一写出单位；若公差的单位与中心值不同，则分别写出中心值与公差的单位。例如，可以写成"$80.1\text{mm}^{+0.20\text{mm}}_{-0.01\text{mm}}$"或"$80.1^{+0.20}_{-0.01}$ mm"，但不能写成"$80.1^{+0.20\text{mm}}_{-0.01\text{mm}}$"；也可以写成"$8.01\text{cm}^{+0.20\text{mm}}_{-0.01\text{mm}}$"。

② 中心值上下公差的有效数字不能省略。例如，"$22.5\text{mm}^{+0.20\text{mm}}_{-0.01\text{mm}}$"不能写成"$22.5\text{mm}^{+0.2\text{mm}}_{-0.01\text{mm}}$"。

③ 中心值上或下公差为0时，0前的正负号可省略，如28^{+1}_{0}cm。

④ 用两个绝对值相等、公差相同的数值表示某一范围时，表示范围的符号不能省略。例如，"（-80.1±0.2）～（80.1±0.2）mm"不能写成"±80.1±0.2mm"。

⑤ 中心值与公差是百分数时，百分号前的中心值与公差用括号括起，百分号只写一次。例如，"（50±5）%"在任何时候都不宜写成"50±5%"或"50%±5%"。

⑥ 用量值相乘表示面积或体积时，每个量值的单位都应该——写出。例如，"70m×50m"不能写成"70×50m"或"70×50m^2"；"60cm×50cm×20cm"不能写成"60×50×20cm"或"60×50×20cm^3"。

（4）表示数值的修约

对实验测定、观测或计算所得的数值常常要进行修约。所谓数的修约就是用一个比较接近的修约数代替一个已知数，使已知数的尾数简化。该修约数即来自选定的修约区间的整数倍。为避免多次修约和可能产生的误差，对一个已知数必须1次完成修约。对于极大值或极小值，经单位进行修约时，应遵循"极大值只舍不入，极小值只入不舍"的原则。数的修约口诀：4舍6入5看右，5右有数便进1，5右为0看左方，左为奇数要进1，左为偶数全舍去，无论舍去多少均应一次修约完毕。具体修约规则可参照GB/T 8170—2008《数值修约规则与极限数值的表示和判定》及GB 3101—1993《有关量、单位和符号的一般原则》中的附录B《数的修约规则》(参考件)。

(5) 表示数值的增加或减少

表示数值的增加或减少有以下规则。

① 数值的增加可以用倍数和百分数来表示，但必须注意用词的准确性，用词不同，所表示的含义也就不同。例如，"增加了3倍"，表示原来为1，现在为4；"增加到3倍"，表示原来为1，现在为3；"增加了60%"，表示原来为1，现在为1.6。

② 数值的减少只能用分数或百分数来表示，但必须注意用词的准确性，用词不同，所表示的含义也就不同。例如，"降低了30%"，表示原来为1，现在为0.7；"降低到30%"，即原来为1，现在为0.3。

(6) 表示约数

"约"、"近"、"大致"等与"左右"、"上下"等不能并用，例如"电流约为8A左右"，"大致有80台上下"等表述均是错误的；"最大"、"最小"、"超过"等不能与约数或数的大致范围并用，例如"超过100~150字"、"最小电压为220V左右"之类的表述是错误的。另外还应注意表达结构，例如不能将"10:1到40:1"表示成"(10~40):1"或"(10:1)~(40:1)"。

3.3.3 罗马数字的使用规范

罗马数字在科技论文中有时也会出现，其基本数字只有Ⅰ(1)，Ⅴ(5)，Ⅹ(10)，L(50)，C(100)，D(500)，M(1000)七个。

罗马数字的记数法则有以下几条：①一个罗马数字重复几次，表示该数增加到几倍。例如，Ⅱ表示2，Ⅲ表示3，CCC表示300。②一个罗马数字右边附加一个数值较小的数字，表示这两个数字之和。例如，Ⅶ表示5+2=7，ⅩⅡ表示10+2=12。③一个罗马数字左边附加一个数值较小的数字，表示这两个数字之差。例如，Ⅳ表示5-1=4；Ⅸ表示10-1=9。④一个罗马数字上方加一横线，表示该数字扩大到1000倍。例如，$\overline{L}$表示$50 \times 1000 = 50\,000$。⑤一个罗马数字上方加两横线，表示该数字扩大到100万(10^6)倍。例如，DLXI表示561，$\overline{\overline{DLXI}}$表示$561 \times 10^6 = 5.61$亿。

3.4 科技论文中名词名称的规范使用

科技论文中有大量的名词和名词性词语，它们的使用非常广泛，这些词语表达的规范性直接影响着论文的规范性。

3.4.1 术语

术语(科技名词)指某门学科中的专门用语，是限定专业概念的约定性语言符号。术语的规范性体现在以下多个方面。

① 科学性 除约定俗成外，术语应尽可能准确反映所指事物或定义中所涉及概念的内涵或特征。跨学科术语应根据其概念产生和发展的"源"与"流"，由主学科确定(副科靠拢主科)，同时充分考虑副学科的使用习惯(主科尊重副科)，若同一概念在不同学科或领域中的名称不一致，则要进行协调。例如，"维里方程"和"维里系数"在化工界曾广泛使用，但"维里"(virial)并未反映科学概念，常被误认为人名，《化学工程名词》中将"维里方程"和"维里系数"分别定名为"位力方程"和"位力系数"，则体现了术语的科学性。

② 系统性 一个学科中术语的层次、系统性反映在学科概念体系、逻辑相关性和构词

能力等多个方面，术语定名要体现出上位与下位（属与种）、整体与部分、部分与部分之间的关系等。例如，制造学科中"可重构制造系统"的 3 个组成部分应相应定名为"可重构加工系统"、"可重构物流系统"和"可重构控制系统"；若将其定名为"可重组制造系统"，则其 3 个组成部分应相应定名为"可重组加工系统"、"可重组物流系统"和"可重组控制系统"。

③ 学术性　术语的用词应具有学术性，尽可能避免采用普通生活用词。例如，石油工程中的"wild cat well"和"watchdog"曾分别称为"野猫井"和"看门狗"，现分别定名为"预探井"和"把关定时器"，这样的名称体现了其学术性。

④ 单义性　从理论上讲，一个术语只对应一个概念——一词一义，一个概念只对应一个术语——一义一词，这就是术语的单义性。科技论文中，由于各学科使用习惯不一或词语的多义性，音形相同的同一词语可以表示不同的意义，而音形不同的词语可以表示相同的意义。例如，"质量"属于一词多义，既可指物体惯性的大小或物体中所含物质的量，也可指产品或工作的优劣程度，而"体积质量"、"密度"属于一义多词，均指质量除以体积。

⑤ 简明性　术语应该简短明了，易懂、易记、易写，便于使用。例如，医学名词"coronaryheart disease"，直译为"冠状动脉粥样硬化性心脏病"，定名为"冠心病"，既名符其义，又简单明了。

⑥ 准确性　术语的准确定名、书写，不仅要求所用术语必须符合语言学的基本原理，符合词汇法、构词法及语法规则，而且不得与国家有关语言、文字方面的规定相抵触，不得使用未经国家颁布的简化字，更不能随意创造新字。例如机械领域中的一些术语就容易写错：胡克定律（虎克定律），肋板（筋板），图样（图纸），不通孔（盲孔），缩颈（颈缩），校正（矫正）等（括号内为错误或不宜采用的名称）。

⑦ 习惯性　术语相对来说较为稳定，约定俗成的术语，其名称就更不宜变更。因此可以沿用使用较久、应用较广、约定俗成的专门用语。例如，金属材料及力学中的"机械运动"不宜写作"力学运动"，而"力学性能"不宜写作"机械性能"。作者自拟的名词术语，于文中第一次出现时须加注说明。

⑧ 民族性　外来语对任一民族语言来说都是客观存在的，术语的定名应考虑其所属语言的民族性。就现代汉语而言，术语应尽量采用具有中国特色的名词、名词性词语。为外来语确定其汉语名时，最好意译，因为意译能以本民族的语言特点和表达习惯更好地体现术语的内涵，必要时采用音译、音译加意译等方式。例如，"足球（Football）"，"马力（Horsepower）"等为意译；"苏打（Soda）"，"克隆（Clone）"，"奥林匹克（Olympic）"等为音译；"激光（Laser）"，"因特网、互联网"（Internet），"维他命"（Vitamin）等为音译加意译。

⑨ 国际性　术语的定名还要考虑能否与国际接轨，以利于国际交流。例如，大气科学中的"强台风"（Violent typhoon）这一名称，国际上采用的是"Severe tropical storm"（强热带风暴），因此为与国际接轨，就应该用"强热带风暴"取代"强台风"。

⑩ 统一性　不少术语涉及多个学科，同一概念的术语，无论在一个专业内部使用，还是在专业之间、部门之间、行业之间交叉使用，都应该统一；有些术语在不同学科中确实不宜或难以统一命名时，可分别定名，暂时并存。例如，物理学中的"矢量"（Vector），在数学中常叫"向量"。

由于历史的原因，中国大陆与台湾、香港、澳门地区在术语（包括一些人名、地名等）的使用上存在差异，虽然都使用汉语，却往往需要从英文术语中寻求统一。例如，台湾地区

"鼠标"叫做"滑鼠","sustainable development"这个英文术语,中国大陆学者译为"可持续发展",台湾地区有许多人译为"永续发展"。

3.4.2 日期和时间

日期指发生某一事情确定的年、月、日或时期。如"某标本的采集日期是2010年5月1日"。

时间指物质运动中的一种存在方式,由过去、现在、将来构成的连绵不断的系统,是物质运动、变化的持续性、顺序性的表现;指有起点和终点的一段时间;指时间里的某一点(时刻)。在科技论文中,一般情况下应尽量避免使用时间名词,如"今年"、"上月"、"本星期"、"昨天"等,要用具体日期;还要避免使用一些交待不够清楚的时间概念,如"上月以前","前年以后","不久以前"等。

需要注意的是:年份不能简写,如"2012年"在任何地方都不应该写成"12年"或"壹贰年"。"时刻"可用标准化的格式表示,如"18时40分07.2秒"可写为"18:40:07.2"。日期与日的时刻组合的形式是"年-月-日T时:分:秒",其中T为时间标志符,"时"、"分"、"秒"之间的分隔符是冒号(:)而不是比例号(∶)。例如,"2010年6月8日20时0分0秒",可表示为"2010-06-08T22:0:0"。这种表示方式多用在图表中。还要注意区分时间和时刻的不同。例如,不能把时刻"20时15分45秒"写成时间"20h 15min 45s",也不能把时间"2小时30分40秒"写成时刻"02:30:40"。

3.4.3 人名

人名常出现在作者署名,参考文献著录,正文、引言中文献引用或评述,作者简介等部分,在科技论文中出现的频度是较高的。正文中人名规范使用的原则如下。

① 中国人名包括汉语姓名和少数民族语姓名。汉语姓名分为姓氏和名字两个部分,姓在前,名在后。按规定,停止使用的异体字中,有用作姓氏的,在出版物中可以保留原字,不作变更,但只限于作为姓用;因此,作者的名字若属异体字,则建议改为规范字(如"万锦堃"自己已改为"万锦坤"),以方便出版。

② 中国人名的英文译名有汉语拼音和韦氏拼音两种书写方式,使用时应确认采用的是何种书写方式,对用韦氏拼音书写的人名不得强行改用汉语拼音方式来书写。用汉语拼音拼写姓名时,汉语姓名按照普通话拼写,少数民族语姓名按照民族语拼写。汉语姓名的拼写法则为:姓(单姓和复姓)和名(单字名和双字名)的第一个字母均大写,姓氏的全部字母可均大写,姓和名分写,复姓应连写,双字名也连写,双字名之间可加连字符,一般不用声调符号。例如,单姓单字名 Zhou Xun(周迅);单姓双字名 Yang Hongwei 或 Yang Hong-wei(杨宏伟);复姓单字名 Ouyang Jian(欧阳剑);复姓双字名 Xiahou Chuanxin 或 Xiahou Chuan-xin(夏侯传心)。如果音节的界限发生混淆,须用隔音符号(')相隔。例如,Zhang Yu'an(张裕安)。

③ 对外国人名应尽可能先写出其准确的中文译名,并在中文译名后以括号括注的形式写出原外文人名,若难以或没必要写出中文译名,则可以直接引用原外文人名。

④ 尽可能用统一的格式、形式来书写一组英文人名,若有与文后参考文献著录中相对应的人名,还应与参考文献著录中的人名一致。

⑤ 尽量采用相对固定的英文人名表达形式,以减少在文献检索和论文引用中被他人误解的可能性。

3.4.4 地名

我国地名的使用应以地图出版社最新出版的地图版本为准。文中涉及古地名时应加注现代地名,例如"长安(今陕西西安)","汴京(今河南开封)"。外国地名(或国名)的使用应以地图出版社最新出版的中外文对照外国地名手册为准,不能随意音译,并应随时注意情况变化,要以最新资料为依据。

3.4.5 机构名

机构名应以机构官方公布或大家公认的机构名为准来书写,作者和编辑不宜使用自行翻译的不准确的机构名。

① 对中国机构,应直接使用其准确的中文全名,不要使用由中文以外的其他语言书写的机构名。在论文中第一次出现时应写准确的全称,以下方可用简称,简称也应是共知共用的,而且不能有歧义。例如"国家科学技术委员会"可简称为"国家科委",但不宜写作"科委"。

② 对外国机构特别是人们不大熟悉的,应先写出其准确的中文译名(必要时加上所属国家的名称),并在中文译名后以括注的形式写出原外文机构名(必要时附上其缩写名),不宜直接使用原外文机构名。

③ 不论外国机构还是中国机构,其名称在文中任何地方(包括参考文献著录)出现时均要用统一的名称。

④ 机构名在中文表达中应按层级由大至小的顺序来书写,在英文表达中应按层级由小至大的顺序来书写,不同机构名先后出现时应写到相同层级。

3.4.6 型号编号

科技论文中有时还会出现如产品设备、仪器仪表、元器件等的型号、编号、代号、序号,以及文件的编号、部队的番号等有关型号、编号等的表达。编号的书写必须真实、完整、清晰,对字母严格区分类别、大小写、正斜体,对数字不用分节,对连接号区分类别(如一字线、半字线、二字线),还要对字母与数字间是否留有空隙加以区分,使其表达准确、规范。例如,"GB/T 26013—2010"中的"2010"不写成"10","—"不宜写成"-";"YD-38 型电式加速度计"中的"YD-38"不写成"YD—38";"美国尖端科技的 VIB05 多功能轴承检测仪"中的"VIB05"不写成"vib05";"ISSN 1008-0821"不写成"ISSN1008-0821"。

3.5 科技论文中式子的规范使用

式子用来表达物理量之间的逻辑和运算关系,是数字、字母、符号等的逻辑组合。关于科技论文中式子的规范使用,目前尚没有专门的国家标准可循,这里只能综合散见于相关标准、规范中的一些相关规定、实例以及一些约定俗成的做法。

3.5.1 式子的简单分类

科技论文的式子可分为数学式和化学式两大类,数学式分为数学公式(简称公式)、数学函数式(简称函数式)、数学方程式(简称方程式)和不等式。公式是已得到证明和大家公认的式子,函数式用来表示因变量随自变量变化的关系,而方程式是含有未知数的等式。方程式又分为量方程式和数值方程式。化学式分为分子式、结构式、结构简式、实验式等。

从排版形式的角度,数学式分为单行式和叠排式,如单行式的形式为 $A+B+C=D$,

而叠排式的形式为 $\dfrac{A}{B}=\dfrac{C}{D}=\dfrac{E}{F}$。

3.5.2 数学式及其规范使用

3.5.2.1 数学式的特点

从写作和排版的角度概括而论，数学式具有以下特点。

① 所用字符种类多　数学式中可能有多种字母和符号，如英文、希文、俄文、德文等，字母还有字体、字号、大小写、正斜体、上下标之分。

② 符号或缩写字多　符号包括运算符号、关系符号、逻辑符号、函数符号等，各有各的含义和用途。数学式中还可能包括缩写字、词，如 log，max 等。

③ 层次重叠多　字符在数学式中的上下左右排列位置不同，例如有上、下标，上、下标中可能还会含有上、下标（即复式上、下标）；有的数学式中含有繁分式（叠排式）、行列式、矩阵，排版上非常复杂。

④ 容易混淆的字符多　很多字母或符号形体相似，但表达的意义和适用场合往往不同。例如，a 与 α，r 与 γ，u 与 v，w 与 ω，B 与 β，0 与 o，o 与 O，C 与 c，P 与 p 和 ρ 等，写作、排版或校对时稍不留心就会出错。

⑤ 变化形式多　同一个数学式有不同的表达方式，从而有不同的表示形式。例如，分数式既可写成 $\dfrac{a}{b}$ 的形式，又可写成 a/b 或 ab^{-1} 的形式。同一符号在不同数学式中的含义可能不同。例如，Δ 可以表示有限增量，也可以表示拉普拉斯算子，而 Δ 可以表示某一量的符号；π，e，d 分别表示圆周率、自然对数的底、微分符号，而 π，e，d 可分别表示某一量的符号。

⑥ 限制条件多，占用版面多　数学式中，符号的使用，式子的排式、排法，都有相应的规范要求。重要的数学式（一般需要对其编号）应单独占一行或多行排，有的式子的前边或式与式之间的连词（包括关联词语）等通常要求单独占行排；含有分式、繁分式、行列式、矩阵等的数学式会占用更多的版面。

3.5.2.2 数学式的规范使用

（1）数学式的编排要求

数学式对正文文字的排式分为另行居中排和串文排两种。前者是指把数学式另行排在左右居中的位置；后者是指把数学式排在文字行中而不另行排。

对一个数学式，究竟采用哪种排式，往往取决于多方因素。为了节省篇幅和版面，需要另行居中排的数学式应是以下三种情况之一。

① 重要式子。重要式子另起一行居中排，比较醒目，容易引起读者重视，读者也容易查找。

② 长式，带积分号、连加号、连乘号等的式子，以及比较复杂的式子（如繁分式）。它们虽然不一定最重要，但若插在一般行文中，可能会使同行的文字与其上下两行之间的行距增大，版面显得不美观，而且长式的转行还可能难以满足转行规则的要求。

③ 对需要编码的数学式若不另行居中排，就无法把其编号排在规定的位置上。

有的出版物对另行排的数学式没有排为左右居中的位置，而是自左从一定宽度的空白位置起排。这种做法若能在同一出版物中统一使用，也是合理、可行的。

（2）数学式符号的注释

数学式符号的注释（简称式注）是指对数学式中需要注释的量的符号及其他符号给出名称或进行解释、说明，必要时还要为量给出计量单位。通常是按符号在式中出现的顺序，用准确、简洁的语句对其逐一解释，但对前文中已作过解释的符号则不必重复解释。对于数值方程式中的量还应接着注释语给出计量或计数单位。式注有列示式、行文式、子母式3类。

（3）数学式的编号

对再（多）次被引用的数学式或重要的结论性数学式，应按其在文中出现的顺序给予编号（简称式号），以便查找、检索和前后呼应。为数学式编号有以下原则。

① 式号均用自然数，置于圆括号内，并右顶格排。

② 文中各式子的编号应连续，不能重复，不能遗漏。

③ 若式子太长，其后无空位排式号或空余较少不便排式号，或为了排版需要，则可将式号排在下一行的右顶格处。

④ 编号的式子不太多时，常用自然数表示式号，如（1），（2）等，但对性质相同的一组式子，则可以采用在同一式号后面加字母的形式，如（1a），（1b）等。

⑤ 对一组不太长的式子，可排在同一行，而且共用一个式号。

⑥ 同一式子分几种情况而上下几行并排时，应共用一个式号，各行的左端可加一个大括号且左端排齐，式号排在各行整体的上下居中位置。但是，对于一行排不下而转行排的同一式子，式号要排在最后一行的末端。

几个式子上下并排组成一组且共用一个式号时，各行式子的左端应排齐，式号应该排在该组式子整体的上下居中位置，必要时可以在该组式子的左端或右端加一个大括号。

一组式子无须编式号但需要加大括号时，大括号通常加在这组式子的左端，尤其对于联立方程更应如此。

⑦ 正文与式子要呼应，而且正文中式子的编号也应采用带圆括号的形式。要避免"上式即为……的计算式"，"将上式与式（2）比较可知……"，"如下式所示"之类的叙述，这是因为即使作者非常清楚所述的"上式"、"下式"具体是指哪个式子，但对读者来说并不一定清楚其具体所指，容易造成误解。

⑧ 通常只有后文中要引用的前提性和结论性居中排公式才需要编式号，对文中没有提及或不重要的、无须编号的式子，即使采用了另行居中排的形式，也不用对其编号。

（4）数学式前的镶字

数学式前面另行起排的6个字以内（包括6个字）的词语，叫做数学式前的镶字，简称镶字，是用来表示式间提示、过渡或逻辑关系的。数学式前面超过6个字的词语不是镶字，应按普通行文处理。

常见的镶字分为单字类、双字类、三字及以上类：单字类通常有"解、证、设、令、若、当、但、而、和、或、及、故、则、如、即、有"等；双字类通常有"由于、因为、所以、故此、式中、其中、此处、这里、假设、于是、因而、由此、为此"等；三字及以上类通常有"由此得、因而有、其解为、其结果为、一般来说、由式（×）可得"等。

（5）数学式自身的排式

数学式自身的排式有以下规则。

① 数学式主体对齐　主体对齐是指无论式子是单行式还是叠排式，无论式中是否有根号、积分号、连加号、连乘号，无论式中各符号是否有上下标，凡属式子主体的部分都应排在同一水平位置上，属式子主体部分的符号有"$=,\equiv,\approx,\neq,\leqslant,\geqslant,<,>,\notin$"及

分式的分数线等。

② 数学式主辅线分清　叠排式中有主、辅线之分，主线比辅线要稍长一些，而且主线与式中的主体符号应齐平。同时，式子编号应放在式中主体符号或主线的水平位置上。

③ 数学式各单元排列层次分明　数学式中的一些符号，如积分号、连加号、连乘号、缩写字等，应与其两侧的另一单元的符号、数字分开，以达到层次分明，不能将它们左右交叉混排在一起。

④ 数学式与其约束条件式　数学式（下称主式）通常居中排，但如果还有约束条件式，则应将主式与约束条件式作为一个整体左对齐排列，约束条件式排在主式的下方。这样，当约束条件式较长时，主式就不用居中排了，而是将约束条件式居中排，再将主式与约束条件式左对齐排；当有多个约束条件式时，应将这些条件式左对齐排列。

⑤ 函数排式严格　除指数函数外，函数的自变量通常排在函数符号的后面，有的加圆括号，函数符号与圆括号之间不留空隙，如 $f(x)$，有的不加圆括号，函数符号与自变量之间留空隙，如 $\exp x$，$\ln x$，$\sin x$ 等；对于特殊函数，其自变量有的排在函数符号后的圆括号中，如超几何函数 $F(a, b; c; x)$，伽马函数 $\Gamma(x)$ 等，有的直接排在函数符号后而不加括号，如误差函数 $\mathrm{erf}\, x$、指数积分 $\mathrm{Ei}\, x$。如果函数符号由两个或更多的字母组成，且自变量不含"＋""－""×""·"等运算符号，则自变量外的圆括号可以省略，但函数符号与自变量之间必须留一空隙，如 $\mathrm{ent}\, 2.4$，$\cos \omega t$ 等。为了避免混淆，表达函数时应注意合理使用圆括号，如不应将 $\sin (x)+y$ 或 $(\sin x)+y$ 写成 $\sin x+y$，因为 $\sin x+y$ 可能被误解为 $\sin(x+y)$。

复式函数中的括号一般都用圆括号，如 $g(f(x))$，$h(g(f(x)))$ 等。

在表达分段函数时，函数值与函数条件式之间至少空一字宽；各函数值（有时为数学式）一般上下左对齐或上下左右居中对齐，后面可以不加标点；各函数条件式上下左对齐或自然排在函数值的后面，后面宜加标点。

(6) 数学式排式的转换

为了节省版面，或者为了更好地表示符号层次，需要对数学式进行改排，但并非所有的数学式都可以改排。一些可以改排的数学式及其改排规则如下。

① 竖排分式转换为横排分式。有下面几种情况。

a. 对于简单的分式（或分数）可直接转换为平排形式，即将横分数线（叠排式）改为斜分数线（平排式）。例如，可以将 $\dfrac{1}{6}$，$\dfrac{\pi}{2}$ 直接改写为 $1/6$，$\pi/2$。

b. 对于分子和（或）分母均为多项式的分式，即将横分数线改为斜分数线，但转换时分子、分母都需要加括号。

c. 改写比较复杂的分式时，应各自加上所需的括号，以使原式中各项的关系不变。

② 根式转换为指数形式。必要时根式可改为分数指数的形式。

③ 指数函数 e^A 转换为 $\exp A$ 形式，这里的 A 为一项复杂的多项式。

(7) 矩阵、行列式的排式

矩阵与行列式的排式基本相同，不同的只是其元素外面的符号，矩阵用圆括号或方括号表示，而行列式用符号"| |"表示。以下以矩阵为例叙述其排式。

① 矩阵元素行列适当留空　编排矩阵时应在其行、列元素间留出适当宽度的空白，各元素的主体上下左右要对齐，或各单元的左右对称轴线要分别对齐。对角矩阵中，对角元素

所在的列应该明显加以区分,不能上下重叠。

② 矩阵元素位置合理排列　编排矩阵时应尽可能合理排列其元素的位置,以达到美观。对于一个矩阵来说,其元素的类别、位数可能全部一致,也可能部分一致,也可能全部不一致。元素的类别既可以是位数可长可短的数字,也可以是简单或复杂的数学式,还可以是阶数或大或小的模块矩阵。因此,矩阵元素位置的合理排列并没有统一的原则,要按照实际情况来定。以下给出几个常用原则。

a. 矩阵元素一般应优先考虑按列左右居中位置排列。

b. 矩阵元素前面有正号(+)、负号(-)时,应优先考虑以这些符号上下对齐;元素若为数字,还应考虑以数字的个位数或小数点等上下对齐。

c. 矩阵元素含有上下标或为数学式时,通常应左右居中排列(有时也可居左或居右排)。

③ 矩阵中省略号的正确使用　编排含有省略号的矩阵时应注意,省略号有横排和竖排之分,一定要正确区分其方向。

④ 对角矩阵和单位矩阵简化编排　对角矩阵和单位矩阵有其独特的简化编排形式,要注意使用。

⑤ 矩阵符号的字体　矩阵的主符号用单个的黑(加粗)斜体字母表示(必要时可以加上、下标,上、下标表示矩阵符号时也用黑(加粗)斜体字母表示)。矩阵元素也可为矩阵或包含矩阵的表达式,只要是矩阵,其主符号就要用单个的黑(加粗)斜体字母表示。

(8) 数学式的转行

当数学式很长,一行(通栏一行或双栏一行)排不下,或一行虽能排下但排版效果不好而又有充足的版面时,就应该转行排。转行有一定规则,不得随意转行。数学式转行的一般规则如下。

① 优先在 =, ≡, ≈, ≠, >, <, ⩾, ⩽ 等关系符号之后转行,其次在,-,×(或·),/(或÷)等运算符号之后转行;关系符号留在行末,转行后的行首不必重复写出关系符号;不得已时才在 Σ, Π, $\int$, $\frac{dy}{dx}$ 等运算符号或 lim, exp, sin, cos 等缩写符号之前转行,且不得将 Σ, Π, lim, exp 等符号与其对象拆开。

② 对于长分式的分子、分母均为多项式,则可在运算符号"+"、"-"后断开并转行,在上一行末尾和下一行开头分别加上"→"、"←"符号;若分子分母均为非多项式,则可在适当的因子间各自转行。

③ 矩阵、行列式一般不宜转行,但如果矩阵或行列式的元素为较长的数学式而难以在一行内排下,则可以使用字符来代替这些元素,同时在矩阵的下方对所使用的每个字符加以解释说明,以使矩阵或行列式得以简化而将其整体宽度减小到不超过一行的宽度。

(9) 数学式乘、除号的表达

数学式中当两量符号间为相乘关系时,其组合可表示为下列形式之一:ab,$a\,b$,$a \cdot b$,$a \times b$(在矢量运算中,$\boldsymbol{a} \cdot \boldsymbol{b}$ 与 $\boldsymbol{a} \times \boldsymbol{b}$ 是两种不同的运算)。如果一个量被另一个量除,则可表示为下列形式之一:$\frac{a}{b}$,a/b,$a \cdot b^{-1}$(有时也可用 $a \div b$,$a : b$ 的形式)。

以上方法可推广于分子或分母或两者本身都是乘积或商的情况,但在这样的组合中,除加括号以避免混淆外,同一行内表示相除的斜线"/"后面不得再有乘号和除号(包括"/")。在分子和分母包含相加或相减的情况下,如果已经用了圆括号(或方括号或花括号),则也可以用"/"表示除号。

数学式中数字间相乘的记号是"×"或居中圆点。乘号有时可以省略,有时却不能省略:①量符号间、量符号与其前面的数字间、括号间是相乘关系时,可以直接连写即省略乘号;②数字间、分式间是相乘关系时,不能省略乘号;③量符号与其前面的数字作为一个整体再与前面的数字发生相乘关系时,其间不能省略乘号。

(10) 数学式中的标点

串文排的数学式和正文文字一样,是句子的一个成分,其后该加标点时就加标点,不该加标点时就不加标点。但对于另行居中排的数学式,现在并没有统一的做法,有人认为要么一律加标点,要么一律不加标点,只要统一即可。

(11) 数学式中的字体

变量、变动的上下标、函数、点、线段、弧,以及在特定场合中视为常数的参数,用斜体字母表示。

有定义的已知函数(包括特殊函数在内)(如 sin, exp, ln, Ei, erf 等),其值不变的数学常数(如 $\pi=3.1415926\cdots$, $i^2=-1$ 等),已定义的算子(如 div),用正体字母表示。

集合一般用斜体字母表示,但有定义的集合用黑(加粗)体或特殊的正体字母,如非负整数集、自然数集用 N 或 $\mathbb{N}$ 等。空集用 ∅ 表示。矩阵、矢量和张量的符号用黑(加粗)斜体字母表示。

3.5.3 化学式及其规范使用

化学式分为分子式、结构式、结构简式、实验式以及化学方程式,是用化学符号表示物质组成的式子。

3.5.3.1 化学式的特点

化学式与数学式有着基本相似的特点和编排要求,但化学式的专业性更强,书写和编排要求更为严格。

① 所用符号均为国际性专业符号。除化学符号外,在化学式中还会用到一些数学符号(如变量符号、加号等)。所有这些符号均应按相关标准或规范的要求书写、编排,尤其不得使用自造的符号。

② 在化学式中,化学符号有极强的位序关系,位置、顺序不同所表达的意义也就不同。因此,书写、编排化学式时,应严格遵守化学式的专业规则。

③ 化学式有简有繁,较为复杂的化学式(如结构式、含有结构式的反应方程式等)不仅要占用较多的版面,而且其编排难度较大。由于目前所开发的化学式编排软件还不能完全满足化学式的编排需要,一些十分复杂的化学式还需要作为图形处理。

3.5.3.2 化学式的编排规则

(1) 分子式

分子式是表示物质分子组成的化学式,能够表示分子中所含元素的种类、各原子的数目以及物质的相对分子质量。

分子式一般随文排,无特殊需要不必另行居中排,但应注意,在书写和排版时,应避免从分子式中拆行。由于化学元素符号全部排正体,因此分子式也全部排正体。分子式中的元素符号,只有 1 个字母的,排大写正体,如 H,C,N 等;有 2 个字母的,第 1 个排英文大写正体,第2个排英文小写正体而且平排,如 Mn,Cl,Cu 等。分子式中表示原子个数的数字排在元素符号的右下角,对于某一原子组合则应加括号,再将数字排在括号的右下角,如 H_2O,Fe_2O_3,$Fe_2(SO_4)_3$ 等。

单质(如氢气 H_2 等)和化合物(如甲烷 CH_4 等)的名称通常用汉字表示,但不可将"钠化合物"表述为"Na 化合物"。在图表中,可用分子式表示单质和化合物。

对于一些为人熟知的无机化合物,如 O_2,H_2,Cl_2,H_2O,CO_2,NaOH 等,可以不写出学名而直接用分子式表示;若需要同时写出学名和分子式,则应把学名置于分子式前,如"二氧化碳"和"CO_2"同时出现时,应写成"二氧化碳(CO_2)";若需要同时写出学名、俗名(商品名)和分子式,一般处理顺序是先写出学名,然后写出加括号的俗名或商品名,最后写出分子式,如"乙醇(酒精)CH_3CH_2OH"等。

对于有机化合物,其分子式除少数几个如 CH_4,C_2H_4,C_2H_2 等较为简单外,一般都比较复杂,书写时不宜用分子式而应该以学名(或俗名)表示。

(2)结构式

用化学符号表示分子中各原子间化学结合方式的式子称为结构式。结构式不仅表明分子中各元素原子的数目,还表明这些原子是怎样连接的,因此可用于表示和区分有机化学中的同分异构体。

① 结构式中的常用符号　键号为结构式中的常用符号,是结构式中用来连接各原子或官能团的连线,这种连线既有单线、双线、三线、点线、粗线之分,又有横线、竖线和斜线。从形式上看,键号与一些数学符号或其他符号相类似,注意不要混淆。

② 结构式的表示方式　常用的有短线式、结构简式和键线式等。

a. 短线式。这是用一条短线代表一个共价键,单键以一条短线相连,双键或三键则以两条或三条短线相连。例如

$$\begin{array}{c} H\ H \\ |\ | \\ H-C-C-H \\ |\ | \\ H\ H \end{array} \qquad \begin{array}{c} H \qquad H \\ \ \ \diagdown\ \ \diagup \\ C=C \\ \ \ \diagup\ \ \diagdown \\ H \qquad H \end{array}$$

乙烷　　　　　乙烯

b. 结构简式。为书写方便,在不致造成误解的情况下,将结构式中一些代表键号的短线省略,而把除官能团外的其他各原子都分别合在一起写,这种结构式叫结构简式,也称缩简式,有时也称示性式。例如,CH_3COOH 乙酸,$CH_3CH=CH_2$ 丙烯。

结构简式能表示出化合物分子中所含的官能团,如乙酸的结构简式是 CH_3COOH,表示分子中含有一个甲基(CH_3-)和一个羧基($-COOH$),能明确表示同分异构体。分子中具有相同碳原子数的有机化合物,可因碳原子的排列次序和方式不同而产生不同的结构。例如,丁烷分子中有 4 个碳原子,有以下两种排列方式。

$$CH_3-CH_2-CH_2-CH_3 \qquad \begin{array}{c} CH_3 \\ | \\ CH_3-CH-CH_3 \end{array}$$

正丁烷　　　　　　　　异丁烷

正丁烷和异丁烷的分子式都是 C_4H_{10},虽然具有相同的分子式,但因结构不同而具有不同的性质,因此是不同的化合物。这种分子式相同而结构不同的化合物称为同分异构体,这种现象称为同分异构现象。例如,乙醇和二甲醚的分子式都是 C_2H_6O,但它们的结构简式分别为 CH_3CH_2OH(或 C_2H_5OH)和 CH_3OCH_3,二者的结构不同,互为同分异构体。在

有机化合物中，同分异构现象是普遍存在的，这也是有机化合物数目繁多（至今已达1000万种以上）的一个主要原因。

在仅仅需要定性地表示官能团而无须展示整个结构式时，运用结构简式的表示方法既能满足内容表述要求又能节省版面。

c. 键线式。这是一种不写出碳原子和氢原子，而用短线表示碳碳键，短线的连接点和端点表示碳原子的简化结构式。例如

苯　环己烷(椅式)

③ 元素和原子团的排法　结构式中的元素和原子团符号应该紧密排列，而且键号必须与其对准，如果排得不恰当就会引起混淆。

a. 镶在直链或环中的单字母元素符号，该元素的键号均应对准字母的正中。

b. 镶在直链或环中的多字母元素、化合物或原子团符号，其键号均应对准其成键的元素符号，或多字母元素、原子团符号的大写首字母。

c. 镶在直链或环中的多元素原子团符号，为使该原子团的键号对准成键元素符号，可以调换第一个元素符号的位置，但排在键号两边的双字母元素符号的大小写顺序应保持不变。例如均苯四酸（1,2,4,5-苯四甲酸）的结构式为

但不能排为

d. 环状化合物中环上的元素符号嵌进与否代表不同的结构（是否嵌进取决于该元素与碳原子的价键），写排时要注意不得混淆这两种不同结构。例如吡啶、呋喃、噻吩等杂环化合物的结构中 N，O，S 是嵌进的，而苯胺、苯酚、苯磺酸等碳环化合物的结构式中 N，O，S 是非嵌进的。

e. 遇有箭头表示连接的情况，箭头的起止点必须对准相应的元素符号。

④ 位序的排法　在链状或环状结构式中，为了方便命名和标出取代基的位置，应该为各碳原子标出位置序号（简称位序或位次）。

a. 对于链状结构式，其位序用阿拉伯数字排于碳原子 C 的上方、下方、左上角或右上角，但不能排在 C 的右下角，若排在右下角就会与分子式中的阿拉伯数字下标相混淆。如果正文用 5 号字，则位序一般用 7 号字。例如，标有位序的 2,2-二甲基丁烷的结构式为

b. 对于环状结构式，其位序用阿拉伯数字排在环外或环内的搭角处；有时也可把部分位序排于环外，部分位序排于环内（位序不论在环内还是环外，都应排在搭角处）。例如，标有位序的苯的结构式为

如果结构式中有星号，则可将星号置于碳原子的右上角，例如，标有星号的酒石酸（$C_4H_6O_6$）的结构式为

$$\text{HOOC}-\overset{H}{\underset{OH}{C^*}}-\overset{H}{\underset{OH}{C^*}}-\text{COOH}$$

如果结构式中既有位序又有星号，则可把位序和星号分别置于碳原子的两侧。例如标有位序和星号的葡萄糖（$C_6H_{12}O_6$）的结构式为

$$\begin{array}{c}\text{CHO}\\ \text{H}-{}^*C^1-\text{OH}\\ \text{HO}-{}^*C^2-\text{H}\\ \text{H}-{}^*C^3-\text{OH}\\ \text{H}-{}^*C^4-\text{OH}\\ \underset{5}{\text{CH}_2\text{OH}}\end{array}$$

c. 对于杂环结构式，若环上有取代基，则必须按以下规则给母体环编号。

(a) 从杂原子开始编号，杂原子位序为1。当环上只有一个杂原子时，还可用希腊字母编号，与杂原子直接相连的碳原子为 α 位，其后依次为 β，γ，…。五元杂环只有 α，β 位，六元杂环则有 α，β 和 γ 位。例如

(b) 若含有多个相同的杂原子，则从连有氢或取代基的杂原子开始编号，并使其他杂原子的位序尽可能最小。例如咪唑环的编号形式为

(c) 若含有不相同的杂原子，则按 O→S→N 的顺序编号。例如噻唑环的编号形式为

(d) 某些特殊的稠杂环具有特定的编号方法。例如嘌呤的编号形式为

杂环母体的名称及编号确定后，环上的取代基一般可以按照芳香族化合物的命名原则来处理。

当氮原子上连有取代基时，常用"N"表示取代基的位序。例如

N-乙基吡咯

有些稠杂环化合物的命名与芳香族化合物的命名方式不相同。例如

8-羟基喹啉（不叫 8-喹啉酚）

⑤ 改排或转行　遇结构式横向较长和（或）竖向较高而在有限版面内排不下时，就要进行技术处理如改排或转行，处理后不得改变结构式的原义，又要满足版面的要求。这样做的依据是，键号在上、下、左、右等各个方向上均是等价的。例如，可将特屈儿（学名为 2,4,6-三硝基苯甲硝胺，分子式为 $C_7H_5N_5O_8$）的以下结构式

改排为

（3）实验式

实验式是用化学元素符号表示化合物分子中各元素的原子数比例关系的化学式。例如，氯化钠的实验式是 NaCl，钠和氯的原子数比例是 1∶1；乙炔和苯的实验式是 CH（乙炔的分子式是 C_2H_2，苯的分子式是 C_6H_6），碳、氢的原子数比例均是 1∶1。

（4）化学方程式

化学方程式又称化学反应式，是用反应物和生成物的分子式（或结构式）表示化学反应始态和终态的式子，包括分子式的反应式和结构式的反应式，其中表示化学反应与热效应关系的称为热化学方程式。化学方程式是精练的化学语言，是研究化学必不可少的重要工具。科技论文中涉及定量化学计算时必须写出化学方程式。化学方程式中，反应物的分子式（或结构式）写在左边，生成物的分子式（或结构式）写在右边，式子两边相同元素的原子数目相等。

① 反应符号　化学方程式中的反应符号主要有以下几种：反应号——→；可逆反应号⇌；不可逆反应号——等，其长度按表达需要可长可短。在无机物反应方程式中，可用长等号代替反应号。此外，还有表示气体挥发的符号↑，表示反应物是沉淀物的符号↓，以及表示加热条件的符号△。

② 反应条件　化学方程式中的反应条件（如温度、浓度、压力、催化剂等）可用国际通用符号或中、外文字予以说明，通常排在反应符号的上方或下方。反应条件的排版字号比化学方程式的要小，如果化学方程式用 5 号字，则反应条件多用 6 或 7 号字。

a. 化学方程式中，如果只有一个反应条件，则把反应条件的文字排在反应符号的上方，若字数较多或版面空间不够，则可把反应符号上方的文字转排到反应号的下方。

b. 化学方程式中，如果有两个反应条件，则将一个反应条件的文字排在反应符号的上方，另一个排在下方，即反应符号上、下方的反应条件文字应各自独立。注意：不宜把反应

符号上方的文字转排到下方，但可以将文字多的一行在反应符号的上方或下方转成双行或多行排。

c. 化学方程式中，如果有两个以上反应条件，则可根据反应条件的类别及所需排版空间合理地将它们分布排在反应符号的上方、下方，但上、下方的反应条件应各自独立。

③ 编排方法　类似于数学公式，但应注意其专业规则。

a. 反应式一般是另行居中排，习惯上不加标点符号。当几个反应式并列时，通常使反应符号左端上下对齐排。

b. 无论反应物、生成物的化学式是分子式还是结构式，都应当使它们的主体与反应符号相对齐排在同一水平线上（如果结构式串排在行文中，其主体应当与同行的文字排在同一水平线上）。

c. 较长的反应式需要转行时，应尽可能在反应符号或加号（＋）后断开转行。

对于含有结构式的反应式，其反应符号也可以竖排。

d. 离子反应式首先应建立在实验条件下，以反应物质确实以离子形式存在为前提；其次要标明各离子所带的电荷数，标于离子符号的右上角。

e. 如果需要，反应条件（如温度、浓度、压力、催化剂等）可以用国际通用符号或中、外文字予以说明，通常用小号字排在反应号的上边或下边。

当反应条件有多项时，用逗号（,）或分号（;）将各项分开，分别排到反应符号上、下两边，但不得将同一项反应条件拆开排在反应符号的上、下两边。对于可逆反应，反应条件应按反应方向分别排于箭头的上下两边，不得相互调换。

化学方程式不仅表明反应物、生成物各是哪些物质，而且还表明了它们之间的质量关系，即化学方程式还须遵守质量守恒定律。因此，在编排化学方程式时，应特别注意在各化学式前面加上适当的系数，使等号两边的原子数目相等、电子得失数相平衡。

在氧化还原反应方程式上用线桥标示电子转移情况时，应注意电子转移的方向和电子转移的数目。线桥须由失去电子的元素符号指向得到电子的元素符号，对于同一反应式可用双桥线或单桥线标示电子的转移情况。

在编排热化学方程式时，除遵守一般化学方程式的编排规则外，还应特别注意以下几点。

a. 应注明反应的温度和压力。常温 $T=298.15K$，常压 $p=101.325kPa$ 时可不予注明。必须在各物质化学式的右侧括号中注明各物质的物态或浓度。对同样的反应，物质的状态不同，热效应一般不同。

b. 热化学方程式中各化学式前的系数为化学计量数 ν_B。ν_B 可以是整数或简单分数，反应物的数值为负，生成物的数值为正，且 $\sum_B \nu_B B = 0$，应注意配平。

c. 在编排热化学方程式时，将方程式排在左边或上方，在右边或下方注明相应的焓变，两者之间用分号、逗号或空格隔开。

3.6　科技论文插图和表格的规范使用

插图和表格是常见的信息表达形式，在科技论文中使用得相当普遍。借助插图和表格能形象直观、简明扼要地表达所要陈述的内容。但是，大量图、表的堆砌或不合理的设计，则会给论文的编排和阅读带来困难，因此必须对图、表做精选和规范化处理。

3.6.1 科技论文插图概述

(1) 插图的特点

插图在科技论文中被广泛使用，可以配合论文的内容，补充文字或数学式等所不能表达清楚的问题，利于节约、活跃和美化版面，使读者阅读论文有赏心悦目之感，提高读者的阅读兴趣和效率。据统计，在现代科技书刊中，每一千字就伴有一幅插图，而且插图所占的比例还有进一步提高的趋势。科技论文插图的特点体现在以下方面。

① 图形的示意性　科技论文中的插图主要用于辅助文字表达，尤其是用来表达用文字叙述难以说清楚的内容。为了简化图面，突出主题，这种表达常常是示意性的，即一般不翻版使用机械制图中的总图、装配图和零件图或部件图，建筑制图中的设计图和施工图等；一般也不用具体结构图，而往往用结构示意图；函数曲线图也不像供设计或计算用的手册中的那样精确、细微，大多采用简化坐标图的形式。

② 内容的写实性和科学性　科技论文的插图要求真实地反映事物的本质，注重科学性、严肃性，不能臆造和虚构，不能未经实验或实践而"创造"或"虚构"出来，整幅插图和插图中的各个细节，必须反映事物真实的形态、运动变化规律、有序性和数量关系，不允许随意做有悖于事物本质特征的取舍，更不能臆造和虚构。引用材料要有根据，有可靠出处，同时又要严格遵守知识产权。

③ 取舍的灵活性　科技论文的插图既可以是原始记录图、实物照片图和显微相片图，又可以是数据处理后的综合分析图，其取舍范围较为广泛，其类型选用完全取决于内容表达。凡用文字能方便地表达清楚的内容，就不用插图表达；为了突出主题、节约版面和减少制图时间，凡能用局部或轮廓符号表达的就不用整图、照片图等写实图。

④ 表达的规范性　插图是形象的语言，语言本身是交流思想的工具，要交流思想，论文作者、书刊编者和读者就应有共同语言，有关国家标准对图的规范制作已做了规定，其中未做规定的多数也已约定俗成。

⑤ 印制的局限性　有时用套色图可以更方便地表现内容，有时用彩色照片因色彩丰富、层次分明，物体形貌表现得更加逼真；但由于制版技术和书刊印制费用的限制，一般多用单线条的墨线图或黑白照片图。

(2) 插图的分类

科技论文的插图多种多样，可以从多个角度来分类。按制版技术，可分为线条图、网纹图、黑白版图和彩色版图等；按构图方式，可分为坐标图、结构图、功能图、建筑图、机械图、线路图、透视图、记录谱图、计算机输出图和照片图等；在表现手法上多为力求清楚准确且能够说明问题的技术图解性插图，一般分为线条图和照片图等。

线条图，又叫墨线图，指用墨线绘制出来的图形，含义清晰、简明，描绘和印制方便，是科技论文中最常用的一种插图。其种类非常丰富和繁多，可分为坐标图（包括线形图、条形图、点图），构成比图，示意图，地图等。照片图多用于需要分清深浅浓淡、层次变化的场合，由于它是原实物照片的翻版，故形象逼真、立体感强，但它不能描述抽象的逻辑关系。照片图可分为黑白照片图和彩色照片图两种，前者印制简单、制作费用较低，能满足一般要求，后者色彩丰富、形象逼真、效果较好，但印制费用较高。

(3) 插图的构成与规范表达

科技论文的插图一般由图序、图题、图例、图注、主图等构成，线形图（也叫函数曲线图）的主图通常包括坐标轴、标目、标值线、标值等,如图 3-2 所示。

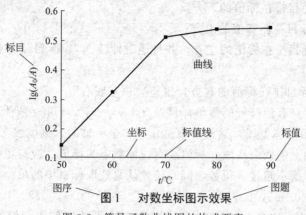

图 3-2 简易函数曲线图的构成要素

① 图序和图题 图序（图号）指插图的序号。根据插图在论文中被提及的顺序,用阿拉伯数字对插图排序,全文插图连续编码,如"图 1"、"图 2"等,并尽量把插图安排在第一次提及它的段落后面。一篇论文中只有一幅插图时,图序可用"图 1"或"图"字样。

图题指插图的名称（或标题）,应能确切反映插图的特定内容,要求有较好的说明性和专指性。要避免用泛指性的词语做图题,如"函数曲线图"、"结构示意图"、"框图"这样的图题就缺乏专指性,不便理解。当同一图序的图中有几个分图时,每幅分图都应有相应的分图序,按(a),(b)等编分图序,有时还可能需要在分图序后加分图题。在正文中提及某分图时,应当提及分图序而不是整个插图的图序,例如提及图 2 中的(c)图时,应写成"图 2c"或"图 2(c)"的形式,是否加括号,与图中一致。

图序和图题之间空一格字距,不用任何标点符号。图序和图题要放置于插图的下方,对整幅图面左右居中,其总体长度一般不宜超过整个图面的宽度,若整体长度过长时可将图题转行。

② 图例 当图中需要用不同的符号来代表不同的变量、曲线或其他类别时,应该使用图例的形式来说明符号的意义。图例通常放置于图内并成为图的一部分,因此其字体和字号与图的其他部分应该相同。坐标图中的图例最好放置于坐标轴的区域之内。

③ 图注 是简洁地表达插图中所标注的符号、标记、代码及所需说明事项的一种简短文字。在线形图中,图注往往不可缺少,常用图注给出实验条件,参变量的符号、数值、单位,多条曲线中各曲线的代号或名称、注释,以及所必需的其他说明语句等。图注的位置要合理安排,既可处于图外（即图题下方）,也可处于图中。图注安排在图外还是图中,要根据图面空余空间及图注文字所占空间及实际的简洁、美观效果来确定。图注的字号通常与图题的字号相同。

④ 标目 用来说明坐标轴的含义,通常由量名称、量符号及单位符号组成,量符号与单位符号间用"/"分隔,如"p_c/MPa","I_{max}/A"等。标目是百分率时,可将"%"看作单位,如"生产效率 η/%"中的"%"不是单位符号,其前面用"/"是暂时将其与单位做同样处理。在不致引起混淆的情况下,标目中除单位符号外可以只标识量名称或只标识量符号,而无须同时标识量名称和量符号,但应该优先标识量符号,例如"密度 ρ/(kg·m^{-3})"可标识为"ρ/(kg·m^{-3})"或"密度/(kg·m^{-3})"。

标目应该与坐标轴平行，标目居中排有以下几种情况。

a. 下横坐标：标目排在标值的下方；

b. 上横坐标：标目排在标值的上方；

c. 左纵坐标：标目排在标值的左方，并且逆时针转 90°，标目顶部朝左，底部朝右，即"顶左底右"；

d. 右纵坐标：标目排在标值的右方，也是"顶左底右"。

对于非定量的、只有量符号的简单标目如 x，y，z 等，可排在坐标轴尾部的外侧。

⑤ 标值线和标值　标值线，通常习惯称作"（坐标轴的）刻度线"。它是长的坐标标值线经简化后在坐标轴上的残余线段。标值线对应的数字为标值。应避免标值线和标值过度密集，标值的数字应尽量不超过 3 位数，同时还须认真选取标目中的单位，防止选用不规则的标值。例如，可将"0.385，0.770，1.115，…"改为"0.4，0.8，1.2，…"；将"62.5，78.3，101.4，…"改为"60，80，100，…"，并相应平移标值线，但不能变动图面内的数据点或曲线。

为了满足法定计量单位使用规则的要求，标值的数字一般应尽可能处在 0.1~1000，这可以通过将标目中的单位改用词头形式或在量符号前增加非"1"的因数来实现。根据《量和单位》国家标准 GB 3100~3102—1993，标目和标值间的关系为量符号/量单位＝标值（量纲不为 1 时），如 $F/\mathrm{kN}=2.0$；量符号＝标值（量纲为 1 时），如 $R=0.010$。

⑥ 坐标轴　平面直角坐标图的横纵坐标轴是相互垂直的直线，并交于坐标原点。若坐标轴表达的是定性变量，即未给出标值线和标值，则在坐标轴的尾端按变量增大的方向画出箭头，并标注变量如 x，y 及原点 O；若坐标轴上已给出标值线和标值，即坐标轴上变量增大的方向已清楚表明，则不再画箭头。

3.6.2　科技论文插图的规范使用

3.6.2.1　插图规范使用的一般原则

规范使用插图有以下一般原则。

(1) 严格精选插图

精选有两方面含义：一是根据所表述对象及插图本身功能决定是否采用插图；二是在初步确定采用插图的基础上对同类插图进行分析比较，确定可否将同类插图进行合并和删减。

(2) 恰当选择插图类型

根据表达对象的性质、论述的目的和内容，并考虑印制成本来选择最适宜的插图类型。例如，线条图含义清晰、线条简明，适于表达说理性和假设性较强的内容，也适于表达事物间的定性或定量关系，制作也较为方便；照片图层次变化分明，立体感较强，适于反映物体外形或内部显微结构要求较高的原始资料，其中彩色照片图色彩丰富，形象逼真，适于只有用色彩才能表达清楚的场合，但制作成本很高。

(3) 合理选择图形形式

科技论文中的插图多为说明原理、结构、流程或实验结果的原理图或抽象图，不宜把未经简化、提炼的原始图或实际图（如施工图、装配图等）原封不动地搬到论文中来，必须在原图的基础上加以简化、提炼、提高和抽象，尽可能突出所要表达、说明的主题，最终提高实际表达效果。

(4) 规范合理表达插图

插图的图序、图题、幅面尺寸和图形的画法，图中的数字、符号、文字、计量单位，线型、线距、标目、标度、标值，以及说明、附注等，均须符合有关规定和惯例；同时，在一篇论文里，甚至一种书刊内，插图的风格和体例应当一致。提供的照片要真实、清晰，主题鲜明，重点突出，反差适中。

(5) 插图幅面和布局

在规划和确定一幅插图时应考虑以下几点：除特殊要求外插图的幅面必须限定在所要求的版心之内；同类型或同等重要的插图幅面应尽可能保持一致；为方便比较可以把类似的图（如两个图的纵或横坐标轴相同）合并起来；图例应放置于图形区内，如果图形区内确实放不下图例，在计算图的宽度时还应考虑图例所占幅面的大小。合理布局插图指要按照插图的幅面及其表达内容来合理安排和布置插图中各组成部分、要素的位置、大小及其关系而达到最佳表达效果。

(6) 正确配合文字表达

正确配合文字表达指插图与文字的表达要恰当配合，表现为插图位置合理安排与图文表达一致两个方面。插图位置合理安排通常有插图随文排，先出现文字叙述后出现插图（先见文，后见图），不要跨节等原则。

3.6.2.2 插图的规范设计制作

(1) 一般要求

规范设计制作插图的一般要求如下。

① 插图的设计制作要符合我国国家标准、行业标准及其他有关标准、规定。引用国外文献中的插图时，被引用插图的画法也应符合我国现行有关标准。

② 插图中的文字多采用 6 号或小 5 号字，在特殊情况下可以改变字体、字号。例如，为突出某些文字，可以增大字号和（或）改变字体；为突出层次、类属，也可以减小字号和（或）改变字体。

③ 插图中指引线的长短和方向要适当；线条要干净利落，排列整齐、均匀、有序，不可互相交叉，而且不要从图中的细微结构处穿过；两端不要用圆点、短横线和箭头等，即用直线段直接作指引线。

④ 插图中箭头的类型要统一，箭头的大小及其尖端和燕尾宽窄应适当，同一图中的箭头的类型、大小等要一致。

⑤ 插图中线条的粗细要分明，同类线型粗细应一致；曲线过渡要光滑，圆弧连接要准确。

⑥ 插图中用于放置图注的地方若放不下图注内容，可考虑减少图注内容中的文字数量，或将图注放于图题的下面。

⑦ 要善于利用不同的图案来区分插图中性质不同的部分。例如，在条形图中，要用有明显区别的线条图案来区分不同的条，如果必须使用灰度来区分，则不同条的灰度通常应有较为明显的差别。

⑧ 条形图、构成比圆形图构成部分的数量不宜太多，如果构成部分数量很多，则考虑使用表格，表格可能是表达数据的更好方式。

⑨ 对于线形图，确定同一幅图内放置曲线的数量，应以可辨性作为原则，曲线的数量不宜太多，曲线布置也不宜太密。

⑩ 尽量采用清楚、简单的几何图形来表示不同的数据类型，最好选择空心圆圈、实心圆圈、三角形、正方形或菱形等图形来表示。

⑪ 通常宜将纵坐标轴长度设计为横坐标轴长度的2/3到3/4（特殊情况除外）。

(2) 插图中线型的选取

线型指插图中线条的粗细，应根据图的幅面、使用场合和图面内线条的疏密程度来确定。粗线一般用于函数图中的曲线、工程图中的各种实线（主线），粗细通常为1磅；其他地方均用细线（辅线），如坐标轴线，示意图中的线条，工程图中的点画线、虚线以及各种插图的指引线等，粗细一般为0.5磅。还须考虑用线条的粗细和线条间的密度来突出要素。线型选取可参照有关制图的国家标准以及出版物对制图的要求。

(3) 插图中图形符号

图形符号是把具体事物经过简化但又能保持其特点，从而简明、直观、形象地表现事物特征的一种图形语言，其基本构成是符号的名称、形态、含义及画法。各学科领域中用的图形符号在相应国家、行业标准中均做了规定，使用时可查阅有关资料。

(4) 插图中图形布局的设计

插图中图形布局的设计主要包括以下方面。

① 图间布局设计　指在设计多个具有某些共性的插图时通过调整其共性部分、要素的内容、幅面及其间排列顺序等而进行的布局设计。对两幅或两幅以上横纵坐标的内容和标值相同的坐标图，可考虑将其组合在一起共用一个图名。对标值相同的一组坐标图，若每幅图的线条单一，也可将此组图合并成一幅图；若横纵坐标中一个相同而另一个不同，则可用双坐标轴表示。曲线图中的曲线过多、过密而难以区分时，可以将插图分解成两幅或两幅以上的分图。这样调整后的插图，既能够节约版面、扩大容量，又便于在同一变量条件下对曲线所对应的数据和形态进行对比。

② 图内布局设计　指在设计某一插图时通过调整其各组成部分、要素的内容、幅面及其间排列顺序等而进行的布局设计。为使插图布局合理均衡，有稳定的视觉效果，要对插图的各个组成部分进行合理布局，可采取并排、叠排、交叉排、三角形排等多种排版形式，既要考虑论文段落、插图形态、幅面大小，又要考虑排版要求、美观协调、节约版面等因素。对布局不合理或存在较大空白的插图，在不影响插图内容表达的情况下，要对其进行适当调整，使其布局、大小合适。

总之，插图的设计要富于变化，版面上要美观协调，达到多样的统一；幅面要适中，线条密集时幅面可大些，稀疏时幅面可小些，这样的布局能给人以舒适的感觉。插图中线条的粗细要搭配，如线形图的坐标轴线和标值线用细线表示，而主图的线条用粗线表示，这样的布局可产生层次感和美感。科技论文中的插图多为墨线图，通常采用的线条比工程制图规定的线条要细一些。

(5) 幅面尺寸的确定

① 版心尺寸　书刊幅面内除去四周的白边，剩余的排版范围（包括排文字和图表）称为版心。插图幅面不宜超过版心，双栏排版时不宜超过栏宽。目前国内的学术性期刊一般都采用16开本（即A4纸幅面）：幅面为210mm×297mm，版心约为174mm×262mm，正文多为双栏排版，栏宽一般为80～85mm；论文中的插图，其幅面宽度的最大值，双栏排时通常在80～85mm，通栏排时通常不应超过版心宽度。

② 缩尺比例　科技论文插图的幅面通常较小。小尺寸插图的制作较为困难，有时为了掩饰制图造成的不可避免的毛疵，通常将幅面稍大的原图作为制图的底图，而在排版时再把制好的图（简称制图）按相应的缩尺比例缩小。缩小时采用的比例称为缩尺比例。

缩尺比例的概念是在基于硫酸纸描图的传统制图模式下出现的，而在基于计算机制图软件的直接设计制作模式下已没有多大意义。

③ 插图自身情况　确定插图幅面还应考虑插图自身情况。比如，图形很简单，若画得太大，不仅不匀称，而且浪费版面；相反，图形比较复杂，或者说明文字或符号较多，若画得太小，图面就会拥挤。

3.6.2.3　线形图的规范设计制作

设计制作线形图时，除要对图序与图题、标目、标值线与标值、坐标轴规范地设计制作外，还要对它的重要组成部分"曲线"（包括直线）规范地设计制作，而且要注意一些技巧。

（1）曲线设计制作的基本方法

曲线用来表达变量关系及实验结果，不仅形象直观、简洁易懂，而且将函数关系及变化趋势表达得非常清楚，是进行理论和实验分析的强有力工具。曲线设计制作的基本方法有以下几种。

① 根据具体情况选择坐标值，将实验点标注在图中。

② 根据要求制点。若不考虑误差及数据分散度就较为简单；若必须考虑误差或明确表示出数据分散度等因素，则可将误差或实验范围表示出来。

③ 确定曲线的制作方式。函数变化（趋势）若是跳跃式的，则可用折线将数值点连接起来；若是光滑连续的，则可将所要表示的结果制作成光滑曲线。

④ 区分点的标注方式。若同一图中有种类或参变量不同的若干条曲线，则应对点的标注方式有所区别，可以使用不同图案来标记。

（2）线形图规范设计制作的技巧

规范设计制作线形图需注意以下技巧。

① 选取合适的纵横坐标尺寸比例　在纵横坐标尺寸比例不同的情况下，同一曲线的形状肯定不会相同，同一直线的斜率也会不相同。纵横坐标尺寸比例的选取与坐标轴上的标值范围、标值间距等因素有关。标值范围要根据图形的数据来确定，标值间距则可以是任选的，不同的选择会使同一曲线有不同的形状，选择不当将会扭曲数据的显示。标值的确定应主要考虑以下两点：其一，选择适当的标值使所设计的曲线能涵盖整个数据；其二，选择适当的标值间距使所设计的曲线能正确反映数据。

② 采用表现力强的对数坐标　直线是各种线条中最容易画的，使用很方便，故当函数本身呈对数关系或自变量的数值跨度很大时，应采用对数坐标使函数曲线变为直线。

③ 恰当安排曲线与坐标面的相对位置　这是指把图形的主要部分（曲线）安排在坐标平面内最为恰当的位置，安排不当常出现以下情况：a. 图面中有多余（不必要的空白）部分，曲线相对显得不够突出，既浪费版面又不美观；b. 曲线超出了坐标平面，即曲线的一部分不在坐标平面内。这两方面的问题可以通过平移坐标轴同时改变坐标原点，以使坐标平面完全包含整个曲线的方式来解决，必要时还可以延长坐标轴并增加标值线。

④ 适当运用同类曲线的叠置方式　在线形图设计制作中，常会遇到以下情况：某些参变量间的关系在另外一些不同的参变量或条件下呈现出不同的规律和特点，故可以得到一簇不同的函数曲线，有多少条曲线就需要设计制作多少幅插图，并分别标明"图1"、"图2"等，这样做显然不够规范。正确的做法应该是把这些曲线放置到同一图上。如果这一簇曲线形状比较接近或曲线的条数较多，将其安排在同一图上会因挤在一起而难以区分，则可采用几条曲线共用一个坐标轴，而分立另一坐标轴的方法；或把这些图分设为几个分图，共用一

个总图题，必要时还要加分图序、分图题。运用叠置方式，不仅节省版面，而且能增强对比效果。

线形图中的线条一般不宜过多，但无论有多少条，都应以能够清晰分辨为原则，如果无法分辨，则考虑用表格来呈现数据。

3.6.3 科技论文表格概述

科技论文的表格（简称表）是记录论文中数据或事物分类等的一种有效表达方式，作为文字叙述的辅助和补充，能够系统、简洁、集中和逻辑性、对比性较强地表述科学内容。合理的表格，不仅会使论文论述清楚，还可起到美化与节省版面的效果。

3.6.3.1 表格的类型

（1）按结构分类

科技论文的表格按结构一般可分为卡线表、三线表、二线表、无线表、系统表等。

① 卡线表　是一种用栏线、行线将整个表格分隔为小方格并在小方格内填写有关文字和数据的表格。卡线表的优点是：数据项分隔清楚，隶属关系一一对应，读起来不易串行，因其功能较为齐全，故得到较为广泛的应用。缺点是，横竖线多，项目头中还有斜线，不够简练，显得有些复杂，排版较繁琐，占用版面较多，故在科技界多推荐用三线表。无论卡线表有多么复杂，只要精心安排、设计，一般能将其转化为三线表。

② 三线表　是一种经过简化和改造的特殊类型的卡线表，在科技书刊中得到普遍使用，其形式如图 3-3 所示。三线表并不一定只有 3 条线，必要时可加上辅助线。辅助线起着和栏目线相呼应并与有关数据相区隔的作用，但一个三线表无论加了多少条辅助线都仍然称为三线表。

表×　部分提交文献分布状况以及所属数据库列表

文献所属数据库	分布的文献数量/篇	所占比例/%	排名情况
Elsevier	442	20.01	1
OCLC	231	10.46	2
EBSCO	184	8.33	3
Wiley	164	7.42	4

图 3-3　三线表示例图

三线表几乎保留了传统卡线表的全部功能，又克服了卡线表的缺点，还增强了表格的简洁性，减少了排版制表的困难，这是科技论文中普遍使用三线表的重要原因。但它也有缺点，当内容复杂时，读起来容易串行（或串列），甚至引起内容上的混淆。

表×　实数的组成

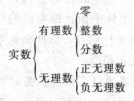

图 3-4　系统表示例图

③ 二线表　是一种只保留顶线和底线的特殊类型的卡线表，适用于表格较为简单、没有横表头的情况。

④ 无线表　是一种整个表中无任何线即以空间来隔开的表格，常用于项目和数据较少、表文内容简单的场合。

⑤ 系统表　是一种只用横线、竖线或括号、线条把文字连接起来的表格，多用于表述隶属关系的多层次事项，如图 3-4 所示。这种表在内容上的特点是结构层次分明、直观，一目了然，在形式上的特点是左小右大或上小下大。这种表又称分类表，因为它适用于分门别类地表示；也称挂线表（也有人将这种表看做图），因为它用挂线或大括号联系起来。

（2）按内容分类

科技论文的表格按内容可分为数据表、文字表等。

① 数据表　主要用数字来表述，表的说明栏内为一组或多组实验或统计数据。

② 文字表　主要用数字以外的文字来表述，表的说明栏内为数字以外的文字。

(3) 按用途分类

科技论文的表格按用途一般可分为对比表、研究表、计算表等。

① 对比表　是一种为对比各种情况的优劣而将相应的事实或数据加以排列，以寻求科学、经济、合理的方案，或进行对比分析而设计的表格。

② 研究表　是一种将各类有联系的事物按一定方式和顺序加以排列，为科学研究提供资料而设计的表格。

③ 计算表　是一种根据变量之间的关系，将其数值按一定位置排列起来，用作计算工具而设计的表格。

(4) 按版式分类

科技论文的表格按文字排版方向或表的排版形式可分为以下类别。

① 横排表　是一种顶线、底线与书刊的上下边线平行，宽度大而高度小的表格，适用于横向栏目较多而竖向栏目较少的场合。

② 竖排表　是一种顶线、底线与书刊的上下边线平行，宽度小而高度大的表格，适用于竖向栏目较多，横向栏目较少，不适合横排的场合。

③ 侧排表　是一种顶线、底线与书刊的侧边线（即左右边线）平行，且宽度大而高度小的表格，适用于表的宽度超出版心而又不宜分段排的场合。

④ 跨页表（也称接排表）　是一种同时占有两个以上（含两个）版面的表格，即从某页开始起排，转至下页或连续再转几页才可排完的表格。它常以"续表"的形式出现，可能从双页码跨到单页码（双跨单），或从单页码跨到双页码（单跨双），或者继续往下跨，不论单页码还是双页码都可接排，适用于高度较大的表。

⑤ 对页表（也称合页表）　是一种处于同一视面内的双单页的表，即指宽度太大以致排在同一视面内的相邻两页上的表格。这种表本质上也是一种跨页表，但只需跨一页即排完，而且只能是双跨单，适用于表格幅面较大、需跨两个页面排的情况。

⑥ 插页表　这是一种宽度或高度太大，又不能排成对页表或跨页表而需另外排印在插页上的表格。插页表折叠后与书刊装订在一起，不受版心尺寸的限制，其宽度（或高度）最好是版心宽度（或高度）的2～3倍，这样插页就可一边折叠，且折叠次数可控制在两次以内。此表是鉴于表格幅面超过版心而不得已为之的，不利于阅读、排印和装订，所以在科技论文中除确无变通办法外应尽量避免使用这种表。

应多使用横排表、竖排表（横排表半栏排不下时，可通栏排或转为半栏竖排；通栏排不下时，可转为通栏竖排），能用单页表清楚表述的就用单页表，最好不用对页表，尤其不要用插页表。如果表述内容实在太多，而省略部分内容又能表述清楚时，则可以使用"简易表"的形式将表格设计为单页表。当表中栏目和内容大量重复，而且在一页中不能编排出来时，就应该采用在表中画上双曲线的形式（用省略号表示这种省略也是可以的），表示省略了表中大量明显内容相同或相似的部分。

(5) 按位置分类

科技论文的表格按所占位置可分为串文表和非串文表。串文表是指左边框线和（或）右边框线的外面排了文字的表格；非串文表是指左边框线和右边框线的外面均不排文字的表格，整个表通常左右居中排。

3.6.3.2 表格的构成与规范表达

科技论文的表格通常由表序和表题、表头、表体、表注等部分构成。

(1) 表序和表题

表格在多数情况下有表序和表题，表序和表题是表格的重要部分。

表序是表的编号即序号。按表格在文中出现的顺序对其用阿拉伯数字连续编号，如"表1"、"表2"等，并尽量把它放在文中首次提及它的段落后面。一篇论文只有一个表时，仍应该命名为"表1"，有的出版物要求只用"表"字样。表序不宜采用数字加字母的形式，如"表2a"、"表2b"，这样的表序就是不规范的，但对附录中的表格，其表序可以采用大写字母加阿拉伯数字的形式。例如，附录A第一个表格的表序可以表示为"表A1"。如果仅有1个附录，则表序中可以不使用字母而写成"附表1"、"附表2"的形式。

表题是表格的名称，属于标题性文字，拟定表题应当准确得体，简短精练，能确切反映表格的特定内容，通常用以名词或名词性词组为中心词语的偏正词组。避免单纯使用泛指性的公用词语作表题，如"数据表"、"对比表"、"计算结果"、"参量变化表"等表题就显得过于简单，缺乏专指性，不便于理解，同时也不要凡是表题都用"表"字结尾。表题一般用黑(加粗)体，其字号应小于正文字号，大于表文字号。(若正文用5号字，则表题通常用小5号字，表文用6号字。)

表序与表题之间应留一个汉字(或一个字母)宽的空格，其间不用任何标点符号。二者应作为一个整体排在表格顶线的上方，对整个表格左右居中，总体长度不宜超过表格的宽度；表序的前面和表题的后面一般至少各留两个汉字宽的空格。字数过多的表题应转行排。

(2) 表头

表头指表格顶线与栏目线之间的部分，因它由多个栏目组成，故也可称为项目栏。栏目就是栏的名称，即标识表体中栏目信息的特征或属性的词语，有的栏目相当于插图中的标目，由量名称、量符号及单位符号组成，量符号与单位符号间用"/"分隔，如"运动速度 $v/(m \cdot s^{-1})$"等，因此，由量名称、量符号及单位符号组成的栏目，也称标目。栏目确立了表格中数据组织的逻辑以及栏目下数据栏的性质，与表题一样应当简单明了。应尽量减少栏目中再分栏目的数目，能紧缩的尽量紧缩，这样既可减少栏目数，又使读者易于理解，同时还可简化排版工作。

① 横表头　分为单层表头和双层表头，前者的栏目只有单一含义，后者的栏目有两个以上(含两个)含义，复分为多于一个的栏。横表头内的文字通常横排，当表头宽度小、高度大而不适合横排时可改为竖排；转行应力求在一个词或词组的末尾处进行，而且下行长度最好不要超过上行。当横表头的栏目较多，甚至左右方向超过版心，或格内出现较多长的文字时，可考虑将表格转换为侧排，即将表格按逆时针方向转90°来排版，不论表格所在页面是双页码还是单页码，均要达到"顶左底右"，即"表顶朝左，表底朝右"，但不能超过版心。

② 竖表头　表格中最左侧的部分，对右方表文有指引性质时属于竖表头，若它本身也属于表文内容就不应视为竖表头。竖表头内的文字横排、竖排均可，取一种排法为好，在特殊情况下，例如竖表头的文字存在复分情况，两种排法可以混用。

③ 项目头　可视为表头的一个组成部分。简单的表格通常无须设计项目头。项目头中的斜线以不多于一条为宜，而且斜角内的文字越少越好；斜线超过一条时，不容易排，容易

出现字压线的情况,在不得已出现两条斜线的情况下,要务必做到斜线交点的标识正确。项目头中不排斜线时,其内不宜空白,最好加上适当的文字(该文字可视为横表头的组成部分——管下方而不管右方)。

对于三线表,顶线与栏目线构成的行称为项目栏。三线表的项目栏为横项目栏。

(3) 表体

表体(表身、表文)指表格中底线以上、栏目线以下的部分,容纳了表格的大部分或绝大部分信息,是表格的主体。一个表格应能规范地对相关内容归类,使读者能够清楚地进行比较,其规范性主要体现在表体排式、栏目处理、数值表达等多个方面。

(4) 表注

表注通常指排在表格底线或表题下方的注释性文字,排在底线下方时又可称为表脚。表格的内容即使比较丰富,但由于对其表达简洁性、排版格式的要求非常高,有时需要对整个表格进行说明,或对表格中某些部分、内容(如符号、标记、代码以及需要说明的事项)用最简练的文字进行注释、补充,这种注释、补充性文字即为表注。使用表注最突出的优点是,可以减少表体中的重复内容,使表达更加简洁、清楚和有效。

表题下方的表注一般以括号括起的形式排在表题的下方(以表题为准左右居中排)。表格底线下方的表注分为"注"和"说明"两类。"注"是一种与表内某处文字相呼应的专指性注释,被注释文字的右上角及表格下方的注文处都用阿拉伯数字(一般带后圆括号如1),2),或直接采用阳码如①、②,通常不用*或字母符号);注文处引出注释文字,注文有多条时,既可分项接排,每项之间用分号分隔,最后一项末尾用句号,也可编号齐肩,每条注文排为一段,除最后一项的末尾用句号外,其他每项的后面用分号或句号,句首不必写出"注:"字样。"说明"是对表格整体或其中某些信息做统一解释、补充和交代而采用的一种综合性注释,前面应贯以"说明:"字样。如果表格同时有"注"和"说明",则"说明"应排于"注"之后,而且均应以表格宽度为限,首行左边缩进一至两格,其上方与表底线间一般保持半行距离,下方与正文间一般保持一行距离。

表注的规范处理有以下原则。

① 表注宜简短,尽量避免使用过长的表注,对较长的表注,应该根据具体情况将其简化,或将其改作行文处理。

② 对既可在表体又可在表注中列出的内容,要考虑选用更加清楚有效地组织方式,优先采用表体中列出的方式。

③ 对表格中某些横栏或竖栏的内容单独注释或说明时,可以考虑在表体内加"备注"栏的形式,这样就可避免使用表注的形式。

3.6.4 科技论文表格的规范使用

3.6.4.1 表格规范使用的一般原则

规范使用表格有以下一般原则。

(1) 表格要精选

一篇论文,不是表格越多越好,而是要恰到好处。这基于两方面的原因:一是不必要用表格表达的内容,若用表格反而显得累赘、零乱和松散,冲淡了文章的主题;二是与文字版相比,表格排版工价高,不必要用而用了表格,会额外地提高书刊成本。所以,为了准确、简明、集中地表达文章的内容和降低书刊的印制成本,从作者开始对表格必须精选。所谓精选表格,有两方面的含义:一是根据要描述的对象和表格本身的功能,决定是否应当采用表格。三言两语能说清楚的就用文字叙述，否则可考虑采用表格或插图。若描述的重点是对比事项的隶属关系或对比量数值的准确程度，或者要给出为定量反映事物的运动过程和结果而记录的系列数据，或者为了消除或减少某些重复性的文字叙述，宜采用表格；若强调的是物体的形貌，或者需要形象、直观地表现事物的运动过程和事物之间的关系，以及参量变化的过程和结果等，则宜采用插图。二是在初步确定采用表格的基础上，对同类表格进行分析比较，看能否合并，甚至删减。这样，最后精选出确有必要、为数不多、各具典型性的表格，从而实现准确、简明、生动地表达科学内容的要求。需要说明的是，精选表格应以能更好地表达文章内容和提高可读性为前提，该用表格而不用也是不合适的。

(2) 恰当选择表格类型

恰当选择表格类型指使用表格时首先要合理地选择使用何种类型的表格，然后再设计相应的表格。之所以强调选择表格类型的重要性，是因为不同类型的表格有不同的特点，用不同类型的表格分别表述同一事物时，可能会有不同甚至差别很大的效果。因此，应根据表述对象性质、论述目的、表达内容及排版方便性等因素来选择最适宜的表格类型。

(3) 科学设计表格

科学设计表格指对表格从内容到形式进行科学合理的设计，做到层次清楚、简单明了、直观易懂、形式合理、符合规定。

(4) 编排位置恰当

一个表格尽量保持完整，没有特殊需要，不要分割成两部分或更多部分。表格的位置编排，一般应随文列出，要紧接在第一次涉及它的文字段后面，应该尽量与涉及文字在同一个段落，或编排在同一页码上，以便于阅读。必要时，表格也可分为两段或多段（这只能发生在转栏或转页），转页分段后每一续表的表头应重新排出，重排表头的续表起始横线上方应注明"续表×"字样。

(5) 正确配合文字表达

一个完整的表格必须具有必要的信息，使读者只读表格而无须同时再看文字或插图就能获得全部必要的内容；反之，对表格已经表述清楚的内容，就不必再用文字和插图重复表述。除了论文附录中的表格外，其他表格均应随文给出。表格的表达应完整，不能只给出表序、表题。表格在文中的位置通常是先出现文字叙述后出现表格（先见文，后见表），即表格与正文应呼应，在正文的适当位置（某段落中）以"如表×-×所示"或"参见表×-×"等字样加以引导，表格一般紧接在此段落的后面排放，要避免先出现表格后提及表序，或根本不提及表序。

(6) 优先使用三线表

科技论文中应优先使用三线表。使用三线表时应注意以下原则。

① 三线表一定要有项目栏，否则会使表体中的内容无栏目或标目，没有项目栏的三线表是不规范的。

② 对于栏目及层次较少的三线表，设计时要合理安排项目栏，必要时可采用竖项目栏。

③ 安排项目栏时，为便于对比，在版面允许的情况下，应将同一栏目下的信息（主要指数值）作竖向上下排列。

④ 要注意为安排好的项目栏恰当地取名。

⑤ 对于比较复杂的三线表，要注意合理安排结构，细致地确定栏目或标目。

3.6.4.2 表格的规范处理

(1) 幅面尺寸的确定

表格幅面是其最大宽度（左右向）与最大高度（上下向）的乘积。对于栏目、内容较少的表格，一般无须精确确定其宽度，而对于横向栏目较多、宽度较大的表格，就应较为精确地确定其宽度，以实现顺利排版。可参照下式来估算表宽：

（表格中字数最多一行的字数×单字宽度＋该行空格所占宽度）≤版心宽度。

若表宽不能满足以上条件，则可以采用以下方法减小表宽：①删减表中可有可无的栏目；②合理地将表中栏目或栏内文字转行；③根据实际情况合理地对表格排式进行转换；④按需巧妙地采用侧排表；⑤必要时可以采用不常用的对页表、插页表等。

注意：不同出版物的幅面、版心、栏宽可能不相同，即使对于采用相同幅面的出版物，其版心等尺寸也可能会有差异，因此确定表格幅面还要考虑具体出版物的具体尺寸。

(2) 表格拆分、合并、增设和删除

恰当、巧妙和合理地对表格进行拆分、合并、增设或删除，对表格的规范使用起着十分重要的作用。

① 表格拆分　表格中有两个以上（含两个）中心主题，或包含没有上下关系的两种不同表头和表体，可将此表格拆分为两个表格。拆分表格需重新设计表格，表序、表题也要发生相应变化。

② 表格合并　当存在主题相近、位置相邻的两个表格时，可以考虑将这两个表格合并为一个表格。合并表格需更改其后续表格的序号。

③ 表格增设　对用文字表述的数据、内容，当其罗列性较强且有统计意义时，可改用（增设）表格来表述，这样既直观清晰又便于比较，能获得文字表述难以达到的效果。

④ 表格删除　对表述过于简单的表格，用文字同样能表述清楚时，可考虑将表格内容改用文字表述而将表删除。

对表格进行拆分、合并、增设和删除操作后，要注意保证表序的唯一性，即同一论文中不能出现一号两表或一表两号的交叉、重叠，以及表序不连续等问题。

(3) 表格排式转换

由于表格幅面及排版空间等因素的限制，有时需要对表格排式加以转换。常见的表格排式有以下几种。

① 表格分段排　当表格的横表头栏目较多，全表呈左右宽、上下窄的状态，且一行排不下时，应将表格回行转排（俗称折栏）。表格回行转排后，其横表头不同而竖表头相同，上下部分表文间以双横细线相隔。

② 表格转栏排　当表格的竖表头栏目较多，全表呈上下高、左右窄的状态，且一栏有充足的排版空间时，应将表格转栏排。表格转栏排后，其横表头相同而竖表头不同，排式上取左右并列方式即双栏排，中间以双竖细线相隔。

③ 表格通栏排　对于双栏排版的论文，当一个表格用单栏难以排下，或即使能够排得下但排后表格内容、形式和布局过于拥挤时，可将此表格改用通栏排。

④ 表格单栏排　对于双栏排版的论文，当一个表格用通栏排版后，其周边还有较充足的富余空间，且其内容、形式和布局可以调整为用单栏排版也有很好的表达效果时，可考虑将此表格改为用单栏排。

⑤ 无（或有）线表排　表格构成栏目及表体较为简单时，可考虑排为无线表；相反，

当表格构成栏目及表体均较为复杂且用无线表难以表述清楚时，可考虑将无线表排为有线表。

⑥ **表头互换**　有时为了充分利用版面，或受表体限制，或出于视觉美观考虑，在不影响内容正确表述的情况下，可考虑将横、竖表头做互换处理。

⑦ **采用顶天立地式表格**　当正文用双栏排时，如果表格幅面大而复杂，可考虑将表格排成通栏，处理成"顶天（本页最上方）"或"立地（本页最下方）"的形式，而一般不宜采用将表格"拦腰"截断的形式。

⑧ **跨页表**　既可能双跨单，也可能单跨双，或者继续往下跨，要采用最合适的形式。除单页码上的侧排续表外，续表一律应重排表头，而且不排表序和表题，但应该加"续表"字样。表格在某一页未排完时，其底线宜用细线，以表示此表格未排完；续表的顶线既可用粗线以统一表头的线型类型，也可用细线以表示此表格是续表（本书续表的顶线统一排为粗线）。

表旁串文也属于排式问题。科技论文多数是双栏排版的，一般不在表旁串文，但对于通栏排版的论文，当出现宽度小于版心 2/3 的表格时，可将表格排于切口位置而在表旁串文。

（4）表格项目头设置

表格项目头位于横表头和竖表头的交叉处，横排表格的项目头应位于表格的左上角，项目头内被斜线分割为若干区域，区域内的文字用来表示表头、表体的共性名称。项目头内斜线的数量取决于表达需要，多为一条斜线，但三线表是没有斜线的。

项目头内的栏目应有文字，不宜空白，当它不以斜线相隔而只有一种标识时，其内文字应该"管"下不"管"右。栏目文字应能准确、全面、概括地表达出所"管"内容，范围较宽、难以提炼出确指文字时，可选用具有覆盖性的泛指类文字，如"项目"、"名称"、"参量"等公共性词语。

（5）复式表头的使用

一般情况下表头（三线表为项目栏）多为单式表头（项目栏），有时按表达需要，可将单式表头（项目栏）处理为复式表头（项目栏），如图 3-5 所示。

表 1　不同秸秆产品的 DM 瘤胃消失率

产品	时间点						
	2h	4h	6h	12h	24h	48h	72h
未处理秸秆	1.59 ± 0.53^a	5.69 ± 1.27	6.07 ± 0.85	10.27^a	23.46 ± 2.05	38.30 ± 3.03^a	49.11 ± 6.60
秸秆颗粒	4.78 ± 2.01^b	8.61 ± 4.78	9.96 ± 3.35	17.59 ± 2.54^b	28.65 ± 7.07	45.76 ± 5.21^b	59.42 ± 4.37
秸秆饲料块	3.34 ± 1.10^{ab}	5.63	7.57 ± 1.45	14.16 ± 0.49^{ab}	27.97 ± 4.74	43.73 ± 4.69^{ab}	52.01 ± 4.28
秸秆饲料圆柱	2.14 ± 0.84^a	5.18 ± 0.13	7.77 ± 1.89	12.50 ± 2.00^a	25.14 ± 1.71	41.30 ± 4.59^{ab}	51.35 ± 6.52

图 3-5　复式表头（项目栏）示例

（6）栏目命名

栏目标识栏内内容、信息的特征和属性。当此信息是事物的称谓、行为或状态时，栏目一般用名词或名词性词组表示。栏目命名比较困难时，要避免不命名、在栏目内留下空白，随意用一个特别泛指、笼统且不能表述相应特征、属性的词（如项目、参数、指标等）作为栏目名称等作法。栏目命名有以下原则。

① **正确归类，同栏同类**　将类别相同的内容、信息放于表格的同一横栏或竖栏内。若

归类有误,自然就难以或不便、不能给栏目正确命名。遇到这种情况时,需要对所指内容、信息的位置做进一步的调整,必要时可以采用栏内加辅助线、栏名使用联合词组等变通的方法加以解决。

② 分析归纳,抓住本质 栏目命名实质上是通过抽取事物本质属性而对其进行逻辑上的分析、归纳,最后选用贴切、具体的词语作为栏目名称。例如,某栏内列有"中国、美国、新加坡、台湾",此栏目若命名为"国家",就错了,因为香港、台湾是中国的地区,不属于"国家";若命名为"国家或地区",将"台湾"改为"中国台湾",则是可行的。

③ 正确使用标目 标目由量名称、量符号及单位符号组成,量名称与量符号间通常不加空格,量符号与单位符号间用"/"分隔,如"压力 p/MPa"。把标目写成单位加括号或量符号后加逗号的形式,如"压力 p(MPa)"、"压力 p/(MPa)"、"压力 p,MPa",均是不标准的(MPa 是压力的独立单位符号,无须加括号)。但对有复合单位的标目表达,应该将单位用括号括起,如"物质的量浓度 c/(mol·L^{-1})",不要表示为"物质的量浓度 c/mol·L^{-1}"。

标目中的量名称、量符号及单位符号通常三者不可缺一,但在不必要都写出的情况下可以省略其一。

表格中量值的单位符号应尽量表示在项目栏内。如果整个表格中所有标目的单位均相同,则可以把共同的单位(只限 1 个)提出来置于表格顶线上方的右端,且相对表格右框线向左缩进一个汉字空格;如果整个表格中大多数标目的单位(包括词头)相同,则可把共性单位置于表格顶线上方的右端,且相对表格右框线向左缩进一个汉字空格,其余少数单位仍留在标目内。

(7) 表格数值表达

表格标目中量符号和单位符号间的关系(量符号/单位符号=数值)与函数曲线图标目中量符号和单位符号间的关系(量符号/单位符号=标值)相同,其中"数值"是指表体中相应栏内的数字。根据这一道理,可以总结出表格中数值表达的以下原则。

① 可通过单位符号前加词头(或改换另一词头)或者改变量符号前因数的方法,使得表体中的数值尽可能为 0.1~1000。例如,表中某栏内的数值是"600,800,1000,…",相应的标目为"压力 p/Pa",则可将标目改为"压力 p/kPa",数值改为"0.6,0.8,1.0,…";表中某栏内的数值是"0.006,0.008,0.010,…",相应的标目为"R",则可将标目改为"$10^3 R$",数值改为"6,8,10,…"。

② 要坚持标目中"量符号/单位符号=数值"这一原则,当量纲为一时,此原则可表示为"量符号及其前面的因数=表体中相应栏内的数值",不按此原则就容易出错。例如在上例中,若不小心就容易错改为"$10^{-3} R$",数值改为"6,8,10,…",此时表示的数值就不是"0.006,0.008,0.010,…",而是"6 000,8 000,10 000,…",后者是前者的 10^6 倍。

③ 数值通常不带单位,对于百分数最好不要带百分号(%),正确的做法是将单位、百分号等归并在相应栏目的标目中。

④ 数值常用阿拉伯数字表示,当同一栏各行的数值属于同一标目时,应以个位数或小数点对齐,有效位数应相同,有时应以"~"或"/"等符号上下对齐;但同一栏各行的数值属于不同的标目时,则并不要求其有效位数相同且上下对齐,可相对各自栏目居中排,若不分青红皂白,硬是要求其有效位数相同且上下对齐,就可能会犯错误。

⑤当遇到上下或左右相邻栏内的文字或数值相同时,应重复写出,不得使用诸如"同上"、"同左"、"〃"之类的文字或符号代替,但可采用共用栏的方式处理。

(8) 表体排式及标点符号使用

表体一般在栏内居中或居左排,较长时应按需回行排,不论首行是否缩进,回行均应顶格排。这样处理的效果要比首行顶格、回行缩进排的效果好,版面利用率也相应提高。叙述性表体可以像正文一样正常使用各种标点符号,但末尾不应带有任何标点符号。

表体中有时需要使用一字线"—"、省略号"…"和数字"0",或格内不填任何文字(即为空白)。"—"或"…"一般表示无此项,"0"表示实际数值为零,空白表示数据或资料暂未查到或还不曾发现,属于"有"但暂时还未得到,故留有空白位置。表体中信息量较大、行数较多时,为便于阅读、查找数据,可以有规律地每隔数行加辅助线隔开或留出较大的空行。

(9) 表中插图及式子处理

为表述方便,表格中有时含有插图,这种图即为表中插图。这种图具有系列性、对比性、列示性等特点,与表体的表述具有互补性,组成一个统一的整体,通常情况下幅面较小,而且不应该特别复杂。这种图的幅面与表格的结构应该相匹配,若图形较大,过宽或过高,表中相应位置区间上容纳不下该图,或该图占用版面太多,则可采用脚注的形式做规范化处理。

对表中的式子也可采用相同的方式,但编号时注意不要将其纳入论文正文中的式子体系统一编号,而要以其所在表的序号为基础单独编号,如表格序号为3时,其中式子的编号应该为3a,3b等。

(10) 表格与文字配合

表格应随文排,通常先提及表序后出现表格,表格与文字要合理配合。科技论文中表格与文字配合不合理的几种常见情况有:①正文中虽有某表格,但没有提及该表格;②正文中虽提及某表格,但没有该表格;③正文中首次提及的不同表序不连续;④正文中出现的表格不按表序连续排版;⑤将可在同一页面内排为整表的表格拆分而排在不同页面;⑥将表格排在距离提及它的文字所在段落较远的另外段落中或后面,而实际上完全可以做到排在提及它的文字所在段落中或后面;⑦在表格左右侧均没有串文的情况下,没有将表格左右居中排;⑧正文中有关表格的内容与相应表格的内容或表题不对应。

(11) 卡线表转换为三线表

科技论文中的卡线表转换为三线表时,项目头中的斜线被取消了,项目头成为栏目,此时栏目无法同时对横、竖表头及表体中的信息特征、属性加以标识,而只能标识它所指栏的信息特征、属性。为了弥补三线表的这一缺陷,在转换过程中可以采用以下两种方法。

① 栏目选优去次 对转换前的卡线表项目头中的栏目进行对比分析,选取其中最有保留价值的一个栏目,而将其他可有可无的、次要的栏目去掉。

② 栏目选优移位 对转换前的卡线表项目头中的栏目进行对比分析,选取其中有保留价值的若干栏目,再通过变换位置的方式将其中合适的栏目挪到横表头中。

(12) 三线表表头配置

三线表中常出现表头配置不合理的情况,如没有栏目、表头类型不恰当、栏目名称不正确等,遇到表头配置不合理的表格时,均应对其进行相应的处理。以下介绍三线表表头配置的几种方法。

① 增设栏目　三线表通常要有栏目，无栏目时就显得不规范。
② 确定表头类型　对于项目及层次较少的三线表，要特别注意合理安排栏目，确定表头的合适类型（如"横向"、"竖向"），类型不当容易出现表中内容、信息无栏目或标目的现象。
③ 栏目优先竖向排　安排三线表的表头时，为便于比较，在版面允许的情况下，有时宜将同一栏目下的内容（特别是数值）作竖向上下排列。
④ 栏目合理归类、命名　栏目归类、命名是三线表表头配置的重要内容，若未能对其合理归类、命名，就难以实现表头的合理配置。

3.7　科技论文语言的规范使用

语言是人类信息交流的主要工具，使用环境不同，对它的要求也不同。科技论文必须使用规范的语言，遵守语法规则、修辞规则和逻辑规则。

3.7.1　科技论文语言的特点

(1) 大量使用科技名词术语

科技论文的内容涉及自然科学领域各门基础、专门学科及新型、交叉和边缘学科。各学科有很多共同的科技名词、术语，每个名词、术语在本学科内又都有明确、具体的内涵和外延，要求单义，排斥多义，而有的名词、术语在不同学科、场合的含义也不一定相同。因此，只有正确理解名词、术语的含义才能提高语言使用的准确性。

(2) 大量使用符号和式子

科技论文的理论性、学术性很强，能恰当地使用符号和式子（如量符号、单位符号、数学符号、化学符号、记号及数学式、化学式），非常有利于科技信息的交流、传播和储存，而且还能恰当地用符号和式子代替文字叙述，节省文字。

(3) 表达一般不带感情色彩

科技论文语言要求客观、准确、朴实，词语使用上严格排斥主观色彩和着意描绘。例如，"人造卫星在太空中翱翔"这样绘声绘色的描写在文学语言中是屡见不鲜的，而在科技论文中就显得有些夸张，若改为"人造卫星在自己的轨道上运行"就不带感情色彩，真实而简洁地表述了客观事实，显得朴实无华、严谨可信。

(4) 混用多种句型、句式和句类

科技论文中混用多种句型、句式和句类，大量使用陈述句，不完全句（无主语句）用得很多，普遍使用长句、复句和句群，固定结构用得也比较多。

3.7.2　科技论文语言的使用要求

(1) 准确、简明、生动

准确，指遣词能恰当地表达作者的思想和客观地描述事物的存在、运动、变化的性质和特征。用词不当，语义不清，文理不通，就不可能把所要表述的科学内容恰如其分地表达出来，达不到写作目的。简明，指用尽可能少的文字表达出比较丰富而清晰的内容。生动，不是指文学语言的那种生动。科技论文语言的生动是要求流畅，符合习惯，长短句交替，读起来不拗口，不枯燥、乏味，也不是生搬硬译外国语。

(2) 朴实无华，具体，不空泛

科技论文的语言要朴实，对事物的表述不宜做渲染，同时要具体，避免抽象、笼统。

(3) 用书面语

科技论文的写作，要用书面语，而不用口语，更不要用土语或地方话。

3.7.3 科技论文常见语病

语病，指的是句子有毛病，包括语法方面的、修辞方面的和逻辑方面的毛病。这里重点讨论语法方面的语病。

语法是研究遣词造句的规则。修辞是研究如何修饰语句，把话说得更加准确、简练、生动。逻辑是研究思维活动和思维形式的规律。语法、修辞和逻辑三者的关系很密切。一般说来，逻辑是语言的思维规则，而语法又是修辞的语言基础。逻辑要求说话要符合事理，语法要求讲话要按照习惯，修辞要求表达要准确、简明和生动。或者说，语法和逻辑是要解决文理不通的问题，修辞则是要使语言表达得更好。

以下从多个方面对科技论文的常见语病进行归纳、总结，并结合例句进行分析，给出修改方案。

3.7.3.1 用词错误

(1) 词类词义错用

主要是由没有掌握词的词性、用法和语义造成的。词有若干类，如名词、动词、形容词、副词、介词、连词等。各类词都有本身的语法特点和使用规则，如副词不能修饰名词，不及物动词不能带宾语、名词一般不能做状语等。每个实词都有它的意义，同义词之间除了某些方面的共同意义及使用范围之外，还具有彼此不同的意义。不考虑这些要求，就会产生语病。示例如下。

（ⅰ）某个角度上讲，北京的中关村缩影着整个中国的高科技。

此句中将名词"缩影"误作动词，可改为"……中关村是整个中国高科技的缩影。"

（ⅱ）数值分析了固壁厚度和传热系数对倾斜空腔内自然对流传热的影响。

此句中"数值"是名词，不能做状语。原句可改为"对固壁厚度和传热系数对倾斜空腔内自然对流传热的影响进行了数值分析。"

(2) 数量词使用不当

常见的数量词误用的情况有以下几种。

① 数不明确。一般容易把表示约数的词语重复使用，例如，"大致为50kg左右"，"大致"和"左右"，两者只用其一即可，两者同时用反而使约数不明确。

② 定数与约数混在一起，自相矛盾。如"测试结果表明，该膨胀机的效率在5%～20%左右"。"5%～20%"与"左右"矛盾，应将"左右"去掉。

③ 用倍数表示减少，不合情理。倍数只用于表示增加，减少或降低多用分数或百分数表示。

④ 不按名词、动词的要求选择量词，比如说"5个分子"、"3项方案"等，都不合习惯，显得别扭。应相应改为"5种"，"3种或3个"。

(3) 代词使用不当

代词使用不当主要有代词前缺前词而造成指代不明，"其"字成分错误等。示例如下。

（ⅰ）得到这些精确数字对于改善烘干机的设计，使之产生的热应力裂纹最少，十分重要。

句中"之"无前词，所指落空。据文意，应将"之"改为"玉米"，即"使玉米产生的热应力裂纹最少"。

（ⅱ）从这株茶树上摘下几片叶子，将其做成标本。

句中"其"应改为"它们"。

(4) 副词使用不当

副词使用不当主要体现在错用、位置不当、多余、混杂、短缺多个方面。另外，使用多重否定可以加强句子的语气，双重否定表示肯定，三重否定仍表示否定，会出现语病。示例如下。

（ⅰ）再这样滥砍滥伐，在保护区外，神农架林区的成材林<u>将在5年后荡然无存</u>。

此句中画线部分属"副词＋介词词组＋中心语"格式，副词"将"放在介词词组"在5年后"前不妥，应将"将"移至"5年后"后。

（ⅱ）我国的钢产量现在已经是世界第一，但是很大量的精品还需要进口。

句中副词"很"放在形容词"大量"之前不妥，因为"大量"已有数量之多的意思，应去掉前面的"很"。

（ⅲ）谁也不能不相信，语言不是交际工具。

例句中用了三个否定副词"不"，为三重否定，意为否定，与表意相反，应去掉"不相信"或"不是"中的一个"不"。

(5) 介词使用不当

介词用在名词、代词或名词性词组前边，它们结合在一起，组成"介词＋介词宾语"这种结构的介词词组，在句中做状语，表示动作行为的方向、对象、方式、时间、处所、原因、目的、条件等。介词使用不当的情况有下列几种。

① 介词词组不完整，或者缺介词，或者缺介词宾语。

例如，"凡是具备上马条件的水电站通通上马都不能满足国家电力的需要。"句中介词宾语"电力"缺介词"对"，造成文理不通。

② 介词与介词宾语不搭配。每个介词都有一定的管辖范围，每个介词宾语都有一定的依靠对象，两者应相互配合，否则会造成语病。

例如，"用硫酸铜溶液和盐酸混合起来作为终止液，效果很好。"此句中"用"后边应当是工具或手段，有时可以是材料，但"硫酸铜溶液和盐酸"是"混合"的对象而不是工具、手段，所以"用"应改为"把"。

(6) 助词使用不当

助词使用不当主要体现在结构助词"的、地、得"的误用（多余）、混淆和短缺（助词短缺实际上属于苟简），以及对时态助词"了、着、过"语义把握不好等方面。示例如下。

（ⅰ）这是我们两国之间第一次的友好合作，具有深远意义。

此句中的"的"多余，可以去掉，也可以放在"第一次"之前。

（ⅱ）通过实验表明，该方法仿真结果与实验数据吻合，假设合理，模型准确。

句中的介词"通过"使用不当，使句子本来的主语变成了介词的宾语。去掉介词后，其后的宾语就变为全句的主语，句子就通顺了。

(7) 连词使用不当

连词使用不当主要体现在未区分含义相近的连词在用法上的差异，未根据逻辑关系选用合适的连词，以及连词多余等方面。示例如下。

（ⅰ）止停距离和水滴直径及速度变化的关系。

此句中的连词"和"、"及"使用不当，没有表达清楚是"止停距离"与"水滴直径、速度变化"的关系。可改为"止停距离与水滴直径、速度变化的关系。"或者改为"止停距离、水滴直径与速度变化的关系。"或者改为"止停距离、水滴直径、速度变化之间的关系。"

（ii）化验证明，许多卫生纸未经消毒和消毒不彻底，含有大量的细菌。

此句中的"未经消毒"和"消毒不彻底"是供选择的两项，有仅指其中之一的意思，其间用连词"和"不妥，应改为"或"。

（8）偏正词组使用不当

偏正词组使用不当主要体现为定中词组错误地表述为动宾（或主谓）词组，修饰语所做成分欠妥，以及修饰语和中心语组合不当等方面。示例如下。

（i）中国方面要求美方放宽对中国出口纺织品的限制。

此句中的"出口纺织品"从形式上看为动宾词组，但从语义看应为定中词组，应将"出口纺织品"改为"出口的纺织品"，定语"出口"修饰中心语"纺织品"。原句的"出口"指由美国向中国出口，修改后的"出口"指由中国向美国出口，修改前后的意思正好相反。

（ii）经文物工作者考证，这座辽代古墓距今已有880多年，墓中壁画是目前在全国发现辽代古墓中保存最完整、内容最丰富的壁画。

此句中将定中词组表述为动宾词组不妥。应将"发现辽代古墓"（动宾词组）改为"发现的辽代古墓"（定中词组）。

（9）联合词组使用不当

联合词组是指由地位平等的若干词语（并列项）所构成的词组。它使用不当的情况通常有下列情况。

① 并列项的语法结构不一致。例如，"赋予机器以人性，使机器与人的关系协调、统一、和谐、高效，应该成为研制现代机械产品的一个重要任务。"例句中说机器与人的关系"协调、统一、和谐"可以，而说机器与人的关系"高效"则不通，原因是"协调、统一、和谐"都是形容词，而"高效"不是，词性不同不能并列。原句可改为"赋予机器以人性，使机器与人的关系协调、统一、和谐，并使机器具有高的效率，应该成为研制现代机械产品的一个重要任务。"

② 并列项有包含关系的大概念（属概念）和小概念（种概念）。例如，"这也是鸟类对外界生活条件和季节变化的一种适应。"句中"外界生活条件"包含了"季节变化"，二者不能并列，"，和"应改为"如"。

③ 并列项未都包括在类义词之中或类义词选用不当（若有类义词）。例如，"样本取自北京、天津、上海、四川、广西等省市。"句中"广西"不是"省"、"市"，未包括在类义词之中，类义词应改为"省市自治区"。

④ 联合词组内外界线不明确。例如，"板料冲压成形数值模拟的精度主要取决于：材料的力学性能参数的精度、模具和板料的网格划分、本构模型、单元类型和动力效应的问题。"此句中的并列项存在语法结构不一致、内外界线不明确等语病，表达混乱，令人费解。可改为"……取决于以下方面：材料力学性能参数的精度，模具和板料的网格划分，本构模型，单元类型，动力效应问题。"（并列项间改用分号也是可以的。）

⑤ 联合词组之后随意使用助词"等、等等"。

不少科技论文中，不管需要与否，也不管情况如何，在联合词组的末尾随便加上"等"或"等等"，以示并列项的结束。正确用法应是：表示列举未尽，用在并列的词语之后。若已列举完,则无需用"等";如果要用"等",那么必须写出列举项的概括数;"等"还可以用于列举未尽,但有复指的场合。"等"和"等等"前头都不用省略号(……)。

3.7.3.2 成分残缺

成分残缺是苟简语病的主要形式,指句子里缺少某一或某些必要的成分,使得句子的结构不完整,表意不完全。科技论文中常见的成分残缺有以下方面。

(1)主语残缺

主语残缺是针对主谓句讲的,非主谓句本来就没有主语。这种病句较为典型,因缺少必要的主语,容易产生歧义,读起来令人费解。但是,无主语句并不一定是主语残缺句。科技论文中往往有大量的无主语句,如存在句、泛指句、祈使句、省略主语句、自述省主句等,虽然没有出现主语,但并不影响阅读,因为这种句子的主语是明显的,写出了反而会使表达变得啰唆。一定要正确区分主语残缺句与无主语句,对前者要设法补上主语,对后者不要误认为主语残缺句。

现代汉语中,无主语句主要有以下3种。

① 存在句 其结构形式为:状语+谓语动词+宾语。状语多数表示处所,有时也表示条件和时间;谓语一般为表示"存在","出现、发生、形成"或"消失"这类意义的动词;宾语是由名词或名词性词组构成的。示例如下。

(i) 式(2)中有 x 和 y 两个未知数。

(ii) 在贝氏体晶粒内发生了某些碳化物颗粒的聚集和溶解。

② 泛指句 往往蕴含着主语,一般都指人。由于不必要交待事情具体是谁做的,就无必要写出施动者。当然,如果需要,也可以补充出主语。例如,"1820年发现了电流的磁效应。"这句话只为说明电流磁效应是在1820年发现的这一事实,而无需交待发现者是谁。

③ 祈使句 一般是没有主语的。例如,"请注意该曲线上的拐点。"

现代汉语有以下4种省略主语的方式。

① 主承前主 前后分句的主语相同时,后一分句把前一分句的主语承接过来做主语,而主语被省略。例如,"水压机是该系统的主要设备,是我国自行设计的。"后一分句的主语也是"水压机",承前省略了。

② 主语蒙后 前后分句的主语相同时,前一分句的主语可以蒙后省去。例如,"如果装上调节器,磁电机就能正常工作。"句中"装上"之前的主语"磁电机"被省略了。

③ 主承主定 后一分句的主语与前一分句主语的定语相同时,后一分句的主语可承前一分句主语的定语而省略。例如,"种子的湿度合适,贮藏中才不会霉烂变质。"后一分句的主语是前一分句主语"湿度"的定语"种子",此时后一分句的主语"种子"可以省略。

④ 主承主宾 后一分句的主语与前一分句的宾语相同时,后一分句的主语可承前一分句的宾语而省略。例如,"烟草中含有生物碱,多为3-吡啶衍生物。"后一分句的主语是前一分句的宾语"生物碱",此时后一分句的主语"生物碱"可以省去。

此外,对于科技论文,还可采用"自述省主"的方式,即在很多情况下主语"我们"、"笔者"或"本文"可以省去,但应以不致引起误解,读者很容易想到或补充出主语为前提。

除了以上3种无主语句和按上述省主语方式省略了主语的省主语句之外,其他没有主语的句子,就是主语残缺病句。科技论文中的主语残缺主要有以下情况。

① 后句暗换主语 前句有主语,中途更换了主语但未把新主语写出来,使后面的句子缺主语。例如,"这一问题引起了有关专家的注意,并开展了研究工作。"此句前一分句的陈

述对象（主语）是"这一问题"，后一分句的陈述对象变成了"有关专家"，但没有写出来，造成主语残缺，而连词"并"表明前后分句的主语相同，这样就使得语义有冲突。后一分句可改为"专家们已就此问题开展了研究工作。"

② 介词词组淹没主语　句子本来有主语，但因为把主语置于介词后面而形成介词词组，使得整个介词词组变成了句子的状语，原有的主语被"淹没"了。例如，"随着微处理机技术的发展，为增加数显仪的功能提供了条件。"删去"随着"，原来的宾语（介词宾语）就是全句的主语了。

③ 动词"使"或"使得"缺主语　介词词组后用动词"使"或"使得"做谓语，造成主语残缺。例如，"由于高科技的投入，使这个经济开发区的发展潜力很大。"谓语动词"使"缺主语，删去介词"由于"后，谓语动词就有了主语"高科技的投入"。

④ 随意省略主语　随意省略句子的主语，造成主语残缺，致使对陈述对象交代不清，作者自己可能明白陈述的对象是什么，但读者不一定明白。例如，"要完成此项目并不是唯一的，可以使用多个技术方案。"句中没有交代清楚什么"不是唯一的"，应补充主语。可改为"要完成此项目，这个技术方案并不是唯一的，可以使用多个技术方案。"

⑤ 自述省主不当　为使句子简洁，可适当地使用自述省主的方式把主语省去，但是使用不当会造成语病。例如，"为了推动管材弯曲成形向更高新技术方向发展，加快管材弯曲成形向科学化方向迈进的步伐，展开了大量基础性实验和理论研究，并做了相应的归纳和总结。"自述省主的方式在"展开"前省去了必要的主语，造成主语残缺，使读者很难搞清楚省去的主语是指作者还是作者以外的别人；而且在语言表达上有待改进。

⑥ 中心语残缺　主语部分省去了必要的中心语，使主语结构不完整，造成语义不完整或逻辑讲不通。例如，"政府应该采取必要的措施来保证粮食不断增长。"此句中的"粮食不断增长"为主谓结构，从逻辑上讲不通，因为"粮食"是不能"增长"的，其后缺中心语"产量"，即应将"粮食"改为"粮食产量"。

(2) 谓语残缺

谓语作为句子的重要成分通常不能省略。科技论文中谓语残缺主要有以下情况。

① 把某些词语误认作谓语。其实它们不是谓语。例如，"从图中可看出各臂杆的转角逐渐拟合期望值，同时存在着不同程度的微波动。"从形式上看，此句后面分句中有谓语"存在着"，但联系到上文"可看出……"，后面分句中的真正谓语并未出现。可改为"……期望值，同时也可看出各臂杆存在着不同程度的微量波动。"或改为"从图中可以看出，各臂杆存在着不同程度的微量波动，其转角逐渐拟合期望值。"

② 不适当地省去了主要的谓语动词。例如，"疲劳损伤主要由循环载荷引起的。"此句不适当地省去了主要动词"是"，造成谓语不完整。"由"前面应补充"是"。

③ 复句中前面的分句未写出谓语。例如，"用线电极电火花磨削技术，由于工件和线电极为点接触，故放电面积小、加工速度低。"句中"用线电极电火花磨削技术"是一个介词词组。根据想要表达的意思，此部分应该是一个单句，缺少必要的谓语，可改为"用线电极电火花磨削技术进行磨削"（"进行磨削"为谓语）。

④ 谓语动词后缺乏必要的助词。例如，"数值仿真的结果充分证明该声学灵敏度分析方法的正确性和可行性。"句中的谓语动词"证明"后缺助词"了"，本应有的"已完成"之意未表达出来，使谓语表意不完整，语气不顺畅。

(3) 宾语残缺

宾语残缺指句子在结构上该有宾语而没有。这种句子不能把动作、行为同动作、行为关涉的事物（对象）之间的语义关系表达清楚。宾语残缺一般是由下列两个原因引起的。

① 误将谓词性宾语用作要求名词性宾语的动词的宾语。按所要求宾语的不同性质，动词可以分为两类：一类是要求名词或名词性词组做宾语的动词，常见的如"解决、克服"、"造成、制成、作成"、"使用、采用、应用"、"推广"、"扩大"、"引起"、"发生"，等等，它们后边能用"什么"提问，如"解决什么"、"使用什么"；另一类动词是要求谓词（动词、形容词）或动宾词组、主谓词组等做宾语的动词，常见的如"企图"、"打算"、"认为"、"感觉"、"开始"、"想"、"进行"、"准备"，等等，它们后边能用"怎样"提问，如"打算怎样"、"认为怎样"。前一类动词的宾语如果给的是谓词性的，就会出现宾语残缺的毛病。例如，"……否则往往出现模型的结果相互矛盾。"句中的"出现"要求名词性宾语，而"相互矛盾"是状心词组（状语+中心动词），是谓词性的，所以"出现"没有宾语。应在句末加上"的情况"或"的现象"等。

② 小宾语挤掉大宾语。例如，"笔者提出的虚拟制造单元（VMC）生成的框架及设计，是VMC中3件运送路径生成方法的基础。"句中"框架"的后面缺中心词"模型"，"设计"的后面缺中心词"方法"。

(4) 定语残缺

定语残缺指句子该有定语而没有，或虽有定语但其结构不完整。定语残缺通常不影响句子结构的完整性，但有可能使语义表达不够清楚而增加阅读障碍。例如，"活性炭在化学、化工、医药等工业部门及废水处理中的应用日益广泛。总的趋势是，改进生产和再生产工艺过程……"这句话中"总的趋势"会产生这样一个问题：谁的趋势？是活性炭应用的总趋势，还是别的什么总趋势？往下读完全句之后大概才知道是"活性炭研究的总趋势"。这属定语不完整的语病。"总的趋势是"应改为"活性炭研究的总趋势是"。

科技论文中的成分残缺还有状语残缺、补语残缺，这两种相对来说较少，在此不再赘述。

3.7.3.3 成分冗余

成分冗余是冗余语病的主要形式，指句子里存在某一或某些不必要的成分，使句子的结构臃肿，表意啰嗦。科技论文中常见的成分冗余有以下几种情况。

(1) 主语冗余

主语冗余指句子里存在多余的主语。例如，"填充法作为一种新的减压阀流量特性的测试方法具有效率高、精度高和耗气量少等优点，它不仅适用于普通调压阀，也完全适用于精密调压阀。"此句为主从句式，用"它"复指主语"填充法"，但将"它"去掉后，语气更通畅，表达更简洁。也可将介词短语置于句首："作为减压阀流量特性的一种新的测试方法，填充法具有效率、精度高和耗气量少等优点，不仅适用……调压阀。"

(2) 谓语冗余

谓语冗余指句子里存在多余的谓语，或谓语中有多余的同义词或近义词。例如，"此类期刊的阅读对象，主要是面向计算机专业的研究生、本科生、教师及其他相关专业的科研工作者。"此句中的谓语是"是面向"，其中动词"面向"是多余的，去掉后语句才通顺。

(3) 宾语冗余

宾语冗余指句子里存在多余的宾语，或宾语中有多余的中心语。例如，"为了使信息在企业管理中有效地发挥作用，高层管理者要求在信息处理过程中做到及时、准确、适用和经济的要求。"此句中"做到"的宾语部分里的"（的）要求"多余，因为此意思用前面的谓语"要求"表达过了，不必重复表达，况且"做到"与"要求"不搭配，"的要求"应去掉。

（4）定语冗余

定语冗余指句子里存在多余的定语，或定语表达不简洁。例如，"新型内外组合搅拌浆的开发及其流场特性研究。"此句中的定语"其"明显指"新型内外组合搅拌浆"，复指反而啰嗦，应去掉。

（5）状语冗余

状语冗余指存在多余的状语，或状语中有多余的同义词、近义词或助动词。例如，"或许一桶水对已经茂盛的参天大树可能并不起什么作用。"句中的"或许"、"可能"做状语，但意思重复，可将二者之一去掉。

（6）补语冗余

补语冗余指句子里存在多余的补语。例如，"为精简字数，这篇文章不得不略加删改一些。"此句中"一些"做补语，与状语"略加"表意重复，可将二者之一去掉。

3.7.3.4 搭配不当

句子中任何两个相关成分，如主语与谓语，动词与宾语，主语与宾语、定语、状语、补语与它们所限制或修饰的中心词语能否搭配，搭配恰当与否应主要从是否符合事理、语法规则、语言习惯三个因素来考虑，其中任何一个因素不满足都会造成语病。科技论文中常见的搭配不当主要有以下情况。

（1）主语和谓语搭配不当

主语和谓语搭配不当主要有不符合事理，词义不对应，联合词组部分项不匹配，主语和谓语部分中的某个成分不搭配等。例如，"许多文献都对它做详尽的研究。"句中的主语"文献"指文章，不可能发出或具备"做"、"解决"、"试图"、"推断"、"忽视"的动作和行为，主谓搭配显然不合事理。可改为"很多学者对它进行了研究。"或改为"许多文献对有关它的研究进行了报道。"

（2）谓语和宾语搭配不当

谓语和宾语的关系主要有：支配与被支配；动作与结果；谓语所表示的动作行为表示宾语所代表的事物的存在、出现、消失的状况；宾语表示动作的处所。谓语和宾语搭配不当指谓语同宾语在语义、习惯上不存在上述几种关系，或因语法关系而不能相互配合，体现在用词不当，宾语结构不完整，联合词组部分项不匹配，特殊动词使用不当等方面。消除这类语病的方法是更换谓语、宾语或改变句子原有结构。例如，"按客流量日益增加的情况，航空公司新近开辟了从上海直达旧金山的航班。"句中的谓语"开辟"与宾语"航班"搭配不当，可将"航班"改为"航线"。

（3）主语和宾语搭配不当

主语同宾语的配合问题主要涉及是字句（一种由"是"做谓语动词的句子）。主语同宾语搭配不当往往是由下列原因引起的。

① 在"甲是乙"这类是字句中，"甲"与"乙"不同类，"甲"与"乙"在范围上不相当。

所谓"甲"与"乙"不同类，指二者既不是同一关系，又不是从属关系。例如，"锌基合金冲模是有间隙冲裁。"句中"冲模"是一种模具（物件），而"冲裁"是一种加工工艺（方式方法）二者没有同一性，又无从属关系，用在"是"的两边，判断不成立，使主语同宾语不配合。可以改为"用锌基合金冲模进行的冲裁是有间隙冲裁。"

② 在谓词宾语是字句中句末未用"的"。是字句分为三种：名词性宾语是字句；谓词性宾语是字句；混合式宾语是字句。这三种是字句的句末用不用"的"是很讲究的。例如，"单齿泵是利用封闭容积的不断变化来实现吸油、排油过程。"句末应加"的"。

③ 主语用的是谓词性短语，宾语则用的是名词性短语，或者相反。例如，"在化学中一个极为活跃的领域是研究各种无机分子的形状。"此句中主语是名词性的，宾语是谓词性的，使主宾不搭配。宾语部分应改为"各种无机分子形状的研究"。

（4）修饰语和中心语搭配不当

修饰语和中心语搭配不当包括定语与中心语搭配不当，状语与中心语搭配不当，补语与中心语搭配不当等。例如，"目前，生物制造技术正在引起机械工程界越来越多的兴趣。"此句中的定语"越来越多"与中心语"兴趣"搭配不当。"兴趣"不能用"多"或"少"修饰，可将"越来越多"改为"越来越大"。

（5）语序不当

汉语中词与词间的关系不是依靠词形变化而是依靠词序来表示的，词序不同所表达的语法关系和语义就会不同。科技论文中常见的语序不当主要有以下方面。

① 主（宾）语位置不当　是指主（宾）处于句中不恰当的位置，有可能会引起句子在语法、逻辑和语义上的错误。科技论文中应多用常式句（有正常的语法结构，通常主语在谓语前，谓语在宾语前），尽可能少用或不用倒装句，因为倒装句使用不好会出现主（宾）语位置不当的语病。

例如，"通过该结构的改善，从压缩机吸气口传播的速度脉动可以缓解。"此句中的"速度脉动"应是宾语，但由于位于谓语"缓解"前，就成为主语。若将"速度脉动"放到"缓解"后，还应将句首的介词"通过"去掉，使"改善"成为主语，即改为"该结构的改善可以缓解从压缩机吸气口传播的速度脉动。"若保留句子原有结构，则可在"缓解"之前加上"得到"。

② 定语位置不当　指定语和中心语的位置颠倒及多项定语的顺序欠妥的情况。判断的一般原则是：定中词组中通常是定语在前，中心语在后；从离中心语最远的算起，多项定语的顺序大致是领属—时间、处所—数量—性状—数量—质料—种属。（由数量词做的定语既可放在前面，也可放在后面。）

下面例句的定语和中心语的位置颠倒，例如，"作为一种助学贷款的消费信贷，市场需求的潜力很大。"此句中的定语"助学贷款"与中心语"消费信贷"的位置颠倒。"助学贷款"属于"消费信贷"的一种，因此应将"消费信贷"改为定语，"助学贷款"改为中心语。

③ 状语位置不当　即指状语处于错误的位置及多项状语的顺序欠妥的情况。判断的一般原则是：句首状语在主语前，句中状语在主语后；从离中心语最远的算起，多项状语的顺序大致是情态—时间—处所—语气、关联、时间等—方式—方向—对象—动作描写。

例如，"借助图论这一工具，到目前为止，大量的各种构件数和运动副数的运动链被相继综合出来，大大丰富了机构的结构类型。"例句存在限制性状语位置不当问题。还有句式不当等问题，可改为"到目前为止，借助图论这一工具，已综合出大量……运动链，大大……类型。"

④ 定语误用为状语　指将句中的定语成分误作状语成分。例如，"在惯性力与摩擦力交替作用下，研制一种显微注射用数字化进退装置。"此句中的"在惯性力与摩擦力交替作用

下"为句首状语，按语意应改为宾语"装置"的定语。可改为"研制一种在惯性力与摩擦力交替作用下的显微注射用数字化进退装置。"

⑤ 状语误用为定语　指将句中的状语成分误作定语成分。例如，"固体氧化物燃料电池-燃气轮机（SOFC-GT）的混合发电系统是未来高效、清洁的发电技术之一。"此句中的联合词组"高效、清洁"做宾语"发电技术之一"的定语，按语意将其改为动词"发电"的状语更妥当；还存在主语和宾语搭配不当的问题。可改为"……的混合发电是未来高效、清洁发电的技术之一。"

⑥ 注释语位置不当　指注释语（一般用括号括起）没有紧跟在被注释的词语后面而位于错误的位置。例如，"不久，国民议会迁到法皇的内宫凡尔赛去（在巴黎城西南18公里）。"此句中的注释语是注释"凡尔赛"的，放到"凡尔赛去"之后不妥。

3.7.3.5　句式杂糅

句式杂糅是句子结构混乱的典型形式。它分为混杂和粘连两种，前者指本应该用一种结构而用了几种结构，后者指本应该用分开的几种结构却将这几种结构粘在了一起。

（1）混杂

同一内容往往可以采用不同的结构，但只应该选用一种结构，不必将几种（常为两种）结构硬套（糅）在一起，前后交叉错叠，使得整个句子结构混乱，这种语病即为混杂。修改这种病句的方法是，先搞清楚是将哪几种结构套在了一起，然后选用一种结构即可。例如，"截止到目前为止，经国家批准，全国已有43所高等学校相继开办了网络教育试点工作，网络教育在线学生日益增加。"此句中的"截止到目前为止"混用了两种结构：一种是"截止到目前"，另一种是"到目前为止"。选取一种结构即可。

（2）粘连

一个句子的结构已经完整，却把其最后的某个成分甚至整个句子作为下一个句子（或几个句子）前面的某个成分，即把后面的句子硬往前面的句子上粘，前后交叉错叠，形成连体句子，造成句子结构混乱，这种语病即为粘连（又称黏合、牵连或焊接）。修改这种病句的方法是，将句子还原成两句话，即通过加逗号将句中前一句的多余部分分离出来，必要时再为分离出来的部分补上缺少的成分。例如，"该值的测定方法有多种，最好是用测水传感器埋在滴头正下方。"此句属粘连病句，可在"传感器"之后加逗号，将后句分离出来，并在分离出来的语句的前面补上"将其"或"将它"。

3.7.3.6　详略失当

详略失当主要分为冗余（又称多余、赘余）和苟简，冗余又有重复性冗余和非重复性冗余两类。成分残缺是苟简的主要形式，成分冗余是冗余的主要形式。

（1）重复性冗余

重复性冗余包括字面重复和语义重复。前者指对句中前面已用过的词语，在后面再次不必要地使用；后者指对句子中前面已表达过的意思，在后面再次不必要地表达，尽管没有出现重复的词语。

例如，"纳米晶体材料是近年来发展起来的一种新型材料。由于其结构上的特殊性使纳米晶体材料具有许多优于传统多晶体材料的性能，如高强度、高比热容、高电阻率、高热膨胀系数及良好的塑性变形能力等。"此例中后一组句中的代词"其"与后面的"纳米晶体材料"重复，而且应先说"纳米晶体材料"，再说"其"。可改为"……。它由于在结构上具有特殊性，因此具有许多优于……。"也可改为复句："……，其结构上的特殊性使其具有许多优于……。"

(2) 非重复性冗余

非重复性冗余指句中虽未出现字面或语义重复，但出现了不该有或可有可无的词语，这种词语破坏了句子的正常结构，妨碍了语义的正确表达。例如，"高温技术的飞速发展促使越来越多的复合材料被用于高温构件的生产制造。"此句没有必要用被动句式，介词"被"多余。可改为"高温技术的飞速发展促使越来越多的复合材料用在各类高温构件的生产制造中。"

(3) 苟简

苟简指句中该出现的词语未出现所造成的语病。在前面"成分残缺"和"用词错误"两节中已列举了一些这种病句，以下再列举一个例子。

"目前，大气中可吸入颗粒物已成为环境污染的突出问题，并日益引起世界各国的高度重视。"此句的主语（"大气中可吸入颗粒物"）中省去了应该出现的词语"含有"，读起来明显不通，表意不完整，可改为"大气中含有大量可吸入颗粒物"。

3.7.3.7　复句错误

复句中的错误有的和单句相同，有的和单句不同，以下主要从和单句不同的几个方面来讲述复句中的错误。

① 分句间意义不紧密　例如，"因为所研究的对象相同，所以物理模型如图1所示。"此例中前后分句间不存在因果关系。如果将"物理模型如图1所示"改为"可以用图1来表示其物理模型"，则就是因果关系。

② 分句间结构关系混乱　复句尤其是多重复句中，分句之间的结构比较复杂，容易出现层次不清、关系混乱的问题。例如，"此研究成果不仅在国际上处于领先地位，而且填补了国内这方面研究的空白。"此例颠倒了分句间的递进关系，"国际"比"国内"所表达的意义更进一步。可改为"此研究成果不仅填补了国内这方面研究的空白，而且在国际上也处于领先地位。"

③ 关联词使用不当　关联词在复句中具有重要作用，它能清楚地显示出分句之间在意义上的联系，帮助读者掌握文章的脉络。关联词的使用有一定的规则，使用不当就会影响意思的准确表达。科技论文中关联词使用不当主要有以下几个方面。

a. 误配。复句中的关联词一般是成套（配对）使用的，有相对固定的格式，不能随意搭配，否则就会出现误配。例如，"不仅具有节能高效之特点，同时能使系统工作稳定。"句中的关联词"不仅……同时……"误配。可改成递进复句，将"同时"改为"而且"。

b. 残缺（漏用）。复句中的关联词通常是不可缺少的，残缺（漏用）会使分句之间的结构关系不明确，表意不清楚，甚至难理解而造成歧义。例如，"种子加工后，要储存在专门的种子仓库，随时注意仓库温度、湿度变化，保证种子发芽率在95％以上。"此例中"随时"的前面最好加上关联词"并"，表示进一层的意思；"保证"的前面最好加上关联词"以"，表示下文所说是要达到的目的。

c. 错用（滥用）。不同的关联词表达分句间不同的结构或语义关系，错用关联词就会影响语义的准确表达。另外，在不必用关联词的情况下，就不要用关联词；在用由两个关联词构成成套的关联词时，如果合用会使句子显得生硬拗口，而省去其中一个又能显著提高表达效果，则可以省去这一关联词。若不加注意，就容易错用甚至滥用关联词。例如，"由于陶瓷材料和复合材料的应用前景广阔，故这类研究有很好的应用价值。"此例中两分句之间的因果关系非常清晰，无须使用关联词"故"。

d. 错位。关联词在复句中有相对固定的位置，位置不当即错位，就会影响意思的正确表达。通常的规则是：两个分句的主语相同（不同）时，前一分句的关联词位于其主语的后面（前面）；不论分句的主语是否相同，后一分句的关联词都位于其主语的前面，但副词做关联词时通常位于其主语之后。例如，"由于柴油机具有燃油消耗低、动力性强和可靠性高等优点，因而被广泛用于交通运输、工程机械及农业机械等领域。"此例中前后分句有相同的主语"柴油机"，"由于"在该主语之前，属关联词错位。可改为：柴油机由于具有……优点，因而广泛用于……

3.7.3.8 歧义

歧义指句子存在某种（或几种）语病，使得对其有几种不同的解释或理解，让读者很伤脑筋，不知道作者究竟想表达什么意思。前面介绍过的各种语病类型中，已列举过一些有歧义的句子，这里将歧义单独列为一个类，是为了让作者和编辑提高对消除歧义的重要性的认识，设法消除歧义语病。例如，"近年中国科学技术协会对100多个全国学会主办的期刊进行了分类资助。"此句有歧义，定语位置不当，未表达清楚数量词组（定语）"100多个"修饰的对象，是"100多个全国学会所主办的期刊"还是"全国学会所主办的100多个期刊"。

3.8 科技论文中标点符号的规范使用

标点符号是书面语言不可缺少的组成部分，不仅具有表示停顿、语气以及词语的性质和作用的功能，而且还有辅助修辞的作用。科技论文中标点符号的规范运用应遵守和参照国家标准GB/T 15834—2011《标点符号用法》。

3.8.1 标点符号分类和用法

常用标点符号有16种，分为点号和标号两大类。针对科技论文写作的要求，下面将结合实例讨论常见的标点符号及其用法。

3.8.1.1 点号的用法

点号的作用在于点断，主要表示语句的停顿和语气。点号又分为句末点号和句内点号。句末点号表示句末的停顿，有句号、问号、叹号三种，同时表示句子的语气。句内点号用在句内，有逗号、顿号、分号、冒号四种，表示句内各种不同性质的停顿。

(1) 顿号

顿号（、）表示并列的词素、词、词组之间的停顿。示例如下。

(ⅰ) 婴、幼儿；零、部件；左、右轮；工、农业。

词素之间无需停顿时也可不用顿号，如直接表示为"婴幼儿"、"零部件"、"工农业"等，但下面例句(ⅱ)中词素间使用顿号停顿一下则比较好。

(ⅱ) 式中a，b分别为货车重心至前、后轮的轴距。

(ⅲ) 结构简单、制造方便、性能稳定、操纵容易的这种机器已经研制出来。

例句(ⅲ)中是并列的4个词组，之间用了顿号，而例句(ⅳ)是由4个单句组成的并列复句，各分句之间的停顿用顿号是不对的，应该用逗号。

(ⅳ) 该机结构简单、制造方便、性能稳定、操纵容易。

注意：英文标点中没有顿号，故在英文摘要中不得使用顿号。另外，在科技论文中，外文字符、阿拉伯数字、名词术语之间的停顿通常要使用逗号。例如，"NaF，$NaCl$，$NaBr$晶体的带隙分别为 12.0eV，10.0eV，10.0eV。"

但是，在下面这种情况下如果由于用了逗号而会引起歧义，那么还是应当用顿号。例如，"对该模型的计算结果有显著影响的参数是 p，θ，ΔT，Q 则影响不显著。"根据文义将"p，θ，ΔT"改为"p、θ、ΔT"，歧义即可消除。也可改为"对该模型的计算结果有显著影响的参数是 p，θ 和 ΔT，Q 则影响不显著。"或者是"对该模型的计算结果有显著影响的参数是 p，θ，ΔT，而 Q 影响不显著。"

(2) 逗号

逗号（，）表示句子内部的一般性停顿。主要用于以下场合。

① 复句中的分句之间。例如，"机械设计是机械工程中的一项基本技术，是决定机械产品性能的首要环节。"

② 较长的主语之后。例如，"随机变量的标准差与其均值之比，称为变异系数。"

③ 长宾语之前。宾语较长，而前边的谓语动词常常是表示认识活动的动词，如"知道、认为、指出、发现"等，或者是"是"动词，此时在谓语动词之后需要停顿，用逗号。例如，"试验中发现，适当加高环形堰，可以提高除沙率。"

④ 句首状语之后。例如，"在过去的排水沟设计中，边坡系数通常取为 2.5。"

⑤ 序次语之后。这里所说的序次语限于用"首先、第二、第三、最后"等词语来表示的，例如，首先，要……。其次，要……。第三，要……。

⑥ 某些关联词语之后。如"但是、可是、于是、因此、所以"等之后常用逗号，不过也不是非用不可。例如，"过重的有功传输会使约束变得脆弱，势注变浅，因此稍有扰动就会引起电压崩溃。"

⑦ 插说成分的前后。句子中间的插说成分，前边和后边如果有停顿，都要用逗号。例如，"有的手术，如焊接视网膜，甚至都不用麻醉。"

⑧ 并列词语中间。并列的词语如果较长，或者为了强调，之间的停顿可用逗号。例如，"从数学上讲，杀伤的概率应包括 3 个部分：目标的暴露概率，对目标的命中概率，目标被命中后丧失战斗力的概率。"

(3) 分号

分号（；）可以表示并列分句之间的停顿。例如，"上述各种解法的优点是简单、直观，而且计算量小；缺点则是要求决策者事先比较准确、全面地提出他的偏好结构信息，一般来说这是难以办到的。"

在并列的分句之间用了分号，是为了分清层次，因为 2 个分句里已经用了逗号。

在转折关系和因果关系的多重复句内也可以用分号。例如，"气流干燥机对主要水分为表面水的颗粒物料具有良好的适应性，是生产中应用极为广泛的一种机型；因此，建立简单、准确的气流干燥数学模型，对机器的设计及理论分析无疑具有十分重要的意义。"如果改用逗号，便不易分辨前后。如果改用句号，则会把前后连贯的意思割断。

分号的误用主要有以下几种情况。

① 单句中用了分号。例如，"应该说直到今天人们对逻辑运算和逻辑判断的认识，都还是肤浅的、表面的；甚至是不确切的。"

② 不是并列关系的复句（指非多重复句）用了分号。例如，"用这种方法加工的散热片与管子接触的面积小，不紧密，影响热量传递；而且这种加工方法是间断式的，效率低，浪费材料。"句中是递进复句，不是并列复句，分句间的停顿不用分号。

③ 多重复句中,并列分句不在第一层上却在其间用了分号。

(4) 冒号

冒号(:)主要使用场合如下。

① 冒号表示提示性话语之后的停顿。例如,"这一线性规划程序包括 5 个模块:输入模块、插入删除模块、修改模块、求优模块和输出模块。"先总说包括"5 个模块",下面具体说明是哪 5 个模块。

② 冒号可用在"是、证明、表明、认为、指出、可见"等动词的后边。当这类动词的宾语较长时,宾语前往往有稍大的停顿,用冒号以引起读者对下文的注意。例如,"Peck 指出:对数正态分布不仅可用于对微粒大小的分析,而且在经济学和生物学中也用得很广。"应注意,这类动词的后边不是一定得用冒号,用不用冒号要看句子的结构,要看这类动词的后边是否需有稍大的停顿。例如,"其原因是:加热速度太快,致使裂纹增多。"此句话冒号处不需要停顿,冒号应删去。

③ 冒号还用在总括性话语之前,以总结上文。"总括性话语"指的是用来总结上文的分句,它前边的停顿要用冒号来表示。例如,"传统的葡萄酒具有较高的酒精度(>9%)及较低的 pH,多数微生物不能在酒中存活;而低酒度葡萄酒的酒精较低(≤8.5%),较易出现生物病害,严重影响葡萄酒的稳定性:因此,在低酒度葡萄酒的储存过程中,需添加某种稳定剂,以抑制生物病害,提高酒的稳定性。"

④ 冒号也用在需要解释的词语后边,引出解释或说明。例如,"拉斑玄武岩套:多分布于平原区,以辉石玄武岩为主,含少量橄榄石或不含。化学成分以 τ 值高、碱质低、镁质低等为特征。"

冒号误用常见的有以下几种情况。

① 冒号是句内点号,只能用在句内有停顿的地方。例如,"能源生产受到众多因素的制约,例如:自然资源的储存量、国民经济的发展速度、能源开发的投资量,等等。"句中的冒号处不应有停顿,冒号应删去。

② 冒号表示提示性话语之后的停顿,用来提示下文。"实验的程序如下,关闭实验段入口阀门,打开实验段旁路阀门,让流体流经实验段旁路……"句中的"实验的程序如下"是表示提示性的话语,后的停顿应该用冒号。

③ 在一个句子里不能冒号套冒号。例如,"X 射线检查:Ⅰ型:共 5 例;Ⅱ型:1 例。"可改为"X 射线检查:Ⅰ型,共 5 例;Ⅱ型,1 例。"

(5) 问号

问号(?)主要用在疑问句、设问句、反问句的末尾。例如,"末次冰期时存在入海的长江吗?"

应注意的是,不能一看到句子中有疑问词就用问号。例如,"许多人不了解,工业污水的危害性有多大?"尽管有疑问词,但全句并不是疑问句,而是一般陈述句,问号应改为句号。

除了上面的用法外,还可以用作标号,表示某些不清楚或对某些说法有怀疑。例如,"蒙恬(? —公元前 210 年),秦朝初期的名将,祖籍齐国。"

(6) 句号

句号(。)表示陈述句末尾的停顿。陈述句可以是单句,也可以是复句,句末要用句号。例如,"地层学是地质科学中的一门基础学科。"

注意：科技书刊中的句号可以采用黑圆点（.）的形式，以避免与字母 O 和数字 0 相混，但全文、全书（刊）应一致，即不能"。"与"."同时使用。

科技论文中句号误用很常见，其主要原因是分不清到哪里是一个句子。句号误用有两种类型：一种是多用，一种是少用。

① 句号的多用就是不该用句号而用了句号，结果把一个句子拆成了几个句子。示例如下。

（ⅰ）人员密度或出现频次与生产类型、自动化程度和劳动组织班次等有关。如表 1 所示。

这是一个单句，句中的句号应改为逗号。

（ⅱ）由于硬镀铬层脆而硬，且摩擦因数很小。磨削时耗费冗长的工时还达不到满意的光洁度。

这句是因果复句，句内的句号均应改为逗号。

② 有的句组中句号用得太多，把句子割裂得太碎，效果并不好。例如，"粪便自身含有酵母菌、乳酸菌等菌类。它们在无氧和有氧的环境中都能发酵。任其自然发酵就转化成植物生长所需的肥料。如用机器合理控制发酵即能转化成有一定营养价值的饲料。"

原来的第 1 句和第 2 句是承接关系，第 3 句和第 4 句是并列关系，改为下句比较好："粪便自身含有酵母菌、乳酸菌等菌类，它们在无氧和有氧的环境中都能发酵。任其自然发酵就转化成植物生长所需的肥料；如用机器合理控制发酵即能转化成有一定营养价值的饲料。"

③ 句号的少用就是该用句号而没有用，把几个句子硬凑成一个句子。常见的是"一逗到底"的毛病。例如，"原发性肝细胞癌（简称肝癌）是常见的恶性肿瘤之一，肝癌发病率高，发展迅速，由于症状隐匿，难以早期发现，出现症状后来就医的患者，病情多属晚期，大多失去手术治疗的机会。"按每句话应只有一个中心的要求，这段文字中间是可以断句的：第 1 个逗号和第 5 个逗号可改为句号。

科技论文中，某处是否使用句号，界限是清楚的，那就是要看句子是否表达完。可是，句号的使用也有一定的灵活性：在可分可连的地方用句号或逗号都可以，如果着眼于分，就用句号；着眼于连，就用逗号。

3.8.1.2 标号的用法

（1）引号

引号（""）用来标明行文中直接引用的语句和需要着重论述的对象或具有特殊含义的词语。示例如下。

（ⅰ）美国著名经济学家西奥多·W·舒尔茨认为："完全以农民世代使用的各种生产要素为基础的农业可以称为传统农业。"

（ⅱ）这个解释显然违背原意，因为断言中明确指出"对曲线之一作射影"，而此解释实质上是"对全体第 6 类曲线作射影"。

行文中直接引用的语句一般要用引号标明，为的是与本文作者自己的话区别开来，如例句（ⅰ）和例句（ⅱ）。要注意引文末尾标点的使用：凡是把引用的话独立来用，末尾的点号应放在引号的里边，如例句（ⅰ）的句号放在了""的里边；凡是把引用的话作为作者自己的话的一部分，引文末尾不用点号，如例句（ⅱ）中第 2 个逗号是全句的而不是引文的，末尾的句号属于全句,所以未把它们放在""之内。

行文中间接引用,即并不照录别人的原话原文,只是把原意用自己的话转述出来;转述的话不能用引号。例如,"陈继武的研究表明,分度链传动误差只是由分度链中的部分环节引起的,主要误差源比较确定,而且误差的变化具有明显的统计规律。"这里所引的只是大意,并不是文献中的原话,所以没有用引号标明。

(ⅲ) 地层学的分支学科目前可大致划分为"传统地层学"和"现代地层学"。

(ⅳ) 该机已在南方推广,建议抓紧在"三北"地区池塘养殖中试用。

例句(ⅲ)中的"传统地层学"和"现代地层学"是着重论述的对象;例句(ⅳ)中的"三北"(指东北、华北、西北),它们都具有特殊含义,所以都用引号加以标明。

(2) 括号

括号(())用来标明行文中注释的词语和句子。示例如下。

(ⅰ) 肾蕨成熟叶片的表皮层为单细胞层(参见图1):上表皮层仅由表皮细胞构成,下表皮层则由表皮细胞和气孔器组成。

(ⅱ) 郑和(1371—1433年),中国明代航海家、外交家。

使用括号时应注意:括号不宜使用过多,否则会不时打断正文,分散读者的注意力而影响阅读,因此,凡可以写入正文的就不必作为解释说明语;注释语句过长会影响正文的连贯性,妨碍读者的理解,因此,宜将长的注释语作为脚注。

(3) 破折号

① 破折号(——)用来标明行文中解释说明的语句,其解释说明语是正文的一部分(这与括号不同)。示例如下。

(ⅰ) 本系统中采用了一个图形生成软件包——MCGE软件包,它是一个属于全图形方式的图形编辑软件。

(ⅱ) 蝉的幼虫初次出现于地面,需要寻求适当的地点——矮树、篱笆、野草、灌木枝等——脱掉身上的皮。

行文中解释说明的语句一般用一个破折号引出,如例句(ⅰ);这类语句如果是插在句子中间的,可以在前后各用一个破折号,如例句(ⅱ)。

② 破折号还用于解释数学式、插图和表格中的字母、符号或其他项目处,以及用于副题名之前。破折号还有其他用法,如用于转变话题和语义跃进、顿挫取势和引出下文的地方,以及表示声音的延长和说话的中断等,因与科技论文表达关系不大,这里不作讨论。

(4) 省略号

省略号(……)用来标明行文中省略了的语句。

① 省略号标明的省略常见的有2种:一种是引文的省略,一种是列举的省略。例如:(ⅰ) 文献[3]指出:"中国东部新生代玄武岩各岩套和岩带的分布规律,与区域重力异常和地壳厚度变化规律相吻合……"(ⅱ) 报警装置在银行、商场、仓库、医院、家庭……许多场合是必不可少的。

② 表示列举省略的省略号相当于"等、等等、之类",但不得二者并用。例如,"我国现有各种制图标准20余个,其中国家标准7个(如机械制图、建筑制图……等),部标准14个。"句中的"等"应删去,或者保留"等"而删去"……"。

建议在省略外文字母和阿拉伯数字时,省略号只用1个三连点,即"…"。例如,"可修复系统故障出现时间的规律可以用系统在 $(0,t)$ 时间内的故障次数 $N(t)=k(k=0,1,2,\cdots)$ 的概率来描述。"

(5) 着重号

着重号（．）用来标明要求读者特别注意的字、词、句。例如，"这个解释显然违背原意，因为断言中明确指出'对 5 种曲线之一作射影'，而此解释实质上是'对全体第 6 类曲线作射影'。"

着重号不宜多用。用多了版面难看，而且到处都"着重"，反而哪里也不着重了。

(6) 连接号

连接号（—）的作用是把意义密切相关的词语连成一个整体。连接号有 3 种形式，即"—"（占 1 个汉字空，又叫一字线），"～"（浪纹线又叫波浪线）和"-"（占 1/2 个汉字空，又叫半字线）。下面分别讨论它们的不同用法。

① "—" 用于以下场合。

a. 连接地名或时刻，表示起止或相关。例如"北京—广州直达快车"。

b. 连接几个相关的项目，表示递进式发展。例如"人类的发展可以分为古猿—猿人—古人—新人这 4 个阶段。"

c. 连接方位名词或地名，表示河川、山脉、岩层、铁路、航线等的走向。例如"宝兰线、兰新线以东南—西北走向直穿甘肃全境。"

d. 在表格的表身中，表示"未发现"。

e. 在图注中，为节省幅面和讲求美观，可代替破折号。例如"1—底盘；2—支架"。

② "～" 用于以下场合。

a. 连接相关的数值，表示起止。例如，10～20m，20%～30%。

b. 在化学式中，表示高能键。

③ "-" 用于以下场合。

a. 连接相关的词语，构成复合结构。例如，中国-瑞典奶制品中心，物理-化学反应。

b. 连接相关的字母、阿拉伯数字之类，组成产品型号及各种代号。例如，M-199 型时间分辨荧光光谱仪，东方红-75 型推土机。

c. 用全数字式日期表示法时，间隔年、月、日。例如，收稿日期：2012-02-29。

d. 连接图序（或表序）中的章节号与图（或表）序号。例如，图 1-3，表 4-5。

(7) 间隔号

间隔号（·）占一个汉字空，上下左右居中用来表示外国人或我国某些少数民族姓名内各部分和书名与篇（章、卷）名之间的分界。例如，爱新觉罗·溥仪。

间隔号还用来隔开文章题名中的并列词语和专有名词中的月份与日子。例如，九·一八事件。

(8) 书名号

书名号（《》）用来标明书名、篇名、报刊名、影片名、电视片名、戏剧名、歌曲名和文件名，但不用于标明产品名、会议名、课程名、科研课题名等。例如，《科技论文的规范表达》（书名）。

如果书名号的里边还要用书名号时，外边一层用双书名号，里边一层用单书名号。例如，《〈编辑学报〉发刊词》中指出……

(9) 其他几种标号

除了修订后的《标点符号用法》规定的 8 种标号外,目前书报刊上还常出现其他一些标号,现予介绍。

① 隐讳号　隐讳号(×)用来代替统括性的词语或者不便说、不需说的词语。隐讳几个字便用几个"×"表示。例如,"笔者翻阅了多部《××学》《××史》著作,但几乎看不出一本有何突出贡献。"

② 虚缺号　虚缺号(□)用来代替所缺的字,缺几个字便用几个"□"表示。例如,"在这里的墓葬中……还发现了显见'单于天降''四夷□服'以及'单于和亲''千秋万岁''长乐未央'等文字的瓦当残片。"

③ 斜线号　斜线号(/)放在一对密切相关的词语之间,表示"和"、"或"等之意。例如,"2008 年北京奥运会羽毛球女双决赛,中国组合杜婧/于洋胜场未失一局。"

④ 星号　在科技论文中星号(*)主要用来标示篇首页脚注(附注)。在被注释处之后标上角标 * 号,然后在地脚处(页末)再用"*"号引出注文。星号还用于表示受激态和复共轭矩阵。例如,电子受激态 He*。

3.8.2　点号的降格使用

按表示停顿时间的长短,可以把点号作如下排队:句号(叹号、问号)>分号(冒号)>逗号>顿号。这就是它们的"格"。句号表示的停顿时间最长,顿号表示的停顿时间最短,即句号的格最高,分号次之,逗号格低,顿号的格最低。本来使用这些点号,应当同语音停顿相一致,但是为了相互配合,需要时也可以把某些点号降格来使用。例如,"它们具有结构简单,使用方便,计算准确、快速和显示功能强等特点。"句中的"简单"、"方便"之后应该用顿号,可是"计算准确、快速"中已经有了顿号,若全用顿号,就分不清层次;因此将逗号降格作为顿号使用,表示并列词语之间的停顿。

分号也可以降格使用。例如,"水是极性分子,具有导体性质。当雨滴未与引信接触时,它同引信的电极间要发生静电感应,从而使引信电极间的电容发生改变,形成影响引信工作的干扰信号;但是,由于雨滴的体积很小,这种作用也只有当雨滴与引信电极距离很近时才有所显示。"句中的第 2 个句子是多重复句。第 1 个层次上是转折关系,"但是"前边本来可以用逗号,可是偏句和正句中已经用了好几个逗号,为了使关系清楚,这里用了分号,它实际上起的是逗号的作用。

3.8.3　标点符号的配合与系列标点

点号的降格使用属于点号的配合问题。下面先讨论点号与标号的配合,再讨论系列标点问题。

(1) 括号同点号的配合

括号里的话如果只是注释句子里的某些词语,那么括号要紧靠在被注释词语后边,这叫句内括号;括号里的话如果是注释整个句子的,那么括号要放在句末的标点之后,这叫句外括号。也就是说,句内括号位于句中或句末的标点之前,句外括号位于句末标点之后。示例如下。

(ⅰ) 通常,在正常操纵情况下,为了获得优良的着陆品质,希望人机闭环系统既保证有一定的快速性(有一定的穿越频率值,如为 2.2rad/s),又具有足够的稳定裕度(如相角稳定裕 40°)。

(ⅱ) 有人用氢气还原氧化铜制得 5g 铜,求有多少克氢气参加了反应,这些氢气在标准状况下占多大体积?(氢气的密度是 0.09g/L)

例句（ⅰ）中的括号是句内括号，点号都在后一个括号之后；例句（ⅱ）中的括号是句外括号，句末的点号在前一个括号之前。句内括号之前是不能有点号的。句内括号中注释词语末不能有逗号和句号〔它们应放在后面一个括号之后，如例句（ⅰ）〕，但可以有叹号或问号。

(2) 引号同点号的配合

引语末了要用点号，又有后引号时，修订后的《标点符号用法》指出：凡是把引语作为完整独立的话来用，点号放在引号之内；凡是把引语作为作者的话的一个组成部分，点号放在引号之外。示例如下。

（ⅰ）R. Dutrocher 早在 1824 年就指出："所有动植物都由细胞构成，这些细胞似乎只为简单的黏着力所结合。"

（ⅱ）维纳称"反馈是控制系统的一种方法"，其特点是"根据过去的操作情况去调查未来的行为"。

例句（ⅰ）中的引语是完整、独立的，因此句号放在后引号之前；例句（ⅱ）中的引语是作者的话的一部分，所以逗号和句号都放在后引号之后。

(3) 破折号前面的点号

破折号的前面原来有点号，用了破折号后那个点号一般说不必要了（话题转折、语义跃进除外）因为读到破折号的时候，自然要停顿一下，省去前面的点号，并不会妨碍内容的表达。

(4) 省略号前面的点号

对于省略号前面的点号，一般原则是：如果它前面是句末点号，说明前面是一个完整的句子，应予保留；如果它前面是句内点号，则不应保留。需要注意的是省略号前后都有逗号的这类表示方法，科技论文中是可以使用的。

3.8.4 系列标点的使用

系列标点的使用指的是一段文字中各种标点的配合问题。关于系列标点的用法，目前还没有规定。这里只介绍一些习惯作法。

① 在文中有许多相同的句式，其标点符号的使用应当前后一致。例如，文章段首的概括性词语之后可用句号，也可用冒号；图注、表注中的注释项之间用分号，最后一项末尾不用点号，但序号与解释语间可用连接号"-"也可用句点"."；在公式的说明文字中，符号与解释语间可用破折号也可用"是""为"等词。所有这些可使用不同的标点符号或方式表述的句式，在同一篇论文中都应取其中一种。

② 项目号、公式编号、注释序号等应使用不同的序数形式。通常，公式编号前后使用圆括号，参考文献序号前后使用方括号，注释序号使用阳码，为与之区别，项目号宜使用后括号或脚点，表示为"1）""2）""3）"或"a.""b.""c."等。

3.9 科技论文中参考文献的著录规范

参考文献实质上是引文注，是标准化了的文后注，其著录格式应符合国家标准 GB/T 7714—2015《信息与文献 参考文献著录规则》的规定。该标准从 2015 年 12 月 1 日起实施，代替 GB/T 7714—2005《文后参考文献著录规则》；将"文后参考文献"和"电子文献"分别更名为"参考文献"和"电子资源"；在著录项目设置方面，为了适应网络环境下电子资源存取路径的发展需要，新增了"数字对象唯一标识符"（DOI）。

3.9.1 参考文献的标注方法

按照 GB/T 7714—2015 的规定，科技论文正文中引用文献的标注方法可采用顺序编码制，也可采用著者-出版年制。著者-出版年制也即哈佛标注体系，地理学、医学等领域的期刊常采用这种著录方法，而大多数科技期刊一般都采用顺序编码制。

（1）顺序编码制

顺序编码制是按论文中引用参考文献出现的先后顺序连续编码，并将序号置于方括号中；参考文献表中的各篇文献按其在文中标注的序号依次排列。主要有以下原则。

① 只有文献第一次在文中出现时才编序号。即一篇文献只有一个序号，即使某一文献在同一篇论文中被多次引用，但在几个引用处都要标注同一个序号。

② 以文献第一次出现的先后次序，从 1 开始连续编序号。第 1 个第一次出现的文献，序号为 [1]；第 2 个第一次出现的文献，序号为 [2]；……

③ 如果文献的作用是对正文做解释，文献序号应标在行文的右上角（角标形式）；如果文献是作为句子成分出现在正文之中的，文献序号应标注在行文中，使其自成语句。

④ 在同一处引用多篇文献时，只需将各篇文献的序号在方括号中全部列出，各序号间用逗号（,）分隔；如遇连续序号，可标注起讫序号。例如，"国外有 RAFT 聚合用于一种可视的特异性 DNA 序列检测方法[6]的报道；有活性自由基聚合方法 AGET、ATRP 用于放大蛋白质[7,11]的研究报道。"

（2）著者-出版年制

著者-出版年制是将文献的著者姓氏与出版年置于圆括号中，作为标注内容标注在行文中；参考文献表中的各篇文献首先按文种集中，然后按著者姓氏和出版年排列。主要有以下原则。

① 如果正文中已提及著者姓名，则在著者之后的括号内仅标注出版年。

② 只标注姓氏不能识别该人名时，可标注姓名。中国人、日本人、朝鲜人的姓名采用汉字时，应标注姓名，在参考文献表中的各篇文献可采用笔画、笔顺或汉语拼音字顺排列。

③ 在正文中引用多著者文献时，对欧美著者只需标注第一著者的姓，其后附"et al."；对中国著者应标注第一著者的姓名，其后附"等"，姓名与"等"之间适当留空。

④ 引用同一著者同一年出版的多篇文献时，出版年后应用小写字母 a，b，c，…区别。

⑤ 多次引用同一著者的同一篇文献，在正文中标注著者与出版年，并在"（）"外以角标形式著录引文页码。

⑥ 在同一处引用多篇文献时，只需将各篇文献的著者和出版年在括号中全部列出，按出版年由近及远排列，并用分号（;）分隔。例如，"早期的研究工作者（Eric, 1928; Tom, 1922; Tuck, 1899）已经指出……"。

3.9.2 参考文献类型和文献载体及其标识代码

（1）文献类型及其标识代码

常见的文献类型及其标识代码如下：普通图书（M）；报告（R）；会议文集（会议论文集、会议录）（C）；标准（含规范、法规）（S）；汇编（G）；专利（P）；报纸（N）；数据库（DB）；期刊（J）；计算机程序（CP）；学位论文（D）；电子公告（EB）。

（2）文献载体及其标识代码

常见的文献载体及其标识代码如下：磁带（Magnetic tape）（MT）；磁盘（Disk）

(DK)；光盘（CD-ROM）（CD）；联机网络（Online）（OL）。

3.9.3 参考文献的著录格式

作为参考文献，一般具有期刊、报纸、专著、报告、学位论文、专利、国家标准和互联网等出处的需要标出。从版权方面考虑，如果是3人以上责任者，需要列出3人加","，再加"等"。如果3人以下，要全部列出。

（1）期刊中析出的文献

期刊中析出文献的著录格式为：［标引项顺序号］析出文献主要责任者. 析出文献题名［文献类型标识/文献载体标识］. 期刊名：其他题名信息，年，卷（期）：起讫页码［引用日期］. 获取和访问路径. 数字对象唯一标识符. 示例如下.

［1］胡艳宁，刘晓芳，龙秀红. 社区护理评价指标体系的构建研究［J］. 护士进修杂志，2010（7）：586-588.

［2］KALOGIROU S A. Solar thermal collectors and applications［J］. Progress in Energy and Combustion Science，2004，30（3）：231-295.

［3］《中文核心期刊要目总览》编辑部. 《中文核心期刊要目总览》第二版研制方法的改进［J］. 中国科技期刊研究，1996，7（2）：21-23.

［4］化疗相关恶心呕吐治疗药 fosaprepitant dimeglumine［J］. 世界临床药物，2010，31（10）：640.

［5］翁永庆. 参考文献的编排格式［J］. 编辑学报，1991，3（增刊）：52-58.

［6］杨讷，李晓明. 《四库全书》文津阁文渊阁本楚辞类别集类录异［J］. 北京图书馆馆刊，1995（3/4）：40-47.

［7］WITTER S G，CARRADCO D A. 水质：一颗待引发的"炸弹"——多米尼加实例及可能的解决办法［J］. 李世涛，译. AMBIO 人类环境杂志，1996，25（3）：199-203.

（2）报纸中析出的文献

报纸中析出的文献的著录格式为：［标引项顺序号］析出文献主要责任者. 析出文献题名［文献类型标识/文献载体标识］. 报名，出版年-月-日（版次）［引用日期］. 获取和访问路径. 示例如下.

［1］赵均宇. 略论辛亥革命前后的章太炎［N］. 光明日报，1977-03-24（4）.

［2］傅刚，赵承，李佳路. 大风沙过后的思考［N/OL］. 北京青年报，2000-04-12（14）［2013-03-12］. http://www.bjyouth.com.cn/Bqb/20000412/GB/4216D0412B1401.htm.

（3）专著

专著的著录格式为：［标引项顺序号］主要责任者. 题名：其他题名信息［文献类型标识/文献载体标识］. 其他责任者，版本项（第1版不标注）. 出版地：出版者，出版年：引文页码［引用日期］. 获取和访问路径. 数字对象唯一标识符. 示例如下.

［1］卢圣栋. 现代分子生物学实验技术［M］. 2版. 北京：中国协和医科大学出版社，1999：752.

（4）报告（含调查报告、考察报告）

报告的著录格式为：［标引项顺序号］主要责任者. 题名：报告题名：编号［文献类型标识/文献载体标识］. 出版地：出版者，出版年：引文页码［引用日期］. 获取和访问路径. 示例如下.

［1］宋健. 制造业与现代化［R］. 北京：人民大会堂，2002.

（5）学位论文

学位论文的著录格式为：[标引项顺序号] 著者. 题名 [文献类型标识/文献载体标识]. 保存地点：保存单位, 年份：引文页码 [引用日期]. 获取和访问路径. 示例如下。

[1] 黄钦. 基于开源框架的通用代码生成引擎设计与实现 [D]. 成都：电子科技大学, 2007.

[2] CALMS R B. Infrared spectroscopic studies on solid oxygen [D]. Berkeley：University of California, 1965：18-24.

（6）专利

专利的著录格式为：[标引项顺序号] 专利申请者或所有者. 专利题名：专利号 [文献类型标识/文献载体标识]. 公告日期或公开日期 [引用日期]. 获取和访问路径. 数字对象唯一标识符. 示例如下。

[1] 陈广强, 吕静. 常压输气管线加热炉：CN201110325129.6 [P]. 2011-10-24.

（7）标准

标准的著录格式为：[标引项顺序号] 主要责任者. 标准名称：标准代号标准顺序号—发布年 [文献类型标识/文献载体标识]. 出版地：出版者, 出版年：起讫页码. 示例如下。

[1] 全国文献工作标准化技术委员会第7分委员会. 科学技术期刊编排格式：GB/T 3179—1992 [S]. 北京：中国标准出版社, 1992：2-3.

（8）电子资源

电子资源的著录格式为：[标引项顺序号] 主要责任者. 题名：其他题名信息 [文献类型标识/文献载体标识]. 出版地：出版者, 出版年：引文页码（更新或修改日期）[引用日期]. 获取和访问路径. 数字对象唯一标识符. 示例如下。

① 联机网上数据库（DB/OL）。

[1] PACS-L：public access computer systems forum [DB/OL]. Houston, Tex：University of Houston Libraries, 1989 [1995-05-17]. Listserv@uhvml.uh.edu.

② 网上电子公告（EB/OL）。

[1] Online Computer Library Center, lnc. History of OCLC [EB/OL]. [2000-01-08]. http://www.oclc.org/oclc/menu/history.htm.

③ 网上电子期刊（J/OL）。

[1] 江向东. 互联网环境下的信息处理与图书管理系统解决方案 [J/OL]. 情报学报, 1999, 18（2）：4 [2000-01-18]. http://www.chinainfo.gov/erlodical/qbxb/qbxb99/qbxb990203.

④ 网上论文集（C/OL）。

[1] 陈志勇. 中国财税文化价值研究："中国财税文化国际学术研讨会"论文集 [C/OL]. 北京：经济科学出版社, 2011 [2013-10-14]. http://apabi.lib.pku.edu.cn/usp/pku/pub.mvc?pid=book.detail&metaid=m.20110628-BPO-889-0135&cult=CN.

⑤ 网上图书（M/OL）。

[1] PRAETZELLIS A. Death by theory：a tale of mystery and archaeological theory [M/OL]. Rev. ed. [S.l.]：Rowman & Littlefield Publishing Group, Inc., 2011：13 [2012-07-26]. http://lib.myilibrary.com/Open.aspx?id=293666.

⑥ 计算机软件（CP/DK）。

[1] Scitor Corporation. Project scheduler [CP/DK]. Sunnyvale, Calif. : Scitor Corporation, c1983.

3.9.4 规范著录细则

(1) 著录信息源

参考文献的著录信息源是被著录的信息资源本身。专著、会议文集、科技报告、学位论文、专利文献等可依据题名页、版权页、封面等主要信息源著录各个著录项目；专著、会议文集中析出的篇章及报刊上的文章依据参考文献本身著录析出文献的信息，并依据主要信息源著录析出文献的出处；电子资源依据特定网址中的信息著录。

(2) 著录用文字和符号

参考文献著录要使用合适的文字并严格区分规定的各种标识符号。原则上要求用信息资源本身的语种著录，著录数字时，除对版次、出版年、卷期号、页码、更新或修改日期、引用日期、顺序编码制的参考文献序号等用阿拉伯数字表示外，其他数字的表示须与信息资源原有形式保持一致，外文书的版次用序数词缩写形式表示。著录西文文献时，大写字母的使用要符合文献本身所用文种的习惯用法。

GB/T 7714—2015《信息与文献 参考文献著录规则》中的著录用符号为前置符，这些标识符号不同于标点符号，如表 3-5 所示。按著者-出版年组织的参考文献表中的第一个著录项目，如主要责任者、析出文献主要责任者、专利申请者或所有者前不使用任何标识符号；但按顺序编码制组织的参考文献表中的各篇文献序号用方括号的形式（如 [1]、[2] 等）。

表 3-5 GB/T 7714—2015 规定的参考文献著录用符号

符号	用途
.	用于题名项、析出文献题名项、其他责任者、析出文献其他责任者、连续出版物的"年卷期或其他标识"项、版本项、出版项、连续出版物中析出文献的出处项、获取和访问路径以及数字对象唯一标识符前。每一条参考文献的结尾可用"."。
:	用于其他题名信息、出版者、析出文献的页码、引文页码、专利号前
,	用于同一著作方式的责任者、"等""译"字样、出版年、期刊年卷期标识中的年或卷号前
//	用于专著中析出文献的出处项前
( )	用于期刊年卷期标识中的期号、报纸的版次、电子资源的更新或修改日期以及非公元纪年的出版年
[ ]	用于文献序号、文献类型标识、电子资源的引用日期以及自拟的信息
/	用于合期的期号间以及文献载体标识前
-	用于起讫序号和起讫页码间

(3) 主要责任者或其他责任者

个人著者采用姓在前名在后的形式。欧美著者的名可以用缩写字母，缩写名后省略缩写点，姓氏可以全大写。例如，J. C. Smith 应为 SMITH J C；Albert Einstein 应为 EINSTEIN A。欧美著者的中译名只著录其姓；同姓不同名的欧美著者，其中译名不仅要著录其姓，还需著录其名的首字母。用汉语拼音书写的中国著者姓名按 GB/T 28039—2011《中国人名汉语拼音字母拼写规则》的规定书写，姓全大写，其名可缩写，取逐个汉字拼音的首字母。例如，"谭天伟"的汉语拼音名应为 TAN Tianwei，也可缩写成 TAN T W。著录方式相同的责任者不超过 3 位时要全部照录；超过 3 位时，只著录前 3 位责任者，其后面加"，等"或与之相应的词（英文为",et al."），责任者之间用","分隔。

无责任者或责任者情况不明的文献，"主要责任者"项应注明"佚名"或与之相应的词（英文为"Anon"），但对于采用顺序编码制排列的参考文献可省略此项而直接著录题名。

凡是对文献负责的机关团体名称，通常根据著录信息源著录。机关团体名称应由上至下分级著录，上下级间用"."分隔，用汉字书写的机关团体名称除外，作为限定语的机关团体名称可按照国际公认的方法缩写。

通常情况下，除"译"之外不必著录责任者的责任（包括著、编著、主编、编等）。例如，"杨守文主编. 数字信息……"应改为"杨守文. 数字信息……"，其中"主编"二字可以省略。

（4）题名

题名包括书名、刊名、专利题名、报纸名、标准名、报告名、学位论文名、档案名、析出的文献名等，按著录信息源所载的内容著录。期刊中析出的文献，其题名不能省略。书刊名不加书名号或引号，西文书刊名不必用斜体。西文刊名可按照 ISO 4《信息与文献——出版物题名和标题缩写规则》的规定以缩写的形式出现，缩写点可省略。

对于同一责任者的多个合订题名，著录前 3 个合订题名；对于不同责任者的多个合订题名，可以只著录第一个或处于显要位置的合订题名；并列题名无须著录。

其他题名信息根据信息资源外部特征的揭示情况决定取舍，包括副题名，说明题名文字，多卷书的分卷书名、卷次、册次，专利号，报告号，标准号等（如"中国科学：E 辑技术科学"；"毛泽东选集：第 5 卷"）。

（5）版本

第 1 版的版本项无须著录，其他版本的版本项须著录。版本用阿拉伯数字、序数缩写形式或其他标识表示，如"2 版"（不用"第二版"）、"4th ed."（不用"Fourth edition"）、"Rev. ed."（不用"Revised edition"）、"2012 ed."（不用"2012 edition"）。古籍的版本可著录"写本"、"抄本"、"刻本"、"活字本"等。

（6）出版项

出版项按出版地、出版者、出版年的顺序著录。例如，"北京：化学工业出版社，2011"；"Oxford：Oxford University Press，2008"。

出版地著录出版者所在地的城市名称，对同名异地或不为人们所熟悉的城市名，宜在城市名后附省名、州名或国名等限定语，省名、州名、国名可按国际公认的方法缩写。文献中载有多个出版地时，只著录第一个或处于显要位置的出版地。无出版地的中文文献著录"出版地不详"，外文文献著录"S. l."，并置于方括号内（例如，"[出版地不详]：三户图书刊行社，1990"；"[S.l.]：MacMillan，1975"）。无出版地的电子资源可以省略此项。

出版者可以按著录信息源所载的形式著录，也可以按国际公认的简化形式或缩写形式著录。例如，"John Wiley & Sons, Inc."可著录为"Wiley"。著录信息源载有多个出版者时，只著录第一个或处于显要位置的出版者。无出版者的中文文献著录"出版者不详"，外文文献著录"s. n."，并置于方括号内（例如，Salt Lake City：[s. n.]，1964）。如无出版者的电子资源可省略此项。

出版年采用公元纪年，并用阿拉伯数字著录，如有其他纪年形式，则置于"（）"内。例如，"1803（嘉庆三年）"；"1940（民国二十九年）"。报纸和专利文献须详细著录出版日期，电子资源应著录更新或修改日期、引用日期，形式均为"YYYY-MM-DD"。出版年无法确定时，可依次选用版权年（如"c2002"）、印刷年（如"2011印刷"）、估计的出版年。估计的出版年须置于方括号内（如"[1920]"）。

(7) 析出文献

从专著中析出的文献与原文献的关系用"//"表示；从报刊中析出的文献与原文献的关系用"."表示。

从期刊中析出的文献，应在刊名之后注明其年、卷、期和页码等。例如，2008，30 (2)：30-45（年，卷（期）：页码）；2010，40：150-160（年，卷：页码）；2012 (1)：30-45（年（期）：页码）。

从合期中析出的文献，还应在圆括号内注明合期号。例如，2010 (3/4)：23-30（年（合期号）：页码）。

在同一刊上连载的文献，其后续部分不必另行著录，可在原文献后直接注明后续部分的年份、卷、期和页码等。例如，2008，40 (1)：68-90；2008，40 (2)：96-100。

从报纸中析出的文献，应在报纸名后著录其出版日期与版次。例如，2012-05-01 (2)（年-月-日（版次））。

文献类型标识（含文献载体标识）宜依 GB/T 7714—2015 附录 B《文献类型和文献载体标识代码》著录。电子资源既要著录文献类型标识，也要著录文献载体标识。

(8) 获取和访问路径

根据电子资源在互联网中的实际情况，著录其获取和访问路径。

(9) 数字对象唯一标识符

获取和访问路径中不含数字对象唯一标识符时，可依原文如实著录数字对象唯一标识符。否则，可省略数字对象唯一标识符。

4 英文科技论文的写作

为了便于国际交流,国内许多科技期刊都要求附有英文题名和英文摘要,文中的图表也应附有英文图题、表题和编号。同时,国内越来越多的科研人员期望能在国际性学术期刊上发表论文,以增强学术交流与合作。因此,对从事科学研究的学者来说,具备撰写英文科技论文的能力非常必要。

4.1 英文科技论文的主要结构组成

英文科技论文最常见的整体组织结构是 IMRAD 结构,即

Introduction(引言)

Materials and Methods(材料与方法)

Results and Discussion(结果和讨论)

这种结构的论文,首先阐述研究的课题和研究的目的,有了清楚的定义后,再描述研究的方法、试验手段和材料,最后对结果进行详细讨论,得出结论。

本书第 2 章详细介绍了科技论文的结构组成,这里简单回顾一下科技论文的结构。

(1)题名(Title)

科技论文出版后,最多被人看到的是论文的题名。因此,论文题名能否把潜在的读者吸引住,对提高论文的影响力至关重要。选择题名的要领在于用最少的词把最核心的内容表述出来。

(2)作者和作者工作单位(Author and Affiliation)

论文的署名表明作者享有著作权且文责自负,同时作为文献资料,也便于日后他人索引和查阅。论文署名还便于作者与同行或读者的研讨与联系,因此有必要提供作者的身份(特殊情况除外)、工作单位和通讯地址,但标注时应准确、简洁。

(3)摘要(Abstract)

摘要是论文的缩影,是对论文的简单描述。摘要的作用是为读者提供关于文献内容的足够信息,即论文所包含的主要概念和所讨论的主要问题,读者从摘要中可获得作者的主要研究活动、研究方法和主要结果及结论。摘要可以帮助读者判断此论文是否有助于自己的研究工作,是否有必要获取全文。一篇好的摘要应该具备以下要素。

① 完整性 摘要是完全独立的,论文中的基本信息和要点都应在摘要中出现。

② 可读性 以通俗易懂的语言来描述可能是复杂的概念和高深的问题。

③ 科学性 使用标准、精练的词汇和语言,清晰紧凑地概述客观事实。

④ 逻辑性 摘要整体结构严谨、思路清楚,基本素材组织合理。

(4)引言(Introduction)

引言的作用是提供足够的研究工作背景和内容。引领读者快速进入论文主题,领悟作者研究工作的构想与设计思路,使读者不查阅关于此论题的出版物就能够正确理解和评价论文中研究的结果。

(5) 实验方法（Methods）

撰写实验方法部分时总体要把握重点突出，详略得当。对公知公用的方法写明其方法名称即可；引用他人的方法、标准，已有应用而尚未被人们熟悉的新方法等要注明文献出处，并对其方法做简要介绍；对改进或创新部分应详细介绍。

(6) 结果和讨论（Results and Discussion）

实验结果是对研究所发现的重要现象的归纳，论文的讨论由此引发，对问题的判断推理由此导出，全文的一切结论由此得出，这是论文的核心部分。

讨论是论文中重要部分，在全文中除摘要和结论部分外受关注率最高，是读者最感兴趣的部分，对读者很有启迪作用，也是比较难写的部分。在这部分，作者要回答引言中所提出的问题，评估研究结果所蕴含的意义，用结果去论证所提问题的答案，讨论部分写得好可充分体现论文的价值。

(7) 结论（Conclusion）

科技论文的结论部分与引言是相呼应的，应针对引言中提到的要解决的问题及预期目标做出是非分明的回答，是论文中继摘要、引言之后，从前瞻的角度第三次重申问题的重要性和研究的价值。科技论文的结论部分紧跟在论文的讨论部分（或结果与讨论部分）的后面。读者往往在看过摘要之后，看结论部分，以了解研究工作的主要成果，再决定是否有必要阅读全文或其中一部分。可见，结论是论文实质内容的浓缩，论文作者应十分重视结论的写作。

4.2 英文科技论文的文体特点

4.2.1 文体概述

科技论文是科学研究人员研究成果的直接记录，或阐述理论，或描述实验，论文内容通常比较专业，语言文字正规、严谨，论文的结构已成格式化。科技论文侧重叙事和推理，所以有很强的逻辑性，它要求思维的准确和严密，语义连贯、条理清楚、概念明确、判断合理恰当、推理严谨。科技论文中通常不使用带有个人情感色彩的词句，而是以冷静客观的风格陈述事实和揭示规律。科技论文较多地使用视觉表现手段（Visual presentation），常用的视觉表现手段为各种图表，图表具有效果直观，便于记忆和节省篇幅等优点。

如同语言的其他功能变体一样，科技论文文体没有独自的词汇系统和语法系统。除专业术语和准专业术语外，科技论文也使用大量的普通词汇，如一般的实义词和用来组织句子结构的语法功能词（如介词、冠词、连词等）。但由于科技文体具有特殊的交际功能和范围，使人们逐渐认识到识别和研究这种语言变体的重要性。科技论文具有两大特征。

(1) 文体正式

科技论文为严肃的书面文体，用词一定要准确，语气要正式，语言要规范，避免使用口语化的词句，不用或少用 I, we, our lab 和 you 等第一、二人称的代词，行文严谨简练。示例如下。

The variation of the europium flux (J_{Eu}) as a function of the initial europium nitrate concentration ($[Eu]_0$) in the feed phase is shown in Fig. 5. It can be assumed by extrapolation that this flux becomes independent of the initial europium nitrate concentration above a certain concentration in the source phase (ca. $0.02 mol \cdot L^{-1}$). This means that, for high europium concentrations, the source interface is almost saturated with complex. This is a consequence of a high extraction constant combined with slow diffusion of the complex resulting from the large size of the transported species.

例中的语言陈述简练、周密，是对客观事物的准确反映，没有人称代词，不掺杂个人的主观意识。

(2) 高度专业性

每篇科技论文均有一个专业范围，其作者均是本专业的科技人员，专业术语是构成科技论文的语言基础，其语义具有严谨性和单一性等特点。使用术语可使论文的意义准确，行文简洁。示例如下。

As mentioned above, 1-aza-15-crown is consistently excluded from our solid-state supramolecular lanthanide complexes based on the p-sulfonatocalix[n]arenes ($n=4, 5, 6$). Upon employing diaza-12-crown-4 as a smaller potential diprotonated guest species, the resultant supramolecular complex crystallizes rapidly and is not based on molecular capsules but is an alternative host-guest bilayer arrangement.

很显然，例中专业术语非常密集。其中有物质名称 1-aza-15-crown，p-sulfonatocalix[n]arenes，diaza-12-crown-4，还有化学术语 supramolecular complex, diprotonated guest species, resultant, molecular, host-guest 等。

英国一位语言学家说过："一种特定的语言往往服务于一种特定领域的经验或行为，而这种语言可以说有其自身的语法与词汇特征。"科技论文也有其语法与词汇的特征，为了写好这类文章，作者有必要了解和熟悉这些特征。

4.2.2 词汇特点

科技论文特殊的语篇功能要求论文的用词有别于其他类型的文体，其词汇有以下特征。

(1) 纯科技词汇

纯科技词汇主要指那些仅用于某个学科或某个专业的词汇或术语，不同的专业有不同的专业技术词汇。随着科学技术的发展，新的学科和领域不断产生，新的发明与创造层出不穷，所以新的专业术语也随之产生。每个学科和专业都有一系列含义明确且意义相对狭窄的词语，如 oxide（氧化物）、isotope（同位素）、synthesis（合成）等，纯科技词汇主要源于希腊语和拉丁语，这些词语意义单一、明确，不易产生误解。

(2) 通用科技词汇

通用科技词汇指不同专业都要经常使用的词汇，但在不同的专业内却有不同的含义，如 transmission 在无线电工程学中表示"发射、播送"；而在机械专业中则表示"传动、变速"的意义；在医学中表示"遗传"。又如 operation 一般可理解为"操作"，在计算机科学中则指"运算"；在医学中指"手术"。即便在同一专业中，同一个词也有多种概念，如 power 在机械力学中就有"力、电、电源、动力、功率"等含义。这类专业意义多样化的词汇往往是基础科学中通用和常用的词汇，其语义纷繁，用法灵活，搭配形式多样，使用范围广泛，使用时要慎重。

(3) 派生词

英语的构词法主要有合成、转化和派生。这三种方法在科技论文的词汇构成中都有运用，其中派生词，即加前、后缀构成的不同词出现频率远远高于其他方法构成的词。例如，前缀 anti-（反、抗）构成的科技词汇有：anti-aircraft, antibiotics, antimatter 等；前缀 micro-（微、微观）与 macro-（大、宏观）派生出来的词有：microbiology, microcirculation, microchemistry, macrochemistry, macrocyclic 等。由后缀构成的词也很繁杂，以-scope 结尾的词表示某种仪器，如 spectroscope, oscilloscope 等。其他常见的前缀和后缀有 auto-（自动的）、de-（脱、除），multi-（多），poly-（多，聚），hydro-（水），super-（超级），-graph（图），-ide（……化合物），-meter（计，仪）等。如果科技论文作者对这种构词方法熟悉，则有助于扩展词汇量，提高写作水平。

（4）语义确切、语体正式的词

英语中有大量的词组动词，通常由动词＋副词或介词构成。这类动词意义灵活，使用方便，但是其意义不易确定，因此，在科技论文中不宜过多使用，而宜采用与之相对应的、意义明确的单个词的动词。例如，通常使用 absorb 替代 take in，用 discover 替代 find out，用 accelerate 替代 speed up。这类动词除了具有意义明确、精练的特点外，还具有语体庄重、正式的特点。下面列出一组对照，横线右侧的例子更适合于专业论文或书面文体。

to use up——to exhaust, consume
to wear away——to erode
to take up, to take in——to absorb
to push into——to insert
to speed up——to accelerate
to increase in amount——to accumulate
to throw back——to reflect
to put in——to add
to take up and use——to assimilate
to pull towards——to attract
to carry out——to perform
to breathe in——to inhale
to think about——to consider
to spread out——to diffuse
to find out——to discover
to throw out, to get rid of——to eliminate
to take away——to remove
to push away——to repel
to pour out over the top——to overflow
to get together——to concentrate
to drive forward——to propel
to fill up——to occupy
to keep up——to maintain
to pass on——to transmit, to transfer
to hang up——to suspend

英语词汇有两套系统，一套来自英语中的本族语，即安格鲁·撒克逊词，这类词中单音节词居多，语体口语化或中性；另一套系统源于法语、拉丁语，以多音节为主要特点，语体正式。科技论文多使用源于法语、拉丁语和希腊语的词汇，表 4-1 列出的两组词中，第二列为正式文体所常用的词。

表 4-1 非正式文体和正式文体词汇

非正式文体	科技论文或正式文体	非正式文体	科技论文或正式文体	非正式文体	科技论文或正式文体
carry	bear	similar	identical	stop	cease
finish	complete	inner	interior	get	obtain
oversee	supervise	handbook	manual	deep	profound
underwater	submarine	careful	cautious	leave	depart
hide	conceal	help	assist	before	prior
buy	purchase	try	attempt	about	approximately
enough	sufficient	feed	nourish	use	employ/utilize

(5) 合成词

科技论文中，作者要解释不同的科学现象和不同物质的特点，合成词表意直接，清楚明了，能使语言简练，所以在论文中出现的频率较高。合成词包括复合名词、复合形容词和复合动词。常见的例子可以举出很多，如 horsepower，blueprint，waterproof，wavelength，electro-plate 等。例如，"The crystal structure was solved by the direct methods and refined by full-matrix least-squares. All non-hydrogen atoms were refined anisotropically."句中"full-matrix"，"least-squares"，"non-hydrogen"为合成词。

(6) 缩写词

缩写词可以收到言简意赅的效果，在科技论文中经常使用。缩写词有以下几个特点。

① 结构上，由词组中的首字母构成，即首字母缩略词，如，CAD（computer assisted design），FT-IR（Fourier transform infrared spectroscopy），DNA（deoxyribonucleic acid），radar（radio detecting and ranging）等。还有一种缩写词的类型为拼缀词，即一个词失去部分音节，或者各个词都失去部分音节后，连成一个新词。这种类型实际上是复合词的一种缩略形式，如，comsat（communication＋satellite），telex（teletype＋exchange），bit（binary＋digit）等。

② 书写形式上，有时全用大写或小写，有时则大小写兼用。

③ 词义上，缩写词通常存在同形异义的现象，例如，SIS 可为以下词组的缩写 Supervisory Information System，Susceptible-Infected-Susceptible，Styrene-isoprene-styrene 等，在不同学科领域中具有不同的意义，所以在使用时要多加注意。缩写词在科技论文中第一次出现时要给出全称，以利于读者阅读，理解全文内容，这样既可以避免表意不清或出现歧义，又可以使文章内容简洁。尽量不使用缩写词作为关键词，应写出全称。

4.2.3 句法特点

(1) 较多使用被动语态

科技论文叙述的是客观事物、现象或过程，而使其发生的主体往往是从事某项工作（试验、研究、分析、观测等）的人或装置，使用被动语态能使论文叙述更显客观。此外，把描述和研究的对象放在句子的主语位置上也能够使其成为句子的焦点，能够使读者将注意力集中在叙述的事物或过程上。示例如下。

The calix [4] arene cone conformation is stabilized by the usual phenol group H-bonding (O⋯O distances 2.64 to 2.73Å). The *tetra-p*-sulfonatocalix [4] arene capsule is held together by coordinated sodium ions (S⋯S separations 6.031 (2) and 4.669 (2) Å and shortest O⋯O separation 3.282 (5) Å between the two calixarenes). The water molecules of crystallization are involved in several hydrogen bonds to the sulfonato groups (O⋯O distances 2.50-3.08 Å). Sulfonate groups of neighboring calixarenes also come into close proximity (O⋯O 2.858 (5) Å).

上例中 4 个句子中出现了 4 个谓语动词，其中有 3 个动词为被动形式。但由于主动语态比被动语态语感强，表达有力，有些学者认为，可能情况下尽量用动词的主动语态。有时为了避免行文语句结构呆板，也可以把主动语态和被动语态句式同时使用，使行文形式有所变化。

(2) 较多使用动词非谓语动词形式

动词非谓语形式指分词、动词不定式或动名词。科技论文中常使用非谓语动词形式有两个主要原因。其一，使用非谓语动词形式，可以代替从句形式的表达，从而使语言结构紧凑，行文简练。其二，非谓语动词形式能够体现或区分出句中信息的重要程度，通常定式动词表达主要信息，非谓语动词提供细节，即非重要信息。

(3) 倾向于多用动词的现在时

科技论文多用一般现在时来表述经常发生的且无时限的自然现象、过程、常规等。例如，"The other capsule in this compound contains three water molecules one of which is located deep in one calixarene and the other two molecules disordered equally over four positions within the capsule. Most of the sodium cations of the chain described above are located around this capsule. The water molecules within the capsule hydrogen bond both to themselves and water molecules bound to the sodium cations and to the calixarene sulfonate groups."

(4) 长句多，句子结构较复杂

科学研究的目的是揭示自然规律，描述自然界物质的变化，揭示规律的特点及应用。这样的工作是一个复杂的程序，而且程序间的各个环节有着紧密的联系，为了能清晰、准确地表达这种复杂的现象和现象间紧密的关系，论文需用各种不同的主从复合句，而且会出现复句中从句套从句的现象。句子过于简单，会使逻辑关系连接不紧密，论文读起来单调，学术论文经常使用结构严谨的长句和复合句。

(5) 名词化特点显著

名词化特点主要是指在科技论文中广泛使用能表示动作或者状态的名词，或是起名词作用的非限定动词。在正式文体中，名词的使用频率比较高，在科技论文中也是如此。

在科技论文中的名词结构很多从动词或形容词派生或转化来，表示动作，例如 a better matching of the cavity generated by the four pendant arms 中的 matching；名词一般以名词短语结构出现，典型结构是 n.+of+n.，这种结构通常为浓缩了的主谓或动宾结构，例如 constant rotation of the cylinder around its axis. 此外，科技论文中还存在"名词连用"的情况，即中心名词之前有一个以上其他名词，它们是中心名词的前置修饰语，以简化句子结构，便于理解。例如，coordination geometry, extraction equilibrium 等。

名词化结构文字明了，句型简洁，结构紧凑，表意客观，信息量大，在很多情况下可以省去过多的主谓结构，所以在科技论文中经常使用。

4.3 英文题名

英文题名的拟定要求与中文题名类似，见本书 2.1 节。但拟定英文题名时还要注意以下几点。

① 英文题名的字数不应过长，每条题名不要超过 10~20 个实词。

题名既不能过长，也不能过短。科技期刊中对题名字数一般都有所限制，通栏排版时能用一行文字表达就尽量不要用两行（超过两行有可能会削弱或冲淡读者对论文核心内容的印象）。在能够准确反映论文特定的内容的前提下，题名字数越少越好，达到确切、清晰、简练、醒目即可。

② 取消不必要的冠词和多余的说明性词。另外，题名中 Studies on, Investigation on, Some Thoughts on, A Few Observations on, Study of, Investigation of 等词，只是增加了题名的长度，未提供新的信息，不宜使用。

③ 英文题名通常由名词短语构成，即由一个或多个名词加上其前置定语或后置定语构成，因此题名中一般出现名词、形容词、介词、冠词和连词等，如果出现动词，也只能是分词或动名词的形式。示例如下。

"Anionic capsules of p-sulfonatothiacalix [4] arene with trivalent lanthanide ions and diaza-crown ether";

"X-ray structural study of lanthanide complexes with a p-$tert$-butylthiacalix [4] arene bearing phosphoryl pendant arms".

④ 题名通常不用陈述句，在少数情况下也可以用疑问句。

⑤ 题名中的大小写字母有三种格式。

a. 所用字母全部大写，例如，"A NOVEL ONE-DIMENSIONAL COPPER (Ⅱ) COMPLEX OF A CARBOXYMETHYLATED TRICYCLIC AZACROWN ETHER DERIVATIVE LINKED BY HYDROGEN BONDING"。但当题名中含有 α, β, γ 等希腊字母及 pH 和物理量及计量单位符号时，希腊字母，小写的物理量和单位符号等仍小写。

b. 每个实词的首字母大写，一般的冠词、连词等都小写，例如，"Synthesis, Structure and Magnetic Properties of a μ-Carboxylato-Bridged Ferromagnetic Trinuclear Copper (Ⅱ) Complex with Lariat Tetraazacrown Ether as Ligand"。

c. 题名第一个词的首字母大写，其余均小写，例如，"Assembly of superanion capsules of p-sulfonatothiacalix [4] arenes with transition metal ions and diaza-crown ether"。

⑥ 题名中应慎用缩略语，只有那些全称较长，缩写后已得到公认的，才可使用。避免使用材料仪器的公司名称或商品名、商业标记等，以采用客观的学术名称为宜。

⑦ 为便于检索，题名中应尽量避免使用化学式、上下角标、特殊符号等。题名中应尽可能多地使用关键词，从而使论文容易被检索。

⑧ 如果是在中文期刊上发表的中文论文，需要英文题名，中英文题名在内容上应一致。对同一篇论文来说，其中、英文题名在内容上应该一致，这里只是说内容上的一致，但并不要求中、英文词语一一对应，即不能按照汉字的字面结构逐字"死译"。在很多情况下，根据英文的书写习惯，重要的中心词可以改变位置，放在突出的位置上，个别非实质性的词可以省略或变动。

例如，"硫杂杯 [4] 芳烃氧化膦衍生物的合成与晶体结构"，对应的英文题名 "Synthesis and Crystal Structure of Thiacalix [4] arene Substituted by Two Diphenylphosphinylmethoxy Groups"，直译为中文是"两个亚甲基二苯基氧化膦基团取代的硫杂杯 [4] 芳烃的合成和晶体结构"，与中文题名相比较，二者用词虽有差别，但内容上是一致的。

4.4 作者的英文署名和工作单位

作者的英文署名规范参看本书 2.2 节。作者的工作单位的标注方式有如下情况。

① 多位作者在同一工作单位，不同作者依次并列书写，工作单位、地址及邮编在作者姓名的下方，如图 4-1 所示。

Shu-Lan Ma, Wen-Xiang Zhu *, Miao-Qiong Xu, Ying-Li Wang,
Qian-Ling Guo, Ying-Chun Liu

Department of Chemistry, Beijing Normal University, Beijing 100875, China

图 4-1　英文期刊中作者和工作单位的标注格式案例 1

也可作为脚注，标于论文首页下方，并注明联系方式，有些期刊在首页下还有作者简介。如图 4-2 所示。

Phosphorylated amino derivatives of thiacalix[4]arene as membrane carriers: synthesis and host–guest molecular recognition of amino, hydroxy and dicarboxylic acids

Olga A. Mostovaya[a], Maria N. Agafonova[a], Andrey V. Galukhin[a], Bulat I. Khayrutdinov[b], Daut Islamov[a], Olga N. Kataeva[a], Igor S. Antipin[a], Alexander I. Konovalov[a] and Ivan I. Stoikov[a,b]*

Promising membrane transport and separation systems for selected dicarboxylic, α-hydroxy- and α-amino acids based on thiacalixarene platform have been developed. For the first time, p-tert-butyl thiacalix[4]arenes functionalized at the lower rim with aminophosphonate fragments have been obtained and characterized. As was established by UV-vis spectroscopy, membrane extraction and HPLC, the substitution of amino groups by α-aminophosphonate units significantly enhances the selectivity of host molecules that bind to aspartic and glycolic acids. The aminophosphonate compounds synthesized can be used in the development of sensors and systems employed in the purification and separation of organic acids. Copyright © 2013 John Wiley & Sons, Ltd.

Keywords: p-tert-butyl thiacalix[4]arenes; α-aminophosphonates; organic acids; host–guest molecular recognition; membrane transport; HPLC

INTRODUCTION

The molecular recognition and selective membrane transport of carboxylic and amino acids remain as an attractive frontier in research. These compounds play an important role in biological systems from cells to whole organisms. Also, the separation and analysis of acids have become an essential task in biotechnology, biomedical and food quality control laboratories.[1–3] Hence, the successful development of strategies for the design and synthesis of compounds for molecular recognition of such guests can lead to understanding the interactions between biological molecules, and also, it will allow constructing industrial separation and concentration systems.[4,5] A number of studies on various analytical methods for mixtures, i.e. capillary electrophoresis[6–8], HPLC,[9] absorption spectrometry[10–12] and electrochemistry[13], have been reported. One of the most promising approaches for the successful separation and concentration of acids is the use of highly selective host molecules able to effectively and selectively interact with a guest. However, the development of binding molecules for organic acids is a difficult task. As is well known, the formation and the functioning of natural supramolecular systems are based on non-covalent interactions.[14] The formation of complexes between a host and a guest[15–17] is possible due to several intermolecular coordination bonds.

However, in addition to these interactions, one must consider several additional factors: self-association of organic acids, strong hydration of charged amino acid in zwitterionic form and the need for the recognition of the hydrophobic side chain) which complicate the intended characteristic binding during the design of binding molecules for dicarboxylic, α-hydroxy and α-amino acids.

Previously, successful attempts to design host molecules for carboxylic and α-amino acids were reported.[18–26] α-Aminophosphonates, which are effective compounds for carboxylic acid recognition, have different types of binding sites: two proton acceptor groups (phosphoryl group and the unshared electron pair of the nitrogen atom) and one proton donating group, i.e. amine which participates in hydrogen bonding with the hydroxyl and carboxyl groups of guests.[27–33] Unfortunately, the selectivity of α-aminophosphonates is commonly not very high.[34,35] However, the spatial attachment of the binding fragments mentioned in the calixarene platform resulted in development of selective host molecules for tartaric and succinic acids.[35] Replacement of the methylene bridge groups of "classical" calix[4]arene with sulfide bridges leads to significant changes in the chemical characteristics of thiacalix[4]arene and its complexing ability.[36–38] The high conformational mobility

---

* Correspondence to: Ivan I. Stoikov, A.M. Butlerov Chemical Institute, Kazan Federal University, 420008 Kremlevskaya, 18, Kazan, Russian Federation.
E-mail: Ivan.Stoikov@mail.ru

a O. A. Mostovaya, M. N. Agafonova, A. V. Galukhin, D. Islamov, O. N. Kataeva, I. S. Antipin, A. I. Konovalov, I. I. Stoikov
A.M. Butlerov Chemical Institute, Kazan Federal University, 420008 Kremlevskaya, 18, Kazan, Russian Federation

b B. I. Khayrutdinov, I. I. Stoikov
Kazan Institute of Biochemistry and Biophysics, Russian Academy of Sciences, 420111 Lobachevsky st, 2/31, box 30, Kazan, Russian Federation

图 4-2　英文期刊中作者和工作单位的标注格式案例 2

② 多位作者不在同一工作单位，将不同工作单位的作者姓名的右上角标出 a，b，c，…字母（或标注不同的符号），在姓名下方依次标出各工作单位、地址及邮编。如图 4-3 和图 4-4 所示。

Xin-Long Ni [a,b], Hang Cong [a], Akina Yoshizawa [a], Shofuir Rahman [a], Hirotsugu Tomiyasu [a], Ummey Rayhan [a], Xi Zeng [b], Takehiko Yamato [a,*]

[a] Department of Applied Chemistry, Faculty of Science and Engineering, Saga University, Honjo-machi 1, Saga-shi, Saga 840-8502, Japan
[b] Key Laboratory of Macrocyclic and Supramolecular Chemistry of Guizhou Province, Guizhou University, Guiyang, Guizhou 550025, PR China

图 4-3　英文期刊中作者和工作单位的标注格式案例 3

Bang-Tun Zhao,*,† Qi-Ming Peng,‡ Xiao-Min Zhu,‡ Zhen-Ning Yan,*,‡ and Wei-Min Zhu*,‡

†College of Chemistry and Chemical Engineering, Luoyang Normal University, Luoyang, 471022, P. R. China
‡College of Chemistry and Molecular Engineering, Zhengzhou University, Zhengzhou, 450001, P. R. China

图 4-4　英文期刊中作者和工作单位的标注格式案例 4

也可将工作单位和联系方式作为脚注，标于论文首页下方。

不同期刊的论文对作者单位的标注形式有所不同，作者应根据所投出版物的要求标注。

4.5　英文摘要

英文摘要（Abstract）包含的内容与中文摘要的基本一致，主要包括目的（Purpose）、方法（Methods）、结果（Results）和结论（Conclusions）等。

英文有自身的特点，应注意英语修辞规则和习惯表达。谓语动词的语态要有助于简练、表达有力。由于摘要的内容是目的、方法、结果等，所以动词时态多用一般过去时或一般现在时，完成时态、进行时态用得很少。不宜采用第一、二人称代词，应采用第三人称，以表示科研工作的客观性。

4.5.1　英文摘要的精练方法

为了使英文摘要简练、表达有力，可以通过下述方法进行精练。

① 首句。简单陈述研究的 subject or object 即可。不重复和解释题名的内容。过去英文摘要的首句多用第三人称"This paper"等开头，现在倾向于采用更简洁的被动语态开头，例如，"The title calixarene, dimanganese thiacalix [4] arene tetrasulfonate, was prepared and its crystal structure was determined."也可以直接采用动词不定式开头。例如，"To solve..."；"To study..."，"To describe..."，"To investigate..."，"To determine..."等。

② 尽量不用重复词。

③ 少用形式主语。形式主语占据了句首醒目的强调位置，增加了一个that的主语从句，使重要概念和事实不能及早地看到；主句用平淡无力的存在动词be，而有表现力的行为动词在后面的从句中，这样在形式上对重要的意思表达不力；形式主语易使人感觉所提出的看法并非出自作者强烈的本义，使人怀疑作者有论据不足，不敢十分肯定之嫌。

④ 以短代长，减少冗语。多用复合名词；以短词代长词，对句子表达的意思无损，可尽量用比较短的词来代替含义详尽的长的词组；以短语代替从句。表 4-2 中列出一些以短代长的表达。

⑤ 不用通用内容。

4.5.2　英文摘要中的动词

（1）时态

由于摘要的形式很多，因而时态的使用变化很大。通常认为用过去时态描述作者的工

表 4-2　一些以短代长的表达

简化前	简化后
at a temperature of 50℃ to 100℃	at 50-100℃
at a high pressure of 2kPa	at 2kPa
... is discussed and studied in detail	... is discussed
Not only ...but also	and
Has been found to increase	increased
From the experimental results, it can be concluded that	The results show that

作，用现在时态描述所做的结论，少用现在完成时、过去完成时，基本不用进行时和其他复合时态。

叙述过去某一时刻、某一时段的发现，某一研究过程（实验、观察、调查等过程）常用一般过去时；说明研究的目的、叙述研究内容、描述结果、得出结论、提出的建议或讨论等，常用一般现在时。现在完成时多用于描述研究的目标、方法、结果或结论，但不如过去时那样使表达更清楚。

（2）语态

科技论文主要说明事实，一般用被动语态。但由于主动语态比被动语态语感强，表达有力，可能情况下尽量用动词的主动语态。有时为了使行文形式有所变化，可以把主动语态和被动语态句式同时使用。例如，"The solubility of glyphosate in water, ethanol + water, propan-1-ol + water, and propan-2-ol + water was measured by using a laser technique at temperatures from (293 to 333) K at a pressure of 0.1 MPa. The solubility of glyphosate in water and the binary mixtures increases with temperature and mole fraction of water. The solubility data were correlated with a semiempirical equation."

4.5.3　撰写英文摘要的注意事项

撰写英文摘要时，应注意避免一些常见的错误。

① 不要漏掉定冠词 the。the 用于表示整个群体、分类、时间、地点以外的独一无二的事物。表示形容词最高级时，一般不会用错；但用于特指时，the 常常被漏用。当使用 the 时，应使读者确切知道作者所指的是什么。

② 应注意不定冠词 a 和 an 的区别。

a 用在以辅音字母开头，或以读作辅音的元音字母开头的单词前面。如 a laser technique, a one-dimensional figure 等。

an 用在以元音字母开头，或以不发音的 h 开头的单词前面；或者发音以元音开头的单词或单个字母面前。如 an effective method, an hour, an X-ray, an NMR spectrometer。

③ 不用阿拉伯数字作为首词。

④ 注意辨认名词的单复数形式，以免谓语形式出错。

⑤ 应尽量使用短句，因为长句容易导致语义不清；但要避免单调和重复。

⑥ 如果是在中文期刊上发表的中文论文，需要英文摘要，中英文摘要在内容上应一致。

对同一篇论文来说，其中、英文摘要在内容上应该一致，不是要求中、英文词语一一对应，即不能按照汉字的字面结构逐字"死译"，应根据英语修辞规则和习惯表达，将中文摘要译成规范、标准的英文摘要。如图 4-5 和图 4-6 所示。

摘要 合成了部分取代的硫杂杯[4]芳烃氧化膦衍生物，二(亚甲基二苯基氧化膦)对叔丁基硫杂杯[4]芳烃(化合物 **1**)，培养了化合物的单晶，用 Smart 1000 CCD 衍射仪测定了其晶体结构。结果表明，**1** 的组成为：$C_{66}H_{70}O_6P_2S_4 \cdot 2CH_3OH$，属三斜晶系，$P\bar{1}$ 空间群，晶胞参数 $a=1.3453(6)$ nm，$b=1.5289(7)$ nm，$c=1.7893(9)$ nm；$\alpha=75.707(9)°$，$\beta=69.131(8)°$，$\gamma=79.734(9)°$，$Z=2$，$V=3.316(3)$ nm^3，$d=1.215$ g/cm^3，$F(000)=1288$，μ(Mo Kα)$=0.244$ mm^{-1}，$R_1=0.0625$，$wR_2=0.1372$。杯芳烃分子采取了锥式构象。

关键词 硫杂杯[4]芳烃；氧化膦衍生物；晶体结构

Abstract The lower-rim doubly substituted thiacalixarene, 5,11,17,23-tetra-*tert*-butyl-25,27-bis(diphenylphosphinylmethoxy)thiacalix[4]arene (compound **1**), has been synthesized. The crystal structure of the compound was determined by X-ray diffraction. The result shows that the composition of compound **1** is $C_{66}H_{70}O_6P_2S_4 \cdot 2CH_3OH$. It belongs to triclinic crystal system, space group $P\bar{1}$, with $a=1.3453(6)$ nm, $b=1.5289(7)$, $c=1.7893(9)$ nm, $\alpha=75.707(9)°$, $\beta=69.131(8)°$, $\gamma=79.734(9)°$, $Z=2$, $V=3.316(3)$ nm^3, $d=1.215$ g/cm^3, $F(000)=1288$, μ(Mo Kα)$=0.244$ mm^{-1}, $R_1=0.0625$, $wR_2=0.1372$. The compound adopts a cone conformation.

Keywords thiacalix[4]arene; phosphinoxide; crystal structure

图 4-5　中英文摘要对照案例 1

摘要 综述近年杯芳烃衍生物在分子识别、分子组装、酶模拟、化学传感器和光电材料等方面的研究进展，尤其中国学者的研究进展。

关键词 杯芳烃；分子识别；分子组装；酶模拟；传感器；光电材料

Abstract The recent progress of calixarene derivatives chemistry was reviewed in some aspects: molecular recognition, enzyme mimic, chemical sensor, molecular assembly, optoelectronic and nano material. Especially, a considerable attention was paid to studies in China.

Keywords calixarene; molecular recognition; molecular assembly; enzyme mimic; chemical senser; opto-electronic material

图 4-6　中英文摘要对照案例 2

4.6　英文致谢的写法

在国外期刊中，致谢（Acknowledgement）通常是作为论文的一个独立部分来书写的，位于结论之后，参考文献之前。

致谢可以以全体作者的名义，也可以以部分作者的名义，关键看被帮助人和被资助人是全体作者还是部分作者。例如，论文作者中的研究生向自己获得的奖学金致谢时，只能以自己的名义。下面的两个例子中既有以某个作者名义，也有以全体作者名义进行致谢的。

One of us (M. R. Y.) thanks the Ministry of Culture and Higher Education (M. C. H. E.) of Iran and the Société Franç aise d'Exportation des Ressources Educatives (S. F. E. R. E.) for their support. We are grateful to Prof. A. Harriman for an interesting discussion. We are greatly indebted to Dr. Loeber for supplying a synthetic procedure for compound 3.

Part of this work was conducted under the European Union RTD Programme on Nuclear Waste Management and Storage (Contract F12W-CT90-0062). J. B. thanks the Northern Ireland Department of Education for a distinction award.

致谢部分的语言要求正式、诚恳、得体，下面是致谢中的常用句型。

① 向资金支持者致谢的主要句型有：This work (research, project) was financially supported by…，Financial support for this project was provided by… 等。

② 向提供帮助者致谢的主要句型：We thank (acknowledge)…，We would like to express our sincere gratefulness to…，The authors are grateful to…，… is gratefully acknowledged，等。

下面是一些致谢的实例。

We gratefully acknowledge Professor P. Belser for the EI-MS of L, Cédric Sager for recording ES-MS spectra of the complexes, and Ms. Véronique Foiret for her technical assistance in luminescence measurements. We thank the Fondation Herbette (Lausanne) for the gift of spectroscopic equipment and for a grant to one of us (S. V.). This work is supported through grants from the Swiss National Science Foundation and the Ministry of Education and Science of Bulgaria (Project X-626).

The Natural Sciences and Engineering Research Council of Canada (NSERC) is gratefully acknowledged for a discovery grant.

We thank our co-workers and students who have contributed to the work referred to, and gratefully acknowledge support of this work by the Australian Research Council.

The research described in this paper was supported by the Technology Foundation (S. T. W.), Technical Science Branch of the Netherlands Organization for Scientific Research (NWO).

We thank the University of Western Australia and the Australian Research Council for supporting this work. The award of a UWA Postdoctoral Research Fellowship to CBS is gratefully acknowledged. We thank Mr Lee Hubble for assistance with the molecular modelling study.

We would like to thank the EPSRC for financial support (S. J. D.), Prof. Gareth Morris and Dr. Michaele J. Hardie for helpful discussions, and Jochen Antesberger for help with some of the graphics. We would also like to thank Dr. Lee Fielding (Organon Laboratories Limited, UK) and Dr. Peter Gans (School of Chemistry, University of Leeds and Hyperquad Limited, UK) for assistance with curve fitting procedures.

4.7 英文科技论文写作文字表述中常出现的问题

中文和英文是两种从形式到文法规则都有很大差别的文字，对于大多数国内作者来说，在用英文撰写科技论文过程中经常会出现这样或那样的差错，在表述上存在一些共性的问题，归纳如下。

(1) 名词的数和主谓语一致问题

与中文不一样，在英语中名词可以分为可数名词和不可数名词，相应地，名词后面所接的谓语动词也有单复数形式。英语主语和谓语搭配不一致是英文科技论文写作时常见的问题。示例如下。

(i) The crystallization of PLLA under quiescent and shear flow conditions were investigated.

（ⅱ）The stability of films based on PSAN and PCAN as polyanions are investigated.

例句中的主语分别是 crystallization 和 stability，是单数，谓语动词应当用单数形式 was，is。

（2）动词时态的协调使用问题

英文中动词有时态的区分，同一个句子中前后时态不对应也是常见问题。示例如下。

（ⅰ）ITO glasses were used as the working electrode, the counter electrode is Pt wire.

（ⅱ）UV-vis spectra indicated that the coatings still maintain transparency in the visible light.

例（ⅰ）和例（ⅱ）中的动词应统一为过去时或现在时。

（3）冠词的缺失和乱用

英语冠词由定冠词 the，不定冠词 a/an 以及零冠词组成，是英语中使用频率极高的词。对于母语中没有冠词系统的中国作者来说，在撰写文章时经常会出现冠词的缺失和相关的不当使用问题。示例如下。

（ⅰ）The products were dried in vacuum oven.

（ⅱ）The initiation temperature was changed by introducing AM into polymer.

例（ⅰ）中缺少不定冠词 a；例（ⅱ）中缺少定冠词 the。

（ⅲ）Cerebral venous sinus thrombosis (CVST) rarely occurs in children but has the mortality rate as high as 20%—78%.

The mortality rate 中的定冠词 the 应改用不定冠词 a。

（4）词法、选词方面

① 实验中描述进行或开展了何种研究时，国内作者常用的词语有 do，study，carry out 等，而英文中常用 investigate，undertake，perform 等。示例如下。

（ⅰ）The chemical structure of the obtained hydrogels was studied by FTIR.

（ⅱ）The preparation of the copolymer was done under a nitrogen atmosphere.

（ⅲ）Extraction of the CNCs was carried out with cold water.

例（ⅰ）～例（ⅲ）中的 studied，done，carried out 依次改用 investigated，performed，performed 更符合英语习惯。

② 在论文的摘要或引言中，经常提到本研究的"目的"是……，目的一词用 aim，不用 objective。示例如下。

（ⅳ）The objective of this paper is to report the effect of…

（ⅴ）The objective of this work is to investigate…

例（ⅳ）和例（ⅴ）中的 objective 应改用 aim。

③ "在此研究中……" 中国作者习惯用 work，但英文常用 study。

（ⅵ）In this work, we present an easy method to…

（ⅶ）The work regarding the evalution of the synthesized graft copolymer…

例（ⅵ）和例（ⅶ）中的 work 应改用 study。

④ 动词的及物和不及物。

英文中动词有及物动词和不及物动词之分，不及物动词一般不能使用被动语态。在写作时，及物动词与不及物动词不能混用。示例如下。

（ⅷ）The mechanism is researched through the analyzing of surface morphology.

此处的 research 是不及物动词，不能当及物动词用，可改用 investigated。

（ix）When the cooling rate is high, the orientation <u>maintains</u>.

句中 maintain 是及物动词，不能当不及物动词用，改为被动语态 is maintained。

有一些不及物动词，经常和介词一起使用，后面可跟宾语，一般也不用被动语态。如 contribute to, depend on, dictate to, improve on 等。

⑤ 词类不分。

中国作者在英文写作中还常出现动词、名词、形容词不分等问题。示例如下。

（ⅹ）All the above operations were carried out under nitrogen <u>protect</u>.

句中 protect 是动词，需改为名词 protection。

（xi）Further experimental evidence and more detail <u>explain</u> will be discussed below.

句中动词 explain 需改为名词 explanation。

5 学位论文的写作

5.1 学位论文概述

　　学位论文是学位申请者为申请学位而提交的学术论文。学位论文是大学本科生、研究生必须完成的学习任务，也是申请学位的必备材料之一。学位授予单位向申请者授予学位，必须以合格的学位论文作为前提条件和必要的依据。本科生、研究生学习阶段的全部学习成果最终会在学位论文中体现出来。因此，学位论文是检测学生掌握本专业基础理论、专业知识、基本技能的深度和广度，以及检验学生全面运用所学理论、知识、技能开展科学研究，分析、解决问题基本能力的一份综合性考卷。学位论文必须在学校指定的指导教师的指导下，由学生独立完成。作者要综合运用所学的基础理论、专业知识，集中时间进行创新思维能力、科学研究能力及写作能力的强化训练和实践，并在反复修改的过程中不断提高论文的学术质量。

5.1.1 学位论文的概念

　　学位论文是高等学校的毕业生或研究单位的研究生为获取学位而撰写的作为考核评审的文章。它可以以书的形式正式出版、公开传播，也可以以非正式出版物的形式在一定范围内传播。美国和欧洲一些大学的博、硕士生学位论文可以以书的形式出版，而中国的学位论文则基本上不予以正式出版。

　　学术论文是由学术研究者对其创造性的研究成果进行理论分析及科学总结并发表于正式期刊上或得到学术界正式认可的叙述文件。期刊论文、会议论文和报告等都属于学术论文。学位论文不同于学术论文：①学位论文的撰写目的是为了获取学位，培养学生的研究能力；②学位论文的研究范围和对研究成果的要求不同于普通的学术论文；③学位论文的撰写标准不同；④学位论文的出版形式不同于学术论文。

5.1.2 学位制度的产生和发展

　　学位是授予个人的一种标示其学术地位的荣誉称号。学位制度的形成和发展，经历了一个相当漫长的历史时期。早在公元9世纪，就出现了学位制的雏形，当时埃及的艾尔·艾尔和摩洛哥的艾尔·夸那维因都曾向毕业生授予过一种伊斯兰世界的任教文凭，这种文凭被称为"ljazah"。没有"ljazah"，任何学者都不能从事教学工作。在中世纪欧洲的一些大学里，经基督教教会批准、授予硕士学位的人，才能担任教师。1150年，法国的巴黎大学授予了第一批神学博士学位；1158年，意大利的波伦亚大学授予了第一批法学博士学位。此后，学位授予逐渐成为一种制度，广泛流传至欧洲各国乃至世界各地。15世纪后，学位的称号开始出现细微的差别，博士专指大学教师，而从事某一专业技术的人则称为硕士。学士学位产生于硕士学位之后，是3种学位中最迟出现的一种学位。开始，被称为"学士"或"实习生"的是允许教授新生的在读硕士生，这种担任兼职教师的情形与目前研究生担任大学助教相类似。当时规定，正在攻读硕士学位并在3~4年内学完语法、修辞和逻辑的学生，才具备教授新生的资格。因此，学士既是硕士学位的候选人，又是教授新生的教师。此后，凡毕业论文答辩及格的大学本科生，均可授予学士学位。

中国学位制度的全面推行和真正实行还是在改革开放后。1980年2月12日，经第五届全国人民代表大会常务委员会第十三次会议审议通过，颁布了《中华人民共和国学位条例》，并于1981年1月1日正式施行。1981年5月20日，国务院颁发了《中华人民共和国学位条例暂行实施办法》。2004年，根据2004年8月28日第十届全国人民代表大会常务委员会第十一次会议《关于修改〈中华人民共和国学位条例〉的决定》修正了《中华人民共和国学位条例》，明确规定我国的学位分为学士、硕士、博士3个等级。

5.1.3 学位论文的种类

根据申请学位等级的不同我国将学位论文分为学士、硕士、博士3个等级。

5.1.3.1 学士学位论文

学士学位论文是指高等学校本科生为获得学士学位而撰写的论文。一般而言，学士学位论文就是由大学本科毕业生撰写的符合要求的毕业论文或毕业设计说明书。《中华人民共和国学位条例》第4条明确规定："高等学校本科毕业生，成绩优良，达到下述水平者，授予学士学位：①较好地掌握本门学科的基础理论、专门知识和基本技能。②具有从事科学研究或担负专门技术工作的初步能力。"学士学位论文着重对科学研究的基本规范进行训练，综合检测学生运用所学专业理论知识、技能分析和解决实际问题的能力。学士学位论文的撰写，要求在指导教师的具体指导下限时完成（一般要求在3～5个月内完成）。具有讲师或相当职称以上的人才能担任指导教师。

以前学士学位论文的字数要求控制在6000～10000字，现在一般要求在20000字左右。由于绝大多数的本科毕业生初次撰写论文，缺乏撰写论文的经验，因此，论文的篇幅不宜过长，应控制在适当的范围内，否则会适得其反。一是可能导致畏难情绪，将学位论文的写作视为畏途；二是胡乱编造或注水稀释，将原本有限的内容扩展成规定的篇幅，虽然论文字数的要求达到了，但质量却下降了，而且学术研究来不得半点虚假，这种浮夸的风气一旦养成，就很难改变。建议将学士论文的字数控制在10000字左右。学士学位论文一般不涉及太复杂的课题，论述的范围较窄，深度较浅，其研究成果或水平一般达不到发表的水平。

5.1.3.2 硕士学位论文

硕士学位论文是指攻读硕士学位的研究生为获得硕士学位而撰写的论文。一般而言，硕士学位论文就是由硕士研究生撰写的符合要求的毕业论文或毕业设计说明书。在学术水平方面，要求明显高于学士学位论文。《中华人民共和国学位条例》第5条明确规定："高等学校和科学研究机构的研究生，或具有研究生毕业同等学力的人员，通过硕士学位的课程考试和论文答辩，成绩合格，达到下列学术水平者，授予硕士学位：①在本门学科上掌握坚实的基础理论和系统的专业知识；②具有从事科学研究工作或独立担负专门技术工作的能力。"在《中华人民共和国学位条例暂行实施办法》中又进一步规定：硕士学位论文对所研究的课题应当有新的见解。

硕士学位论文虽然也强调在导师的指导下撰写，但这种指导不同于学士学位论文写作时的具体指导，更多的是强调学生个人的独立思考；因此，只要求画龙点睛式的指导。要求硕士学位论文对本门学科的基本理论问题和重要疑难问题有独立见解，对所研究的课题有独创性，并能够对本门学科学术水平的提高和本专业的发展起到推动和促进作用。具有副教授或相当职称以上的人才能担任硕士学位论文的指导教师。

相对于学士学位论文，硕士学位论文的学术性要求更高，必须能够反映出作者所掌握的知识深度，有作者自己的较新见解和独创性，在论文中反映出作者具有独立从事科学研究的能力。篇幅上的要求也更长，以前要求在 3 万字左右，现在一般要求达到 5 万字左右。对于理工科学生来说，在硕士学位论文中要有大量的实验数据来证实自己的论点或结论，进行创新的探索研究工作。硕士学位论文必须具有一定程度的创新性，一般都要达到发表水平。

5.1.3.3 博士学位论文

博士学位论文是指攻读博士学位的研究生为获得博士学位而撰写的论文。一般而言，博士学位论文就是由博士研究生撰写的符合要求的毕业论文或毕业设计说明书。在学术水平方面，要求明显高于硕士学位论文。

《中华人民共和国学位条例》第 6 条明确规定："高等学校和科学研究机构的研究生，或具有研究生毕业同等学力的人员，通过博士学位的课程考试和论文答辩，成绩合格，达到下列学术水平者，授予博士学位：①在本门学科上掌握坚实宽广的基础理论和系统深入的专门知识；②具有独立从事科学研究的能力；③在科学或专门技术上做出创造性的结果。"

博士学位论文是最高层次的学位论文，要求在理论和实践两个方面能提出前瞻性的新见解，具有独创性的研究成果，或纠正别人的谬误之处，对人类认识和改造客观世界有着重要的指导作用，并体现出较高的学术水平和研究价值，能对同类性质问题的研究和其他问题的探讨有明显的启发和引导作用，在某一学科领域具有先导和开拓作用，或对本门学科的发展具有重要的推动作用。具有教授、博士生导师或相当职称的人才能担任博士学位论文的指导教师。

与硕士学位论文相比，博士学位论文内容多，可以分成相互关联的若干篇。由于博士学位论文反映的是学科前沿的创新性成果，因而是重要的科技文献。在内容上要求有学术性，要着重探讨和研究事物的客观规律，并对这些规律进行阐述，发表自己的独立见解，给人以认识上的启发，并在论文的构成和表述上都有明显的专业色彩；在材料的选用、论证的展开、结论的得出方面要有科学性，必须以客观具体的对象为依据，坚持实事求是。

在所有的学位论文中，博士学位论文篇幅最长，现在一般要求在 10 万字以上，有的博士学位论文甚至达到 20 万字以上，实际上就是一部学术著作。

5.2 学位论文的选题

选题就是确定课题研究和论文写作的主攻方向。因此，选题既包括科学研究课题的选择和确定，也包括论文内容的选择和确定。对于科技论文和学位论文的写作来说，搜集材料可在选题之后进行，也可在选题之前进行。选题后再搜集材料的，在论文题目选定后，就要着手掌握材料，其步骤主要是搜集、提炼和利用。搜集材料在选题之前的，在对已获取的大量材料进行分析研究的基础上，提出问题，确定选题。但在具体的研究过程中，这两种确定选题的方式都需要重新搜集材料，以获取更多的有用论据。

对于学位论文来说，选题是否等于题名，学术界的看法并不统一。欧阳周等人在《毕业论文和毕业设计说明书写作指南》一书中，在论述选题所包含的内容时明确指出："选题既包括科学研究的课题选择和确定，也包括文章的题目的选择和确定。"显然，这里所谓的选题是指论文的题名。而在尹才忠等人所编的《毕业论文写作指南》一书中，在论述选题这一概念时则明确指出："毕业论文的选题是指学员在老师的指导下确定的论述范围或研究方向"；"标题与主题的关系虽然十分密切，但标题并不等于主题。主题是作者在说明问题时通过论文内容表现出来的基本论点或中心论点，它在动笔前必须确定并且确定后不能再改动。标题是论文的命名，它可以在动笔前定，也可以在动笔后定并进行修改。"由此可见，这里所谓的选题也可能与论文的题名一致（当论文的题名直接揭示论文主题时），选题就是题名，但大多数情况与题名不一致，选题并不等于题名。因为在论文中，只有选题和主题是确定的，也就是说，在一篇论文中，一般只有一个主题和选题，而题名有时可能有多个，一篇论文写好以后，如果有必要可对题名进行修改，改换题名并不导致论文选题和主题的变动。因此，本书采用选题不等于科技论文和学位论文题名的说法。

选题也不等于主题。主题是在选题的基础上提炼而成的，是选题内容的具体化和进一步扩展。一般来说，主题含文章的研究对象，要达到的目的，要解决的主要问题，要取得的研究成果。论文的主题，要完全体现论文选题的要求。论文选题的确立到论文主题的确定再到论文主题名的拟定，是紧密相连，且后者以前者为前提的。

5.2.1 选题的目的

选题的目的就是确定论文的研究目标和写作范围，以及所要表达的主要观点或主题。选题是提炼论文主题的基础，也是进一步拟定论文题名的基础。科技论文和学位论文写什么，这是作者首先遇到的一个问题。这个"写什么"的问题就是选题。因此，科学研究中如果没有选题工作，将无法确定科学研究的目标和范围，任何科学研究工作将无法开展。

5.2.2 选题的意义

选题是科学研究的第一步，也是十分关键的一步。题目如选得恰当而有意义，科技论文或学位论文的写作（如题名的确定、论证角度的选择、材料的选取和使用、篇章内容的组织安排等）就会变得顺理成章。"题好文一半"，是颇有见地的经验之谈。选题的意义主要体现在以下3个方面。

5.2.2.1 选题是决定文章价值和成败的关键

学位论文的写作从选题开始，如何选好题、选准题是论文写作能否获得成功非常关键性的一个环节，选题和研究的过程就是提出问题和解决问题的过程，从这个意义上说，所谓选题就是提出问题，确立研究问题的目标。费米曾说："作为一个学生，他应该解决问题，但作为一个研究工作者，他需要提出问题。"科学家希尔伯特则认为："问题的完善提法意味着问题已经解决了一半。"李政道博士在对中国科技大学少年班学生一次谈话中告诫说，会不会提出问题，是将来能不能做"第一流工作"的标志。严济慈也曾说，能否独立进行研究工作，最主要的是看他能否找到一个合适的研究题目。

由此可见，对于一个研究者来说，难就难在如何恰当地提出一个有价值的问题。正是这一有价值问题的提出，对于决定一篇论文的内容和价值来说，意义十分重要。写论文不外乎写什么和怎么写？选题就是解决"写什么"的问题，而"怎么写"往往也是由"写什么"决定的。如果作者对论述的对象有比较充分的理解和把握，此时采取何种方式进行表述往往就会水到渠成，从而收到比较好的表达效果。选择自己熟悉的、且有创新意义的论题就有可能写出学术价值高的论文来。如果选题没有多大意义或者是自己不太熟悉的，就不可能写出有价值的论文，有时甚至会感到无从下手。如果选题太大、太空，也会感到力不从心，甚至不能完成写作任务。

因此，爱因斯坦说："提出一个问题往往比解决一个问题更重要，因为解决一个问题也许仅是一个数学上的或实验上的技能而已。而提出新的问题、新的可能性，从新的角度去看旧的问题，却需要有创造性的想象力，而且标志着科学的真正进步。"爱因斯坦本人正是善于"提出新的问题、新的可能性"的高手。他提出的相对时空观,是对机械唯物主义绝对时空观的否定,从而使他成为相对论的创始人,奠定了在世界科学界的地位。

5.2.2.2 选题规定了研究者的研究方向和学科的兴衰

科技论文的选题大多是源于科研课题的自选题目或是作者专业和研究范围内的问题,较好地体现了研究者的研究方向。学位论文的选题情况比较复杂。学士学位论文中的选题,除了少数是学生的自主选题外,绝大多数课题都是由有经验的指导教师针对本科生的专业知识提供给学生选择的,学士学位论文中的毕业论文或毕业设计说明书真正有课题背景的很少。硕士学位论文要求有科研课题背景,但目前一个导师带十几个硕士研究生是常事,导师手上不可能有那么多的课题,就是选择课题中的子课题作为硕士论文的研究对象,有时也不能满足所有学生,因此,硕士学位论文中也有相当一部分是没有课题背景的,有些甚至是自主选题。博士学位论文都要求有课题背景,而且论文创新性方面的要求很高,事实上没有课题背景的博士学位论文很难通过答辩这一关。因此,不论是学士学位论文还是硕士、博士学位论文,就其绝大多数的选题来说,还是体现了研究者的研究方向。学位论文的写作保证了每个大学生和研究生能够创造性地运用自己的专业知识,并实现专业水平的进一步提高。

提出问题的过程就是推动科学发展的过程。因此,希尔伯特说:"只要一门科学分支能提出大量的问题,它就充满着生命力;而问题缺乏则预示着独立发展的衰亡或中止。"只要有人提出问题,就会吸引和促使人们去探索、去研究,不断地提出问题,就会促使人们不断地去进行探索和研究,从而推动科学的发展。因此,某一门学科的选题越多,标志着研究的人越多,这门学科也就越兴旺。

5.2.2.3 选题可以促进研究者研究能力的提高

只有选定了课题,研究工作才有方向,研究者才会想方设法去完成研究任务。选题是一切研究工作的起点,研究工作因为有了选题而变得目标明确,研究工作者因为有了选题而变得废寝忘食。为了完成艰巨的研究任务,研究者必须要有目的、有计划地调整自己的知识结构,以适应研究工作的需要。尤其是在学位论文的写作过程中,选题有助于学生明确自己今后的专业方向。学位论文的写作过程也是学生有计划、有目的地充实和提高专业知识的过程,更是培养自己的科研和写作能力的过程。因此,选题可以促进学生知识的深化和能力的提高,并为毕业后的专业实践与发展打下良好的基础。

5.2.3 选题的原则

选题不是随意的,选题是一个理智的判断。作为判断,自然要有一个判断的标准,这个标准就是选题的原则。选题原则分为基本原则和特殊原则两种。选题的基本原则是指各类选题都应遵守的原则,选题的特殊原则是针对大学生、研究生的学位论文(毕业论文和毕业设计说明书)的特点提出的一些具体原则。

5.2.3.1 选题的基本原则

选题的基本原则主要包括需要性原则、可行性原则、创新性原则和科学性原则。

(1) 需要性原则

需要性原则是指科学研究除了满足社会生产、经济和其他方面的需要外,还要满足科学自身发展的需要。后者作为基础理论性研究课题,具有科学的学术价值,这是科技论文和学位论文选题的重点。所谓需要性原则,就是选题时要按需选题,面向实际。

按需选题是科研选题时必须遵守的首要原则。按需选题就是在选题时首先要选择如下的课题:亟待需要解决的课题;质疑传统观点的、争鸣性的课题;具有创新性的课题;能够填补理论空白的课题。只有这样，科学研究才能为社会需要服务。

(2) 可行性原则

可行性原则也称"可能性原则"。是指课题研究要具备一定的主观和客观条件，才有成功的可能和希望。可行性原则体现了科学研究的"条件原则"。主观条件包括研究者的学识、技能、特长、兴趣、爱好，以及身体状况和献身精神等；客观条件包括科学发展程度、资金、设备、人员和期限等。没有一定的条件，是无法完成课题研究任务的。因此，在选题时必须做到量题而为、量力而为、量料而为、扬长避短，宜实不宜空、宜专不宜泛，难易适中、大小适中、深浅适中、宽窄适中，选经过主观努力自己能够完成的课题和论文题目。

有人对可行性原则中如何既坚持现实性又满足创新性做了一个十分形象的比喻，选题的难易程度就像"篮球架子"的高低一样。如果将篮球架子设在与人们头顶一样高的位置，人们就不费吹灰之力，伸手就能把篮球个个投中，这种太容易的投篮不会引起人们的兴趣；如果将篮球架子定得过高，即使运动员的球艺再高，也无法投中，这种太难的投篮也不会有什么实际意义。只有将篮球架子定在适当的高度，即球员跳一跳或者跳几跳能够投中的位置才有意义。

要使选题有意义，在可行性的前提下具有创新性，研究者也要把握选题的难易程度，既具创新性，又具可行性。科技论文和学位论文的写作，也要遵循选题的可行性原则，既要考虑选题要有利于发挥自己的专业特长或知识专长，以及对选题的浓厚兴趣，又要考虑选题在搜集和查找资料或通过实验获取所需数据方面的可能性，如果没有资料，写作论文就好像是"无米之炊"，是不可能写好的。学位论文的选题，可在指导教师的指导下选择题目，选题难易要适度。难度太大，"任务"无法完成；太容易，得不到锻炼不说，很可能过不了"关"。

(3) 创新性原则

创新性原则是指具有先进性、新颖性的课题，它确实是前人没有提出来或是别人没有解决或是没有完全解决的问题。创新性原则主要体现在两个方面：一是选题要有一定难度，要有利于挖掘研究者的潜力，发挥其创造精神；二是要有所创新，要具有前沿性、前瞻性和先进性。创新是人类生存和发展的需要，是人类社会进步的需要。同时，创新也是发展的动力，进步的动力。"创新是一个民族进步的灵魂。是一个国家兴旺发达的不竭动力，也是一个政党永葆生机的源泉。"

创新性原则是科研工作价值原则的体现。创新性的课题所取得的成果，在理论研究中表现为新观点、新见解、新理论和新发现等，在应用开发研究中表现为新技术、新产品、新工艺和新材料等。当然，所谓的创新都是相对的，不论是一篇论文还是一项研究、一个试验，只要在已有的科学技术基础上有所创造、有所发现、有所发明、有所前进，就被认为其成果是创新的。选题创新性的表现形式为：用新方法解决新问题；用老方法解决新问题；用新方法解决老问题。

创新就是要突出一个"新"字，要有新意。论文写作如何才算有新意，已有人做了详细的阐述，即：题目、材料、谋篇、论述方法、观点都是自己的；以新材料论证旧课题，从而提出新的观点、新的看法；以新的研究方法、新的研究角度重做已有的课题，处理旧有的材料，从而得出全部或部分新观点；用新的材料、新的角度去证明已有的观点，从而使文章赋予新的内容；用新的方法去证明已有的材料、已有的观点，从而使已有的观点得到补充，有新的理解；对已有的观点、材料、研究方法提出质疑，虽没有提出更具创见的不同观点，但能启发人们思考；对已有的观点有部分的订正，或对已有的事实有部分修订；为证明已有的观点，提供了较多的新材料，并能提出一些可供进一步研究的问题。

选题要创新必须做到以下 3 点：一是要认真查阅与课题有关的文献资料，熟悉过去、现在已有的研究状况，在此基础上，才能确认自己所从事的研究课题是前人未做过的还是进一步需要探讨的创新工作。二是注重知识的重新组合，恩格斯说："科学在两门学科的交界处是最有前途的。"力学和地质学都非常古老，数百年来人们都没有看出它们之间的内在联系，然而地质力学的创始人、我国著名科学家李四光通过将力学和地质学"杂交"，构建起地质力学的崭新学科，因此，交叉学科是最能体现创新的选题。三是要积极思索。要在前人已有的观点中寻找出不够完善或已不适应当今形势的东西，在此基础上再有的放矢地提出自己的见解，这种见解大都具有创新性。

当然，选题创新并不等于其内容或成果的创新。选题与内容比，内容的前瞻性和创造性更为重要。由于解决同一个问题可以有不同的方法，而所有的方法只能接近客观真理而不能穷尽客观真理，因此，重复选题是被允许的。但重复选题，创新的难度非常大，在实际选题工作中应尽量避免。对于新选题旧内容的课题研究，由于这类研究基本上是抄袭的，因此是不允许的。

不同层次的学位论文，在创新性方面的要求是不同的，学士学位论文没有创新性要求，硕士学位论文应具有一定的创新性，而博士学位论文必须具有创造性成果。

（4）科学性原则

科学性原则是指选题必须符合最基本的科学原理和客观实际，必须有科学理论作为依据，既要尊重事实、尊重科学理论，又要不迷信权威、不受传统观念束缚。如果违反科学原理和客观规律，就没有科学性可言。比如某些人对"永动机"的追求、对"水变油"的热衷，就违反了最基本的科学原理和客观规律，因此是不可能成功的。现今有些反科学、伪科学的谬说，总是把自己打扮成"新兴学科"来迷惑无知者，对此类现象，必须引起高度警惕。

就科技论文和学位论文来说，所谓科学性就是要求论文资料翔实、内容先进，由于论文选题一旦失去了科学性，就会变得毫无价值和毫无意义，因此，科学性是论文选题的生命。学位论文虽然不以科研为唯一目的，但它带有科研的性质。因此，不管是科技论文还是学位论文，都十分强调选题的科学性。

上述的 4 条选题原则，既有联系又有区别，并分别体现了研究工作的目的、条件、价值和根据。

5.2.3.2　选题的特殊原则

学位论文的选题不是随意的，必须附加一定的要求，这就形成了学位论文选题的特殊性原则。学位论文选题的特殊原则可以归纳为：专业性和时间性原则；指导性和考核性原则；独立性和能动性原则；目的性和实践性原则。

（1）专业性和时间性原则

学位论文作为在校期间考核学生的最后一个环节，其选题原则首先是专业性和时间性。

学位论文的选题都有专业性的要求，不属于学位点专业范围内的选题，不能作为学位论文的选题。根据赵英才所著《学位论文创作》一书的归纳，所谓学位点是指培养本科生、研究生的学科和专业。所谓学位论文的专业性主要体现在 4 个方面，即：本学科研究领域；学科交叉研究领域；本学科理论、方法的移植运用；科研基础上形成的系列文章。在学位论文的专业性方面，要求多数学位论文是单主题的，即学位论文只有一个主题，少数学位论文是双主题的，即学位论文有两个主题。在双主题的学位论文中，规定两个主题必须是并列的，两个相关性很小甚至不相关的主题，是不能捏在一起作为学位论文选题的。例如，双主题的学位论文的选题可以是："供应链的质量链与其控制"；"工业企业制度创新与业务流程再造研究"；"区域物流中心建设投融资模式研究"等。而且这些双主题论文选题中的"质量链与其控制"、"制度创新与业务流程再造"、"投融资模式"都是并列相关的。具有两个并列相关主题的选题，作为学位论文的选题是允许的，也是合乎学位论文选题规范的。对于不直接相关，或相关性小、甚至不相关的双主题选题，则不能作为学位论文的选题。例如，"从不良资产的产生看转轨经济的制度优化与发展战略"，"创新系统中的知识链与制度管理"，"厂内物流与财务管理信息系统开发"，"上市公司战略制定行为与经营策略研究"等。这些双主题选题是不合乎学位论文选题规范的。由此可见，学位论文选题对于专业性的要求，不仅要求专业性，而且要求专一性和相关性。

学位论文的写作有时间限制，要求在规定时间里完成，即使是篇幅长、容量大的博士学位论文也有时间性要求，一般要求在2年左右的时间里完成。这一点与科技论文有明显区别，因为科技论文的创作没有时间限制，作者愿意写多长时间就写多长时间。学位论文的时间性决定了其选题不能太难，并保证在规定的时间里经过努力能够完成写作任务。如果到时还完不成学位论文的写作任务，就只能延长学业。因此，学位论文选题的时间性原则是一个极为重要的原则。

(2) 指导性和考核性原则

学位论文选题是在教师指导下进行的，而且学位论文作为学生在大学本科或研究生阶段学习期间专业学习的一次全面总结，将接受包括答辩在内的全面考核。因此，指导性和考核性也是学位论文选题的一个重要原则。

学位论文的指导性要求学位论文的选题必须在指导教师的指导下进行。学生的毕业论文和毕业设计的选题，一般均由指导教师提出，指导教师常常会拿出若干题目，让学生任选其中的一个。教师在提出选题的同时，要求说明选题的理由和具备的条件，以及应该达到的要求。学生选题时主要考虑的是：哪个选题自己按时完成的把握最大；哪个选题自己平时积累的资料最多；哪个选题自己思考的时间最长，可能达到的水平最高。只要把这些问题考虑清楚了，自己选择哪个题目也就决定了。即使是自主选题，也要求在指导教师同意的情况下才能开展具体的研究工作，并在写作过程中接受指导教师的具体指导。

在学位论文的考核方面有明确规定，论文部分和答辩部分，只要其中有一个部分成绩不及格，不仅不能授予学位，而且不能毕业。考核要求使学位论文的写作具有应试的味道，在学位论文写作中，学生考虑最多的大概就是论文能否及格，能得多少分，是优还是良等诸如此类的问题。因此，选择的题目不能太难，否则完不成任务；也不能太容易，太容易的选题不仅得不到高分，有时甚至连过关都成问题。

(3) 独立性和能动性原则

独立性是指论文写作过程中搜集材料的独立性和完成毕业论文的独立性，或完成毕业设计和写作毕业设计说明书的独立性；能动性是指发挥学生在完成学位论文过程中的主动性和创造性，以培养学生的事业心和责任感。独立性和能动性原则也是学位论文写作中的重要原则。

独立性原则和学位论文的考核性原则密切相关，既然要对学位论文的质量进行评定，那么学位论文必须独立完成。由此可见，学位论文的独立性原则是作为一种考核要求提出来的。强调独立完成，并不是不需要接受教师的指导，恰恰相反，学生在从选题开始到修改定稿的整个学位论文写作过程中，都要与指导教师积极沟通，主动争取指导教师的指导；指导教师也不要以学位论文要求独立完成而不履行自己应尽的指导学生的职责。强调独立完成，就必须坚持从学生实际出发安排毕业论文或毕业设计，不论选择什么类型的题目都应对每个学生提出不同的要求，要做到题目分量和要求适当，使学生经过努力都能在规定的时间内完成学位论文的写作任务。

能动性就是学生完成学位论文过程中的主动性和创造性。能动性对学位论文按时、按质、按量完成具有重要作用。学位论文的能动性原则要求学生在整个学位论文的写作过程中，一方面必须积极主动地与指导教师沟通，争取得到指导教师尽可能多的指导，这不仅对学位论文写作很有帮助，而且对培养自己分析问题和解决问题的能力也很有作用，因为大多数指导教师知识渊博、经验丰富，能够得到他们的指点，一定会受益匪浅。另一方面必须发挥自己的创造性，做到争取教师指导而不依赖教师，并力求使自己的论文有新意。

(4) 目的性和实践性原则

目的性原则和实践性原则也是学位论文的重要原则。这两个原则与学位论文的专业性原则和考核性原则密切相关。

学位论文作为训练学生的一个教学环节和考核学生的一种形式，必然会有明确的目的性。其目的就是全面总结所学的专业知识和基本技能，运用科学的分析方法，提高学生解决实际问题的能力，并为学生今后所从事的研究工作规定一个大概的方向。学位论文的目的性原则规定了学位论文的选题必须是专业的，是在学位点范围之内的。如果学位论文的选题不是专业性的、不在学位点规定范围之内，就无法达到考核学生运用所学的专业知识和基本技能分析问题和解决问题能力的目的。

学位论文是训练学生能力的一个教学环节，而且是一个培养学生实践能力的教学环节。因此，实践性原则必然成为学位论文选题的一个重要原则。学位论文要求真题真作，因此，学位论文选题的实践性包括以下两方面内容。一是要符合实际，应尽可能地结合生产、科研和实验室建设的实际，贯彻理论联系实际的思想。也就是说，论文选题必须是真题。由于绝大部分硕士、博士论文是在完成导师课题的基础上选定的，一小部分学士学位论文的选题也是指导教师的研究课题；所以对于这些选题，符合实际是不成问题的。问题最大的是一些自选课题，对于这些选题，必须特别注意符合实际需要，为此，必须在选题前深入实际进行调查研究，除查阅有关文献资料外，还应走访有关专家，在有所启发的基础上，再与指导教师进行商量，并在指导教师的具体指导下确定选题。二是要运用科学的方法和思想、运用所学的专业基础知识和基本理论，以及专业技能分析问题和解决问题。也就是说，完成论文选题必须真作。

真题真作是选题实践性方面的重要内容，也是保证选题具有实践性的两个重要方面。

5.2.4 选题的步骤

选题是一个非常艰难的过程，确定一个有研究价值、具体可行的研究题目需要大量的知识沉淀，同时还要具备一定的研究条件。同时，选题又是一个理智判断的过程，这个过程一般包括选择研究课题和题目、查阅文献和调查研究、确定课题研究目标、拟订方案、分析论证和审查批准六个步骤。

5.2.4.1 选择研究课题和题目

每个导师在指导学生学位论文之前，通常会向学生介绍专业和研究方向，有的导师甚至会给出备选课题、题目，并指导学生选定论文研究课题和题目，确定调查研究和查阅文献的范围。但是大部分导师只会给一个研究方向，而研究课题和题目的确定基本由学生选择。特别是对于博士研究生，培养学生自我选题也是一个重要的目标。

5.2.4.2 查阅文献和调查研究

如果需要自定课题，则应根据自己已有的专业背景，并结合导师的背景、给定的研究方向和实验室条件，确定查阅某一研究领域的最新研究动态，阅读本领域重要的核心期刊，了解本领域的最新研究进展和未来发展方向，以及本领域研究中目前存在的问题，从而确定研究课题。

确定了课题之后，就要确定论文题目。确定论文题目应当摸清三个底：①摸清自我基础的底。应选择那些自我基础好，掌握的资料较多，在理论与实践中有现实意义并有一定的研究价值，自己对之兴趣大的论题，而不是相反。②摸清本学科已有成就的底。主要是指摸清所要确定论题的研究历史和研究现状，前人在研究这一论题时都采取了哪些方法，哪些问题已有定论，哪些问题需要进一步研究，现在是否有人研究，若有人研究进展如何，是否有新的发展或结论，通过写论文能否取得新的理论突破等等，都要做到心中有数。③要摸清所要确定题目现有资料的底。这就要求学生在学习过程中应做个有心人。对资料的来源和渠道应有鉴别，对文章、书籍、网上资料信息和实际材料的占有量应有所分析，对能否得到外文资料并加以合理运用等情况应有所掌握。摸清了上述三个底，自己应对选择与确定该论文题目有无理论与实际价值，论文能否取得成功，撰写论文时的难易程度有所了解，最后确定论文题目时应比较有把握。这也叫做知己知彼，不打无准备之仗。在此基础上，经过自己的综合分析、判断和整理，独立写出针对性强和对深入研究有参考价值的文献综述以及个人萌发的新见解，作为选题的重要依据。

5.2.4.3 确定课题研究目标

课题研究目标就是想要达到的标准。比如要研制一个 40kW 质子交换膜燃料电池，供电能力为 40kW 就是研究要达到的目标。确定目标至关重要，目标确定错了，研究工作就会步入歧途；目标不明确，会使研究陷入困境；目标过大，则难以达到。所以，每一位科研工作者，每一位攻读学位的人，一定要明确题目的界限范围，要慎重选择自己的研究目标。

5.2.4.4 拟订方案

目标确定之后，就要通过创造性劳动拟出方案。方案是实现目标的途径和方法，是具体实施研究工作的依据和参照。

(1) 拟订方案的原则

拟订方案要遵循以下原则。

① 多方案原则　即多种方案以备比较优选。例如制备纳米材料的化学方法有很多，有气相沉淀法、沉淀法、水热合成法、溶胶凝胶法、微乳液法，在制备纳米材料时都可以列入备选方案。

② 整体性原则　就是指拟订的方案应包括所有可能的方案，详尽齐全，以保证优选。

③ 排斥性原则　即拟订的诸方案之间应有原则性差异、互相排斥，以保证选择最佳方案。

（2）拟订选题的方法

通过周密策划、精心设计，辅以必要的科学实验来拟订方案。备选的方案拟出之后，要对方案进行评估、比较，从中选出最佳方案。

5.2.4.5 分析论证

分析论证就是对所选课题即研究目标、方案等的所有因素进行可行性论证并写出立题论证报告（或开题报告）。开题论证报告是保证论文质量的前提，是论文任务书、研究大纲编制及科研立题过程的模拟训练。因此必须在大量研究调查、阅读大量资料和文献的基础上，写出 4000～5000 字的报告。基本内容包括选题的目的、意义及国内外研究的动向及水平，准备在哪些方面有所进展和突破；选题在理论或实践应用方面的价值和可能达到的水平；课题研究拟采用哪些方法和手段；研究过程中可能遇到的困难、问题以及解决的方法和措施。

本科生的毕业论文时间较短，一般不需要写开题报告，而硕士研究生和博士研究生都需要写开题报告，而且开题报告由导师领衔的指导小组负责主持，邀请本学科的部分教师与研究人员参加。最后由 3～5 名专家组成的评审小组决定通过与否。

开题报告一般包括如下内容：①研究课题的目的、依据和意义；②与课题相关领域的前人工作或知识空白、目前研究水平、发展动态和趋势；③研究目标及实现该目标所采取的方案、研究方法和手段；④预期的结果和研究工作所需要的条件，可能遇到的困难、问题以及解决的途径、方法和措施；⑤所需要的研究经费及经济分析；⑥论文工作量及研究计划。

5.2.4.6 审查批准

开题报告经导师审查后，送交评审小组审定。评审小组一般由研究所（系）、研究室主管主任，同行专家和导师指导小组组成。必要时，请主管部门批准。开题报告是对学位论文选题工作的小结和考核，未通过者不能进入课题研究阶段，需补充论证或重新立题。博、硕士研究生的开题报告通常需要交研究生院存档。

5.2.5 选题的方法

选题的来源不同，选题的方法自然不同。所谓选题的方法，就是选择什么题目作为自己研究对象的思路和办法。学士学位论文的选题大都由指导教师或学校提供，学生根据自己的实际情况确定选题，只有一小部分学生采用自主选题的形式。而硕士、博士学位论文的选题，大都来源于导师的科研课题，但也有一小部分是自主选题。下面根据选题的 3 种不同来源，分别进行论述。科技论文的选题方法也可根据不同情况参照学位论文的选题方法进行。

5.2.5.1 题目由指导教师或学校提供的选题方法

题目由指导教师和学校提供，学生在所提供的选题范围内，根据自己的实际情况进行选题。这种情况下选题需要考虑 3 个问题，即：在所提供的选题中，哪一个选题最适合自己；哪一个选题最容易获得文献资料；哪一个选题最具新颖性和创新性。只要把这些问题想清楚了，经过反复权衡以后，选题也就可以决定了。最好是选择上述 3 个条件都能满足的选题。只要前两个条件中有一个不满足，就只能放弃最具新颖性和创新性的选题，因为前两个条件，都是完成写作任务的必要条件。如果选题不适合自己，没有研究兴趣，难以完成任务；如果文献资料难以找到，那么再具有新颖性和创新性的选题也是没有任何意义的，因为没有文献基础，无法完成写作任务。

一般来说，指导教师或学校提供的选题都是符合选题要求的，因此，可以不必过多地考虑选题本身的质量高低，而应该在写作上多下工夫。因为选题的质量并不代表论文的质量，一个好选题照样会写成一篇十分平庸的论文。

5.2.5.2 题目源于导师科研课题的选题方法

在完成导师课题基础上选定论文题目，一般比较简单，无需更多的调查和查重，因为导师在确定课题时，已做了相关工作。但由于有些课题可能不属于学位点内的专业，而课题成果又往往反映研究的过程，因此，课题和课题成果并不等于学位论文的选题和论文，学位论文所强调的专业性和学术性要求与此将产生很大的矛盾。

这种状况要求在课题转化为论题的过程中，师生一起进行研究，以找到解决问题的办法。在这里必须明确指出，在确定选题的过程中，导师起决定作用，但必须在与学生充分讨论的基础上决定，否则，将不利于学位论文的写作。因为学位论文写作的主体是学生，学生要是对选题不满意，就很难完成写作任务。

对于有些选择导师课题中一个子课题作为学位论文选题的，与上述情况基本相同。所不同的是，导师更要做好协调工作，使每位学生对各自论文的写作对象都十分明确，避免在研究对象和研究内容上重复。

5.2.5.3 题目源于自我选择的选题方法

自主选题，不仅是一部分学位论文的选题形式，也是科技论文最为通行的选题形式。在科技论文写作中，大多均为自主选题，很少有人规定题目后再让你写文章的。这种情况只能出现在为专题学术讨论会而撰写的论文中。因此，题目源于自我选择的选题方法是论文选题方法中最普遍也是最重要的方法。下面从5个方面加以归纳。

（1）抓住疑难点，选择有利于展开的论题

世界上没有绝对真理。真理的相对性是驱使一代又一代的科学工作者不断探索真理、发展真理的原动力。因此，在现有的各门学科中，尚存在着不少疑点和难点问题，需要继续去质疑、去论证、去探索。所谓抓住疑难点，就是从抓住现有理论体系中的疑点和难点入手，去选择和发现论题。

首先要抓住能引起争议的问题。之所以会引起争议，可能是理论上或论证上本身有缺陷，或是人们对这一问题的认识差异性较大。进行科学研究就是要找问题。找问题的实质就是"存同求异"。求异，就是探索现有理论中所没有发现、没有概括，或解释不清的事物，现今科学史上的一切发现、发明都是"存同求异"的结果。因此，这些引起争议的问题就是现存的最好选题。因为在其说不一、众说纷纭，以及针锋相对的辩论中，就有可能得到某些启示，发现新的线索；或是另辟蹊径，在借鉴争论各方合理成分的基础上去创立新说；或是择其善者而从之，补充新论据，改变论证方法，使论据更充分，论证无懈可击；或是择其不善者而攻之，提出相反的论题，批驳其错误的观点。对这类论题的选择，一定要深思熟虑，提出的观点一定要有根有据，站得住脚，绝不能为争鸣而争鸣，否则，会给人以哗众取宠之嫌。

其次，对某些已有的理论、传统观点和结论，用批判的眼光进行质疑，指出其偏颇甚至谬误的地方，从中得到新认识、新看法、新论题。

再次，对现有理论体系中的某些难点问题，也要多进行研究。只要细心分析、悉心研究，也有可能发现一些新的值得深入探讨的东西。

上述3个方面，尤其是第一个方面对论题的展开十分有利，是便于阐发自己独到见解的论题。

(2) 寻觅结合部，开拓新领域新学科的选题

结合部，是指学科与学科的交叉部分，也即交叉学科。随着科学的发展，学科与学科之间的交叉和渗透将越来越频繁。

这种学科交叉和渗透所产生的空白区，有如未被开垦的"处女地"，容易被人忽视，原学科方也因专业性质的不同而未曾涉足。因此，研究者在进行选题时可以随心所欲，而不必担心步人后尘，不必顾虑人云亦云，重复别人的见解和主张，也不会受到多少限制和顾忌，可以凭借自己掌握的材料，根据自己的思路任意驰骋而不受拘束。在未被开垦的处女地里"拓荒"，只要勤于思索，善于联想，研究者定会获得许多创新课题和论文题目。

(3) 捕捉偶发事件，主动出击寻找论题

在实验或科学研究过程中，有时会发生意料之外的事情或反常的现象。对于善于发现问题的人来说，这种偶发事件很有可能成为科学研究的新起点。爱因斯坦说："偶然的事件能产生重大作用。"当然，这种重大作用的产生仅是一种可能，能否真正产生，还需要人们去捕捉、去思索、去发掘。因此，虽然偶发事件本身并不能成为研究课题，但只要认真仔细地分析这些偶发现象，并通过这些现象去查明其背后隐藏着的起支配作用的规律，去积极寻找研究内容，就一定能从偶发事件中寻找到自己想要的研究课题或论题。

(4) 涉足最前沿，获取富有创新性的论题

每门学科的最前沿是一望无际的开阔地还是充满荆棘的羊肠小道，只有涉足其间的人，才能深刻领略。所谓科学最前沿，是指别人从未涉足或刚刚开始涉足的科学领域，它是探索和发现创新课题和论题的"处女地"。因此，涉足科学最前沿，就能获得富有创新性的论题。尖端和重大的科研成果必定来源于科学最前沿的选题。

(5) 借助灵感思维，确定意外理想论题

人类历史上已有许多科学成果是借助灵感思维获得的，最著名的事例是万有引力的发现。有一天，牛顿躺在苹果树下，看到苹果从树上掉下来，他从苹果的掉地而联想到地球存在的引力，从而将这种引力推广到整个宇宙，终于寻找到了万有引力的研究课题。作为科技论文和学位论文的选题也可以通过灵感思维的方法获得。

借助灵感思维获得意外理想课题和论题的方法主要有以下 4 种。一是追踪法，一旦大脑中出现某一选题的火星迸溅，应立即追踪，调动各种思维活动和开展各种心理活动，力求得到结果。二是暗示法，右脑负责潜意识思维活动，因此，在选题过程中，通过有意识地控制显意识活动而放任潜意识活动，使右脑经常处于积极的思维状态，以利于灵感思维的产生。三是诱导法，即诱发灵感发生的相关信息，力求诱导出灵感。灵感思维可能因某一偶然事件触发大脑，引起相关联想而产生。因此，在选题过程中，应在积极搜集相关信息的同时，随时将选题意识灌注于各偶然事件，以诱导灵感。四是西托法，"西托"，科学上是指一个人进入似睡似醒状态，在西托状态中，梦最活跃、最能诱发无意识的显现。在一个偶然的西托梦境中，平时苦思良久而始终没有结果的问题很可能突然找到答案。但西托梦境中产生的灵感稍纵即逝，捕捉者应立即采取重复回想、笔录等方式加以留存，由于灵感来无踪、去无影，因此，在选题阶段一定要注意捕捉梦中的灵感。

可以借助灵感但并不乞求灵感。选题方式有多种，除了上述方法外，应该还有其他的选题方法，因此，不能把选题的希望寄托于灵感的产生上，等待灵感必然会延误选题工作，等待灵感也必然不会得到灵感，因为灵感是无法等待，无法强求的。

5.3 学位论文的写作要求

作为学术性论文,学位论文也必须具有论点、论据、论证3个要素,但是学位论文不同于一般论文,具有自身的基本特征。学位论文的基本特征也就是对学位论文写作的基本要求。综合起来,学位论文的基本写作要求主要有下列10个方面。

5.3.1 完成论文的独立性

学位论文必须由学位申请者独立完成,因此,每个学生必须自行独立完成论文的撰写。从选题、搜集资料到方案的确定、完成初稿、定稿,学生都不能依赖指导教师。指导教师仅对学生完成学位论文起指导作用,学生不能等待指导教师为自己出题、命题,或为自己定方案、出点子。独立完成学位论文的写作是对学位申请者的基本要求,任何等待教师为自己的文稿把关定稿、坐享其成的想法都是错误的,也是不符合学位论文写作要求的。

原则上,学位论文(设计)的选题要求一人一题,若遇同一指导教师同时指导两名以上的学生,则不同学生的论题应各有侧重,不能相同或类同,应突出各自研究的范围或论题。

5.3.2 论证对象的专业性

学位论文的重要特点是它的专业性,这是由大学生、研究生所学专业的不同决定的。在撰写毕业论文或毕业设计说明书时,不论是内容还是形式,都要符合不同学科和专业的要求。大学生、研究生在校期间所学的专业不同,以及专业培养目标和要求的不同,其基础理论、专门知识和基本技能会有很大的区别,因而反映到所选择的科研课题、撰写的学位论文上,在内容上自然就有明显的专业性特点。学位论文的专业性,主要表现在4个方面:一是本学科研究领域;二是学科交叉研究领域;三是本学科理论、方法的移植运用;四是参加导师科研课题而形成的系列论文。

这种专业性特点还表现在毕业论文、毕业设计说明书的形式方面,由于专业不同,学位论文的结构、语言,以及论证方式和读者对象等也必然不同。就结构而言,论文的谋篇布局,除约定俗成共同遵守的以外,不同专业的学位论文还有其自身的构成特点。就自然科学的学位论文来说,除运用文字外,还大量运用定律、图像、照片、表格和公式等非自然语言的符号系统。由于学位论文所属学科、专业不同,反映的内容不同,读者的对象也就不同。

5.3.3 研究内容的学术性

学位论文只能以学术问题作为论题,以学术成果作为研究对象,以学术观点作为论文的核心内容。学术性与理论性是紧密结合在一起的,因此有些学者将学术性称为理论性。学位论文的学术性主要表现在下列3个方面。

① 将感性认识上升到理性认识的高度　找出规律性的东西,将感性认识上升为理性认识,使学位论文具有强烈的理论色彩,且达到一定的理论高度和深度。

② 侧重理论论证和客观说明　在学位论文中,主要运用抽象思维或逻辑思维的方式,运用科学方法对客观事物、现象进行分析、推理,以构筑起一个严谨的理论体系。

③ 引经据典并恰到好处地运用专业理论和最新研究成果　学位论文必须用论据来说明论点,这就是论证过程,需要通过引经据典,恰到好处地运用专业理论和最新学术成果,以得出新的理论和结论。学士学位论文不强调学术性,而硕士和博士学位论文则必须十分强调学术性。

5.3.4 论证过程的科学性

科学性是一切学术性文章的灵魂，学位论文作为学术性文章，当然也不能例外。任何论文都需要用论据来说明论点，也即用材料来论证观点。要准确地反映客观事物，并得出正确的结论，除了论据（材料）具有真实性、科学性外，论证过程也必须具有准确性和科学性。做到对论述的问题和作出的结论，不带主观感情色彩，不做主观臆断，不挟个人偏见，不事夸饰渲染，实事求是地评价他人的研究成果。

科学性是学位论文的品格和特质，一旦丧失了科学性，就无法体现学位论文的学术性。对学士学位论文的科学性要求，主要是强调真题真作、方法科学和结论正确。

5.3.5 揭示规律的创新性

创新性是衡量学术论文价值的根本标准。科学研究的使命在于创新，因此，作为反映科学研究成果的学术论文贵在创新。在揭示规律进行理论创新的过程中，需要方法创新和实践创新。理论创新是指提出新观点、新思想；方法创新是指提出新的分析方法，构建新的数学模型和新的评价方法等；实践创新是指提出新方案，揭示出特定对象的本质属性等。硕士学位论文和博士学位论文必须有创新。硕士学位论文在概念、观点、建议、措施等方面要有新意；博士学位论文在概念、观点、思想、结论等方面要有独创性，并揭示出事物发展的规律。但对学士学位论文，没有创新要求。

5.3.6 研究成果的应用性

硕士学位论文和博士学位论文一般都具有一定的学术价值或较高的学术价值，由于在学术上（理论上）解决了专业上存在的一些实际问题，因而具有一定的实用（应用）价值，或者同时具有学术价值和实用价值。工程硕士的学位论文特别强调实践性和实用性，学士学位论文不强调实用性，只要求符合实际即可。

只有实现学位论文选题和论据的真实性、论证的科学性、结论的正确性，以及战略、策略、对策、措施和方案的针对性，才能实现其应有的学术价值和实用价值。

5.3.7 知识结构的系统性

学位论文的知识结构是一个完整的体系，具有系统性的特点，包括知识体系、理论体系、方法体系和结构体系。

学位论文系统除具有一般系统、人工系统的属性外，还具有抽象性、真理性，以及逻辑思维统一性的特征，从而体现出科学思维体系。

学位论文写作过程中的思路包括论文总体方案构思（方案策划）、结构设计思路和行文成篇思路，它是学位论文创作中的思维体系，也是学位论文研究对象系统性的反映。由于不同层次的学位论文在篇幅和知识创新方面的要求不同，所以其知识结构的系统也有大小之分。

5.3.8 表述格式的规范性

学位论文中不论是毕业论文还是毕业设计说明书，在行文格式上区别于文学创作和其他一般文章的一个显著特点，就是必须遵循约定俗成的规定和规范，这是由学位论文的性质、内容、特点、功用所决定的。文艺作品是供人欣赏的，因而在表达方式上最忌雷同和公式化。它们只有体裁和样式上的区别，在同样的体裁和样式中，其结构形态是千姿百态、异彩纷呈的。而学位论文则不然，在人们长期使用的过程中，已经形成了相对固定的表达格式。学位论文虽也有文体、样式，以及种类级别上的区别，但同一文体、样式、种类或同一级别的毕业论文和毕业设计说明书，在内容组成和形式规范方面一般是固定不变的，具有约定俗成的规定性。

学位论文与一般科技论文相比，篇幅更长，内容上也更复杂。因此，表达格式的规范化有利于导师指导，有关部门管理，以及学生撰稿。目前，在学术论文的撰写和编辑方面，世界发达国家制定了各种国家标准，国际标准化组织也制定了一系列的国际标准，不同学科和专业的学术机构还制定了本学科和本专业的行业标准。我国在学术论文的撰写和编辑方面也制定了相应的国家标准和行业标准。毕业论文和毕业设计说明书的撰写除了必须严格遵守学术论文的这些标准外，还必须遵守学位论文的规范性要求。

学位论文中的规范性要求，各高等学校虽然没有统一，但基本上是大同小异，一般包括：摘要、关键词、前言、各章小结、全文总结。在博士学位论文中均包括：相关研究与评述；参考文献与注释等共项（或称常项）内容。这些规范性要求，并非是"新八股"，学位论文写作者完全可以各展才华，在论文内容上不断创新。

由于毕业论文、毕业设计说明书由资料室保管，因此要求装订成册。书及设计图纸在通过论文答辩后要交给有关部门。学位论文编排的顺序及格式通常为：封面；任务书；目录（论文全部章节标题及页码）；正文（包括中、英文摘要与关键词、参考文献等）；指导教师评议表；评阅教师评议表；答辩小组评议表；封底等。

5.3.9 论文篇幅的规模性

学位论文，尤其是硕士和博士学位论文，在篇幅规模上要大大超过一般的学术论文。并且学位论文的篇幅有日益增加的趋势。造成学位论文篇幅长的原因，除了正文所要论述的内容多外，与其绪论篇幅长、参考文献数量多和专门增设附录有关。

学位论文的绪论部分，往往要单独成章节，并用足够的文字加以叙述，其篇幅大大超过学术期刊上所发表的论文。

学位论文的参考文献要求全部列出，而且还要求在参考文献中要有一定数量的外文资料。因此，学位论文的参考文献应大大多于期刊上发表的学术论文的参考文献。有些期刊对论文参考文献的标注有一定的限制，要求论文的参考文献不能太多。但学位论文往往要求参考文献尽可能多些，以证明作者对学术问题的研究是在参阅、消化了大量参考文献的基础上完成的。博士学位论文对参考文献质量的要求更高，不仅要求数量多，而且要求掌握和了解国际前沿的研究现状和动向。

学士学位论文不一定要求有附录，但硕士和博士学位论文往往都要求有附录。由于论文的试验工作量大，有许多原始的数据、计算程序，以及实际的操作步骤和复杂的公式推导，这些内容不宜放在正文中，只能采用附录的形式。在学位论文中增设附录，便于评审者查阅，以检验、分析作者研究工作的科学性、可靠性和合理性。

5.3.10 内容表达的可读性

学位论文要求做到条理清晰、文字通顺、语言简练、合乎逻辑、图表清楚、计算准确，加上学位论文内容多、篇幅长、观点新颖、理论性强、方法独特、创新点多。因此，学位论文具有很强的可读性。此外，格式规范，严格遵守国际标准、国家标准和行业标准也是学位论文具有可读性的原因之一。在硕士和博士学位论文中要求有摘要、小结、结论等格式方面的规范化写法，其目的就是在形式方面增强学位论文的可读性。

5.4 学位论文的基本结构

一般而言，学位论文，尤其是硕士和博士论文，在格式上要求比较严格。参考国家标准

GB 7713.1—2006《学位论文编写规则》中规定规范的学位论文在格式上包括下列部分：前置部分，包括封面、封二（如有）、题名页、英文题名页（如有）、勘误页（如有）、摘要页（中文摘要和关键词、英文摘要和关键词）、序言或前言（如有）、目次页、插图和附表清单（如有）、缩写和符号清单（如有）、术语表（如有）等；主体部分，包括引言（绪论）、正文、结论等；参考文献表；附录（主体部分的补充，不必需）；结尾部分，包括相关索引、作者简介、学位论文数据集等。

5.4.1 前置部分

学位论文的前置部分包括封面、中英文摘要和关键词、目次等项内容。

5.4.1.1 封面

封面是学术论文的外表面，提供应有的信息，并起保护作用。封面不是必不可少的，学术论文若作为期刊、书或其他出版物的一部分，无需封面。但若作为学位论文则必须有封面。封面上可包括下列内容：题名（包括副题名）、作者姓名、指导教师姓名、专业及研究方向、完成日期等。

对于封面，各高等学校研究生院一般都提供统一的模板，只需要按要求如实在上面提供相关信息即可。

5.4.1.2 版权页

版权页通常置于论文的题名页之后。版权页通常包含学位论文的原创性声明和使用授权说明。版权页内容也可放于封二（国家标准 GB 7713.1—2006《学位论文编写规则》中规定），不同学校有不同的规定。

（1）学位论文的原创性声明

学位论文的原创性声明是作者关于论文内容未侵占他人著作权的声明，声明的内容及格式由所在学校统一拟订，研究生在完成论文撰写之后，依据声明内容，全面审视自己的论文，检查是否严格遵守了《中华人民共和国著作权法》，对他人享有著作权的内容是否都进行了明确的标注，确认无误之后慎重签名。

国家标准 GB 7713.1—2006《学位论文编写规则》中规定，学位论文原创性声明放于结尾部分，如清华大学学位论文中的声明放在致谢之后，而有些学校则将其与学位论文使用授权说明放在同一页，并置于使用授权说明之上。

（2）学位论文使用授权的说明

学位论文版权使用授权的说明是对于读者使用该篇论文的授权说明，其签署直接影响版权人对其论文的保护。学位论文使用授权的说明的内容由所在学校统一拟订，相应地复制到自己的论文中即可，在提交论文送审时作者和导师都必须签署姓名。例如，北京化工大学关于论文使用授权的说明中包括下列内容：学位论文作者完全了解北京化工大学有关保留和使用学位论文的规定，即研究生在校攻读学位期间论文的知识产权属北京化工大学。学校有权保留并向国家有关部门或机构送交论文的复印件和磁盘，允许学位论文被查阅和借阅；学校可以公布学位论文的全部或部分内容，可以允许采用影印、缩印或其他复制手段保存、汇编学位论文。

有的高等学校，比如北京大学，学位论文封面后第一页排有版权声明，声明中明确指出：任何收存和保管本论文各种版本的单位和个人，未经本论文作者同意，不得将本论文转借他人，亦不得随意复制、抄录、拍照或以任何方式传播。否则，引起有碍作者著作权之问题，将可能承担法律责任。版权声明体现收藏单位对作者版权的尊重。另外，北京大学学位论文的原创性声明和使用授权说明列在论文封底的前一页。

对于某些有特殊保密（非公开）要求的论文，还会有相应的版权申明。

5.4.1.3 摘要

摘要是论文基本内容的浓缩。学位论文的摘要一般要求写成"指示-报道性摘要"。毕业论文摘要的字数要比期刊论文适当增加，一般硕士学位论文的摘要500～1000字，博士学位论文的摘要1500字左右，学士学位论文的摘要500字左右。

学位论文的摘要内容主要有：本课题的研究背景、目的、任务、范围及在本学科研究中所占的重要地位；研究的主要内容、研究对象的特征，所运用的原理、理论、手段和方法，以及与他人研究的不同之处；主要结果、试验数据，以及观点和结论；主要结果和成果的意义、实践价值和应用范围；今后进一步研究的方向等。

学位论文摘要的写作要求精确、完整，忠于原文。硕士和博士学位论文还要求提供详细摘要，但是学士学位论文一般情况下不必提供详细摘要。详细摘要供学位论文评审委员会和同行评议专家阅读之用，或者供学位授予单位汇集出版摘要之用。

5.4.1.4 关键词

关键词是为了文献标引工作而从学术论文内外选取出来用以表示全文主题内容的词语。一般情况下，关键词是未规范的自然语词，但如果有条件的话，可以参考并选择各种词表中的主题词（规范语词）作为关键词。具有实际意义和检索意义的实词都可以选作关键词。学位论文的关键词也列在摘要之后，每篇论文选择3～8个关键词。中英文关键词应一一对应，分别排在中英文摘要下方，关键词之间用";"或","隔开。

有关关键词的标引原则、方法参见本书2.5节。

5.4.1.5 目次

目次是书刊上的目录，表示内容的篇目次序。目录既是论文的提纲，也是论文组成部分的小标题。编制目次，将各章节的大小项目按先后次序列出，并标明各自所在的页码，这样就能方便读者把握文章的逻辑格局，方便阅读或选读。目录应该列出主要的章节标题，如果有必要的话还应该包括小标题，但没有必要给出太多的细节。一般来说，目录应该列出一级标题和二级标题，如果实在有必要的话，可以列出三级标题。请记住：目录最重要的功能是确保读者能够随意查找特定章节，所以一定要把页码包括进去。对于电子版的文档，最好利用自动跳转功能，即点击目录的某一标题，就可以直接跳到正文中的该部分。对应给出英文目录。

另外，如果学位论文中的图表较多，可以分别列出清单置于目录页之后。图表的清单应有图（表）序、图（表）题和页码。同样的道理，列出图表清单的主要目的是方便读者在查阅时可以随时找到图表在文章中的位置。所以，务必标明图表在正文中的具体页码，如果是电子版文档，最好也设置自动跳转功能。如果学位论文中使用符号、标识、术语、缩略语、等较多，在目录页后可列出符号说明，即对这些内容的注释说明。

5.4.2 主体部分

学位论文的主体部分包括引言、正文、结论等项内容。

5.4.2.1 引言

引言是学位论文的起始部分，具有引出正文的作用，被置于正文之前，且不能脱离正文而单独存在。对于学位论文来说，引言具有文献综述的性质，其主要内容包括：本课题研究的目的、意义，以及国内外研究的状况；理论分析和依据；研究设想、方法及实验手段；研究工作的范围；研究成果和结论等。这实际上是对前期文献检索、阅读消化和准备工作的系统总结，也反映了作者专业基础知识的掌握程度和科学研究工作视野的开阔程度。

学位论文的引言，篇幅往往比较长，要用足够的文字叙述，并需要单独成为章、节或条。有些学校规定，引言要占全文的1/4～1/3。

引言作为文献综述，其好坏将直接关系到学位论文写作的成功与否。一个成功的引言能够以其分析评价的系统性和趋势预测的准确性，为新课题的确立和研究提供强有力的支持和论证。

引言的主要作用是"点题"，即明确学位论文的主题与主题思想。因此，在引言写作中，要力求言简意赅，不要与摘要雷同，或成为摘要的注释，不要在引言中推导基本公式，不要过高评价课题研究的学术价值或重复教科书上的基本定理和基础知识。

引言是学位论文主体部分的开端，主要目的是对所研究的问题和有关的背景以及需要提醒读者注意的事项做个交代。引言是研究还未进入整体之前的准备。引言中除了说明研究目的、方法、结果等外，还应评述国内、外研究现状和相关领域中已有的研究成果；介绍本项研究工作的前提和任务、理论依据和实验基础、涉及范围和预期结果以及该论文在已有的基础上所解决的问题。

5.4.2.2 正文

正文是学位论文的主体和核心部分，是分析问题的主体部分，是观点和材料大量聚集的部分，也是全文结构中的主体部分。不同学科专业和不同的选题可以有不同的写作方式。正文应包括论点、论据、论证过程和结论。正文是一篇论文的本论，属于论文的主体。它占据论文的最大篇幅。论文所体现的创造性成果或新的研究结果，都将在这一部分得到充分的反映。因此，要求这一部分内容充实，论据充分、可靠，论证有力，主题明确。为了满足这一系列要求，同时也为了做到层次分明、脉络清晰，常常将正文部分分成若干章、节或条。每一章、节或条可冠以适当标题（大标题或小标题）。章、节、条的划分，应视论文性质与内容而定。但就一般性情况而言，大体上应包含实验部分或材料与方法和结果与讨论部分的内容。

正文中的每一章、节、条的格式和版面安排，要求按规定的次序编排，且层次清楚。正文中的图、表、附注、式子、参考文献等，一律用阿拉伯数字分别依序连续编排序号。序号可以就全篇论文统一按出现先后顺序编码，对长篇论文也可以分章依序编码。

5.4.2.3 结论

学位论文的结论包括每章小结和全文总结两个部分。与一般科技论文的文中小结和文后总结相比，学位论文的每章小结和全文总结所占篇幅较大。对于几万字、十几万字的学位论文来说，用2000～3000字作为全文总结是很正常的事情。

在每章小结中要求概括出本章所取得的主要研究成果，得出的重要结论，并且要指出作者在本章中所进行的创新工作，取得的创新成果。这不仅可以提高作者的概括能力，而且对确认作者的研究成果也大有益处，并能提高论文的可读性，便于论文评阅者对论文质量做出准确评价。

每章小结一般以"本章小结"为题，虽没有统一规范的写法，但基本写法为：只写结论部分，而对结论不加阐述，就是要知其然，而不知其所以然；要在概括出本章结论的同时，指出其创新之处。

全文总结常用的标题有"结论"、"结束语"、"结尾语"、"全文总结与展望"、"结论与展望"等。

5.4.3 参考文献表

参考文献，是指为撰写或者编辑论文论著而引用或者参考的有关文献资料，通常附在论文、图书或章节之后，有时也以注释（附注或者脚注）形式出现在正文中。学位论文的参考文献表一般列于结论之后，致谢之前。

参考文献的规范著录是个非常重要的问题。尽管看起来很琐碎，也很麻烦，但务必根据不同著录标准一一校验。否则可能被人认为是"剽窃"，不管是无意的还是有意的。关于参考文献的规范著录参见本书 3.9 节。

5.4.4 致谢

致谢是对需要感谢的组织或个人表述谢意的文字说明。致谢部分包括所有对研究或论文有贡献的单位和个人以及他们的具体贡献，读者可以了解到许多有用信息。致谢的对象和撰写要求参见本书 2.10 节。

国家标准 GB 7713.1—2006《学位论文编写规则》中规定致谢为前置部分的内容，但高等学校学位论文中的致谢通常列在参考文献表之后，可以包含对导师的感激，或是对父母、学长等在完成论文工作过程中给予的帮助和支持表示感谢。也可感谢在感情上、生活上、精神上给予关心、帮助和支持者。

5.4.5 附录

附录是作为论文主体的补充项目，并不是必需的。学位论文，尤其是硕、博士学位论文中涉及很多材料、数据、图表、计算程序等，有些不便编入正文，但这些资料可以帮助读者更好地理解正文的内容，所以学位论文中通常附有附录。

学位论文中附录与正文应连续编页码。每一附录均另页起。学位论文的附录依次用大写正体 A，B，C，… 编序号，如附录 A。附录中的图、表、式子、参考文献等应另编序号，与正文区别开，序号一律用阿拉伯数字，在数字前冠以附录序号，如，图 A1、表 C2 等。不同学校对附录的编号会有不同要求，作者应按所在学校的要求进行编号。另外，需要注意的是，附录通常不算最终字数，所以不要期望通过添加附录来符合论文的字数要求。

5.4.6 结尾部分

结尾部分通常包括相关索引、作者简介等。

5.4.6.1 相关索引

随着标准化的发展，对于篇幅较大的学位论文，尤其是博士学位论文，最好编制关键词索引。"索引"一词来自英文单词"index"，而后者又起源于拉丁文单词"indicare"，含有"指出"或"指示"的意义。在现代英语中，索引是指一种通常按字顺排列，包含特别相关的且被某著作（如图书、论文或目录）所论述或提及的全部（或几乎全部）项目（如主题，人名和地名）的目录，它给出每个条目在著作中的出处（如页码），整个目录通常放在著作的后面。索引在信息检索的意义上则是信息及其物理位置的指示物，它通常不提供信息或知识内容本身，只提供一种指示系统，使读者能准确地找出论文中的某一特定信息。

一般来说，学位论文可能需要提供专门术语索引、人名地名索引等。索引的制作方法很简单，就拿专门术语索引来说，只需要收集在论文中出现的专门术语，包括中文的和外文的，并注明每个术语在论文中出现的位置（位置可以只是页码，也可以精确到行数），最后根据某一排列标准（一般的排列标准为音序法）对这些术语进行排序。

5.4.6.2 作者简介

作者简介应包括作者的教育经历、工作经历、攻读学位期间发表的论文和完成的工作等。很多学校同时要求有导师简介。

5.4.6.3 学位论文数据集

学位论文数据集由反应学位论文主要特征的数据组成，主要包括学位论文及其作者和学位授予单位的基本信息，还有学位论文评阅及答辩委员会情况。有些学校将学位论文数据集置于论文版权页之后。

5.5 学位论文的答辩

答辩包括"问"和"答"或"辩"两个方面。学位论文答辩就是学位论文答辩委员会（或答辩小组）针对学生学位论文中的相关问题面对面地向学生提出问题，并由学生回答问题或对论点进行辩解的一种有目的、有计划、有一定规程序的双向教学过程。提出问题、回答问题或进行论辩是学位论文答辩的主要形式。学位论文答辩是审查学位论文的一种补充形式，也是考核学生知识和能力综合水平的主要教学环节。通过答辩，一方面可以对论文的真实性和实际效果作出客观的鉴定，另一方面，可以帮助和指导学生进一步加深对所学知识的理解，并使论文的内容得到进一步充实和提高，这对学生今后选择研究的主攻方向很有帮助。

5.5.1 学位论文答辩的目的

学位论文的答辩神圣而庄严，大学生和研究生要想获得学位证书，就必须撰写论文并进行答辩。

5.5.1.1 了解论文的写作过程

由于在答辩开始时学生首先要向答辩委员会（或答辩小组）做简要自述，在简述论文梗概部分，学生要介绍选题的背景和意义、研究问题的关键所在、解决问题的对策和特色，以及对策的论据和结论等内容，因此，通过答辩，就能全面了解论文的写作过程，可以有效防止捉刀代笔、抄袭剽窃等不良学风，进一步检验论文质量。

5.5.1.2 考查论题的研究情况

论文是由论点、论据通过论证过程组成的。论点正确与否、是否具有创新性将直接关系到论文的质量；论据的多寡和是否具有正确性、权威性将直接影响论文结论的真实性和可信度；论证是否具有逻辑性和科学性是论文写作成败的关键，论证过程实际上是一个用已有论据去说明和论述自己论点（观点）的过程，换言之，也就是用论据去证明论点的过程。因此，通过答辩，可以考查学生对所选题目的研究情况，了解学生的知识广度、理论深度，进一步检验论文的真实性。

5.5.1.3 测试学生的创新能力

创新能力是一种综合能力，包括思维能力、应变能力等。就思维能力而言，要求创新者必须具备创新思维能力。创造性思维需要打破恒定不变的思维方式，让思维沿着异向、逆向、横向的轨迹运行，但异向、逆向、横向思维并不意味着必然的创造。创造需要异想天开、独辟蹊径，但异想天开、独辟蹊径也并不意味着必然的创造。思维之所以成为创造性思维，还必须具备思维的深刻性和批判性两种品格。思维的深刻性是一种能力，这种能力以一定的知识作为基础，思维的深刻性与创造性是水乳交融、不可分割。思维的批判性也是一种能力，它既是对外界、对他人的一种审视活动，更是对自己思维活动的一种审视行为。正是在对他人和自己的审视过程中，使思维在符合客观实际的基础上不断地调整着原有的方向，最终寻找到解决问题的突破口，实现创造性思维过程。论文答辩可以测试学生的思维能力、应变能力和口头表达能力，包括答辩过程是否顺畅、灵活，观点、方法是否新颖、独创，所提出的创新见解是否理由充分等。

5.5.1.4 提高论文的学术质量

对于大学本科生来说，学位论文可能是其一生中写作的第一篇论文，因此，难免有疏漏之处，或是阐述不清楚、不详细，或是结构不合理、不完备，或是论证不合理、不科学。通过答辩，可以促使学生从内容到结构对论文进行一次细致的梳理，从而帮助学生在掌握论文写作技巧和写作方法的同时，进一步完善论点，补充论据，使论文更具学术性和科学性。

5.5.1.5 评定论文成绩的最终依据

学位论文的成绩一般由文字部分和现场答辩两部分组成，书面成绩占70%，答辩成绩占30%。并规定答辩不及格者，不能获得学位证书。因此，论文答辩是评定论文成绩的最终依据。

5.5.2 学位论文答辩的意义

在论文答辩现场，由于教师与学生是面对面的，采取的是教师提问学生回答问题的方式，而且教师提出的是论文研究范围内的学术问题，它们往往是论文的重要核心部分或者是作者没有注意到的薄弱环节和不足之处，因此，对提高论文的学术质量和学生的综合能力具有重要作用。学位论文答辩的意义主要体现在以下两个方面。

5.5.2.1 答辩是审查论文真实性和考核论文质量的必要补充

在社会浮躁风气的影响下，学术研究也日益浮躁，急功近利。有些毕业生受这种风气的影响，不潜心研究学问，论文抄袭成风，将他人研究成果窃为己有的现象在学位论文写作中时有发生。答辩可以有效地防止此类风气的蔓延，因为只有自己研究的问题才会在头脑中留下深刻的印象，只有自己写的文章才会对论文范围内的学术问题了如指掌。如果论文是抄袭他人的，就很难通过答辩这一关。由于学生写作论文的机会不多，尤其是大学本科生，可能是平生第一次写论文，难免在结构和学术问题的阐述方面存在着这样那样的缺陷，教师在答辩会上有针对性的提问，可以进一步考查学生能否运用大学期间所学的基础知识来分析和解决某一基本问题的学术水平和能力，还可以考查学生对所论述的问题是否有扎实的理论功底和深广的知识基础，是否有独到的创造性的见解等。

5.5.2.2 答辩是培养学生的重要教学环节

通过答辩前的准备和教师的提问，学生实现了再学习和再提高，因而是一个培养学生的重要教学环节。其功能主要表现在以下3个方面。

一是可以训练并提高学生分析问题、概括问题和解决问题的能力，可以训练并提高学生的思维能力、应变能力和口头表达能力，是一种综合训练各种能力的有效实践活动。

二是能加深理解和进一步掌握所学知识，并对自己的业务、专长和技能进行一次客观全面的再认识，明确自己在独立进行科学研究的能力和方法上所取得的进步和存在的问题，为确定自己今后学术研究的主攻方向提供借鉴。

三是可以更科学、客观、全面地衡量和评价自己的论文，并用答辩上获得的有益启发对论文中涉及的学术问题进行深层次研究，以弥补论文中存在的不足。由于参加答辩的教师各有专长，有着不同的爱好和学术观点，他们从不同角度提出的问题和质疑，无疑对学生是一种有益的启迪。

此外,通过答辩,可以发现平时教学中存在的问题,以便采取改进措施。

5.5.3 学位论文答辩前的准备

5.5.3.1 学校有关部门在答辩前的准备

在学生答辩前,学校有关部门要做好如下准备。

(1) 论文格式审查与查重

经指导教师同意申请学位论文答辩的学生,根据学校有关部门(如本科生为教务处、研究生为研究生院)规定的时间提出答辩申请,由学院(系、所)主管部门安排对论文格式进行审查;有些学校则是通过网络系统提交论文(包括申请暂不公开的论文),由于博士论文和部分硕士论文需要盲审,提交的内容中不包括"原创性声明"、"导师简介"及"致谢"部分,然后进行导师审核和学院(系、所)的审核。为了避免学位论文中抄袭和剽窃的现象,很多学校对提交的学位论文进行学术不端行为检测,即重重。如果学校对学位论文有查重要求,则相关部门(如研究生院学位办)采用"学位论文学术不端行为检测系统"对所提交的学位论文进行审核,根据查重结果,对论文进行修改,或决定是否可以进行答辩。

(2) 论文评阅

申请答辩的学生根据规定时间将学位论文(有查重规定的学校,论文应通过查重并符合要求)送2~5位评阅人评阅。对于盲审的学位论文(博士学位论文和部分硕士学位论文)有相关部门将论文送审,对于不需要盲审的学位论文,由学科专业负责人或指导教师确定评阅人。确定的评阅人为副教授(学士学位论文可以聘请具有讲师职称的教师)或相当职称以上的专家,其中1名应为本教研室或研究所之外的同行专家(对研究生的学位论文有些学校则要求至少1名校外的同行专家)。评阅人在收到委托评阅的论文,并对论文的学术质量进行全面审阅后,写出详细的学术质量评语,最迟于答辩前10天将论文评阅意见返还给委托人。论文中的软件部分应根据相应的评阅标准在答辩前10天由相应的专业技术人员进行检测。

(3) 组成答辩委员会

学位论文答辩委员会一般由5~9人组成,下设若干答辩小组,一般由3~5位具有教授、副教授(学士学位可以聘请具有讲师职称的教师)或相当职称的专家组成,对于硕士和博士学位答辩委员会一般要求至少1位校外同行专家。答辩委员会主席(或主任)由具有教授、副教授或相当职称的委员担任。指导教师一般不能担任答辩委员会成员。答辩委员会设秘书一人,由具有初级技术职称以上的专业人员担任。

(4) 材料审批

学位论文答辩相关材料送相关部门审批,每个学校规定不尽相同,如学士学位论文审批材料报送所在学院(系、所)的教务主管部门;硕士、博士学位论文审批材料送所在学院(系、所)的研究生主管部门。至少在答辩前一周将学位答辩审批材料送所在学科的学位评定分委员会主席审批。有些学校需要在网络系统中录入相关信息、提交相应材料后,将纸版材料送相关部门审批。

(5) 论文的密级审定

研究生学位论文的密级应在与导师充分协商的基础上,按照国家保密局颁发的《国家秘密及其密级具体范围的规定》慎重确定,并报所在学院(系、所)主管科研的负责人,由其对论文进行密级审定后签署意见。密级分为内部、秘密、机密3种。当论文被确定为涉密学位论文时，学生应在导师指导下，分别写出正本和副本两个部分。论文正本内容可以公开，可用于送审评阅、论文答辩和材料的正常报送；论文副本在封面右上角应注明具体的密级和保密期限。各密级的最长保密年限及书写格式规定如下：内部 5 年（最长 5 年，可少于 5 年）；秘密 10 年（最长 10 年，可少于 10 年）；机密 20 年（最长 20 年，可少于 20 年）。

有些学校对于申请博士学位者必须进行学位论文预答辩，博士学位论文预答辩工作一般在正式答辩前 3 个月在学院（系、所）研究生主管院长领导下，由各学科带头人负责具体实施。未通过预答辩者不得参加后续查重、盲审、答辩、学位授予环节，推迟至少半年后再申请参加预答辩。

5.5.3.2　学生在答辩前的准备

为了保证论文答辩的顺利进行并且取得理想成绩，答辩之前，除配合学校有关部门做好上述准备，提交相应材料外，学生必须进行认真、充分的准备。答辩前的准备工作，包括思想准备、内容准备和物质准备。

（1）思想准备

首先是要明确学位论文答辩的目的和意义，把它看成是对自己几年来学习的一次全面系统的检验，是获得学士或硕士或博士学位的最后一次审查和考核，因此，每一个准备参加答辩的学生应积极投入，满怀热情地迎接人生中这一重大时刻的到来。

其次是要端正态度，要防止和克服紧张畏难心态、漫不经心态度和反感抵触情绪。有些学生对答辩感到茫然、恐惧，怕教师提偏题和难题，怕通不过丢人现眼、无法交代；与之相反的是，有些学生把答辩看成小事一桩，盲目乐观，认为论文已经写成，答辩无非是把论文复述一下而已，通过肯定没有问题；也有些学生把答辩看成是学校故意与自己为难，认为是多此一举，故意给学生设"卡"等。上述的种种想法对论文答辩都是非常有害的，要坚决摒弃。只有态度端正了，才能圆满地完成答辩任务。

再次是要树立信心，信心来自于对事物的正确认识和把握，来自于认真的学习和充分的准备。要克服盲目的自矜和自卑，在努力学习有关答辩规定、了解答辩程序和要求的同时，进行答辩实战演练，如，事先参加其他同学的答辩会感受现场气氛；向教师和参加过答辩的同学请教，以吸取经验教训；熟读自己的论文、编写好简要报告、整理好相关资料，并假想一些可能提问的问题进行默讲或试讲等。

只有在思想上作好充分准备，才能满怀信心、从容自如地接受挑战，出色地完成答辩任务。

（2）内容准备

答辩内容的准备虽然复杂而艰巨，但由于这项工作直接关系到答辩的成功与否，务必认真、细致、一丝不苟地进行准备。答辩内容的好坏和准备是否充分，对整个答辩过程具有决定意义，学位论文答辩委员会（或答辩小组）将根据学生的答辩情况对答辩成绩作出恰如其分的评定。答辩前最好、最充分和最有效的准备是平时要加强知识储备，但是答辩前的突击性准备也是非常重要、不可或缺的。答辩前的内容准备主要包括以下 3 个方面。

一是针对学位论文本身内容的准备。这些准备包括：熟悉学位论文结构；牢记学位论文的全部论点、主要论据、论证方法，以及总体结论和重要引文；弄清学位论文涉及的术语、概念、理论和引言的确切含义；简要概括出论文的创新之处和独到见解，以及对学术发展的贡献和研究课题的理由；针对毕业论文中的薄弱环节，前后矛盾和论述不清楚之处，以及尚未搞懂和有意回避的问题，寻找妥善解决的办法。

二是写出答辩简要报告。针对学位论文内容的准备，其成果最终都要集中体现在学位论文答辩简要报告中。学位论文答辩简要报告要求简明扼要地介绍从选题、查阅资料、调查、实验到筹划、撰写和修改学位论文的复杂过程。学位论文答辩简要报告的内容主要包括：选题的动机、缘由、目的和依据，有哪些理论意义和实践意义；选题已有的研究成果有哪些，尚有争议的意见主要是什么，答辩者持有哪种意见，论文是从哪些方面入手的，主要参考了哪些资料，主要用了哪些研究途径和研究方法；立论的理论依据和事实根据有哪些，论证、论点和主要论据是什么，并列出可靠、典型的材料、数据和重要引文及其出处；论文中有哪些新见解、新观点，答辩者的主要创新成果和学术价值；论文中哪些地方没有论述清楚，最主要的薄弱环节是什么（这些问题都是在研究时力所不及或未涉猎的，但有继续研究的价值，如有继续研究的打算，可提出初步设想）；研究过程中有哪些意料之外的发现，因与论题关系不大而没有写入论文中，对这些发现有何设想和处理意见；论文中所涉及的概念、定义、定理、定律，以及典故和重要引文是否清楚，答辩者是如何理解的，还有哪些地方需要说明；写作论文最大的收获和体会是什么。

三是查阅与学位论文内容有关的背景材料和书籍，以进一步做好回答教师提问的资料准备工作。在答辩会上，主考教师既可提出考查学生基础知识的问题，也可针对论文中的某一问题延伸开去，提出考查学生解决问题能力、科学研究能力和创造性思维能力的问题；还可提出与论文相左的观点，列举没有按论文的观点所解释的资料、现象，据此考查学生对与论文相反观点的了解和掌握程度，以及对所持观点的稳定程度等。由于答辩委员会（或答辩小组）成员提出的问题非常广泛，这对希望有的放矢地准备问答资料带来了很大的困难。但提问也并非完全不着边际，它总会有一定的范围。在正常情况下，答辩委员会（或答辩小组）成员总是围绕论文中心提出问题，而不会提出与论文内容关系不大或者根本没有关系的问题。因此，答辩前的资料准备工作也是有迹可循的，就是围绕论文中心并尽可能多地向各个方向拓展。答辩前的资料准备越充分，准备的有效资料越多，答辩成功的把握就越大。答辩前的资料准备工作是答辩成功的基础，必须认真踏实地做好。

(3) 物质准备

这主要是指答辩辅助表达方式材料的准备，包括：自述中用到的 PPT 文本、实物模型，甚至现场表演的试验物品；学位论文的底稿及其说明的提要；答辩问答提纲及主要参考资料；供记录提问和批评意见用的纸、笔等。

5.5.4 学位论文答辩时的注意事项

5.5.4.1 提前到达，自信冷静

提前到达既可以使自己从容面对、不慌不忙，又是尊重答辩委员会（或答辩小组）成员的表现。在参加答辩时，保持良好的心态非常重要，要对自己有信心，以饱满的热情，全身心地投入到答辩这一过程中去。除了自信以外，还必须保持足够的冷静，特别是初次参加答辩的大学生，心情免不了会紧张，如果让这种紧张情绪蔓延，就会影响答辩的成绩，本来平时能够回答的问题会因紧张而变得语无伦次。

冷静就是不急不躁，从容应对。要做到冷静思考，首先必须认真倾听，面对答辩委员会（或答辩小组）成员的提问，要全神贯注、认真仔细地倾听，最好是边听、边记、边想，防止遗漏。没有听清的提问，可以请答辩委员会（或答辩小组）成员重复一次，决不可贸然回答；有些问题虽然听清了，但对自己的理解一时难以把握，此时可以把自己对问题的理解说出来，请教答辩委员会（或答辩小组）成员是否是这个意思，在得到其肯定回答后再做答

辩；答辩委员会（或答辩小组）成员所提问题，不论是否妥当，都要耐心倾听，不要随意打断其提问或任意插话。要边听边思考，迅速地把握所提问题的实质，分析其质疑的潜在意义是什么，是针对论点还是针对论据，或者是希望对某一问题做更深刻的阐述。对答辩委员会（或答辩小组）成员故意提出的反面论点或似是而非的问题，该答时就答，该辩时就辩，千万不可慌乱，要弄清真意，三思后再做回答，以免答非所问，弄巧成拙。

5.5.4.2 带齐材料，机智应答

答辩时要带齐有关材料，包括论文、答辩提纲或笔记、重要参考书和工具书，以及笔、纸和证件等。带齐材料也是对自己心理的一种暗示，能够起到稳定情绪、鼓舞信心的作用，从而使应答不慌不忙，沉着应战，有利于答辩者聪明才智的充分发挥。

应答是对答辩委员会（或答辩小组）成员提问的反馈，要答得好、答得巧、答得精当，除了运用自己的智慧与技巧外，还必须才思敏捷、对答如流。在答辩现场，答辩学生所面临的压力是可想而知的，但从心理学上说，适度的紧张能够提高应变的能力和效率，能够做成平时不可能完成甚至令人不可思议的事情。当然答辩前学生要做的第一件事情就是心理减压，因为适度紧张是指稍有紧张而不是十分紧张，而大多数学生在答辩现场所表现出的都是十分紧张。有些学生心烦意乱；有些学生手足无措；有些学生语无伦次；更有甚者，会紧张得手发抖，甚至全身发抖。这种状况，十分不利于正常水平的发挥，更谈不上超常发挥、机智应答了。

为了最大限度地发挥机智应答的效果，在答辩时还必须做到口齿清楚、声音洪亮、语速适中。如果答辩委员会（或答辩小组）成员连答辩者表达的内容都没有听清楚、弄明白，即使再机智的回答也无法起到应有的作用。

此外，还可以适当使用手势，以取得答辩的最佳效果。

5.5.4.3 态度诚恳，举止文明

开始答辩时，答辩者应向答辩委员会（或答辩小组）成员问好和敬礼。聆听答辩委员会（或答辩小组）成员提问时要全神贯注，回答答辩委员会（或答辩小组）成员问题时要面对他们。对答辩委员会（或答辩小组）成员的提问首先要表示出乐意回答。即使有些问题的回答自我感觉良好，回答得很满意，也不能流露出自矜、自以为是的神情；当回答的问题与答辩委员会（或答辩小组）成员的观点不一致时，要努力克制自己，不能流露出急躁情绪，可以与答辩委员会（或答辩小组）成员争辩，但不能带有情绪，要心平气和，在阐明自己的见解时，要有理有据，以理服人，以体现出自己的诚恳态度和文明举止。

无论答辩委员会（或答辩小组）成员提什么问题，给什么评语，答辩结束时，都应向答辩委员会（或答辩小组）成员表示谢意，并做到礼貌退场。

5.5.4.4 言简意赅，重点突出

回答问题一般有时间限制，在有限的时间里要把一个学术问题说清楚，绝非易事。因此，在要求尽量客观全面地回答问题的同时，也要求学生言简意赅，重点突出。回答问题要用肯定的语气，是即是，非即非，绝不能含糊其辞，模棱两可；内容上要紧扣主题，要言不烦；言语上要尽量避免不必要的重复，更不能带口头语或说错别字。总之，言简意赅要求回答问题时语言干净、精练恰当、流畅、肯定；重点突出要求回答问题时紧扣主题、直截了当、条理分明、层次清楚。

5.5.4.5 把握分寸，实事求是

有些问题除了"答"以外，还需要"辩"。在与答辩委员会（或答辩小组）成员论辩的

过程中，特别需要把握分寸。虽说真理不辩不清，在真理面前人人平等，但在答辩这样一个特殊的场合，话说到什么程度，都要有分寸感，因为答辩者面对的是自己的师长，何况有些问题是答辩委员会（或答辩小组）成员故意从反面提出一个错误的论点，并不是答辩委员会（或答辩小组）成员在知识或观点上有什么问题，而仅仅是作为一种考核的手段和方法。因此，在争辩时，要有理有据，以理服人，不能胡搅蛮缠，有理不让人。

对没有把握回答或实在回答不出的问题，不能磨磨蹭蹭，而应实事求是地向答辩委员会（或答辩小组）成员表明，这一问题自己还没有搞清楚，今后一定努力学习，再进行认真研究，并请求答辩委员会（或答辩小组）成员再增加提问其他问题。千万不要强词夺理、信口开河、借题发挥，因为这种耍小聪明、瞎猜乱答的结果，一定是弄巧成拙。

5.5.5 学位论文答辩的过程

学位论文答辩的过程大致要经历以下 8 个阶段。

5.5.5.1 宣布论文答辩开始并做情况介绍

由秘书宣读经学位评定分委员会主席审批的答辩委员会（或答辩小组）主席（组长）及成员的名单；答辩委员会（或答辩小组）主席（组长）宣布答辩会开始；由答辩秘书或导师介绍参加答辩学生的基本情况，包括简历和学习成绩等。

5.5.5.2 学生自述

答辩开始后，答辩学生首先向答辩委员会（或答辩小组）做自我简介。答辩者用三言两语，简明扼要地介绍自己的姓名、专业、班级，为答辩做一个有礼貌的开篇。做简介时语言应文雅得体、彬彬有礼，不能面无表情。

其次，由答辩学生简述答辩简要报告（论文梗概），包括：介绍论文题目，选题的背景和理由；论文的结构层次、主要观点、主要论据和结论等；创新之点（主要是指解决问题的对策和特色）。简述论文梗概的目的是使答辩委员会（或答辩小组）成员对答辩者的论文有一个全面而又简要的了解，并留下较深的印象。简要报告反映的是答辩者对所写论文理解和把握的深度和广度，因此，决不可等闲视之。

最后，由答辩学生谈写作体会，也即对论文做自我评价，包括研究题目有何价值，研究得出的结论有何参考价值，在研究过程中自己的认识有什么提高，通过研究自己有什么心得，论文还存在哪些不足、需要改进的地方等。

答辩自述有规定时限，一般为 15~20 分钟，所以答辩者必须很好地把握和充分利用这一有限的时间，力争把需要讲述的问题讲清楚、讲完整。既不能拖沓冗长，累赘无序，超过规定时间；更不能过于匆忙急促，讲述不清，不能有效利用时间。

5.5.5.3 答辩委员会（或答辩小组）成员提出问题

答辩学生做完报告以后，针对学位论文的内容，教师一般会提出 2~6 个问题。这些问题一般仅涉及论文的核心部分或是作者没有注意到的薄弱环节和不足之处，是能够真实地衡量作者知识水平、论文水平的关键问题。答辩委员会（或答辩小组）成员的提问一般涉及以下 4 个方面的问题。

① 检验论文的真伪，并考查学生对论题理解的深浅、研究的程度和论文达到的水平；

② 考查学生的基础知识、学术水平、治学态度，以及解决问题的能力和表达能力；

③ 指出论文中的创造性工作及新见解，并引导学生做进一步的阐述和发挥；

④ 指出论文中的错误和未详细展开之处，对在论文中尚未认识到的重要发现或工作，请答辩学生谈谈今后继续开展此项工作的打算。

5.5.5.4 答辩学生退场做回答问题的准备

答辩委员会（或答辩小组）成员提出问题后，一般让学生退场，并安排20～30分钟让学生准备答辩内容。答辩学生要迅速进入角色，认真准备。准备时要把握以下两点。

① 准确审题　审题的准确与否关系到论文答辩的成败。审题准确了，才能有的放矢，把握重点，从而准确地回答问题。审题时首先要仔细琢磨问题的内涵有哪些，包含几个小问题；其次要搞清答辩委员会（或答辩小组）成员的问题主要是针对什么而提出的，目的是什么，是考查基础知识还是对某些论点提出疑问，或者是要求对论点做进一步的论证。审题失误往往会导致整个答辩的失败，这方面的教训十分深刻，不能有丝毫的麻痹大意。审题失误大致有以下两种情况：一是对问题所涉及的基本概念不清楚，以致答非所问；二是对问题的要求不明确，没有抓住主要问题，从而造成本末倒置。

② 写好答问提纲　在写答问提纲前首先要巧妙、审慎地构思答问内容，并把下列内容提纲挈领地记录下来，包括要阐述什么，从哪些方面阐述，分几个层次阐述，等等。然后从纵向与横向两个方面对上述记录的内容做适当的调整和补充，使之突出重点并具条理性。答问提纲写成后，还应结合审题情况，就其内部逻辑关系反复进行推敲，并琢磨按答问提纲回答是否能达到准确答题的要求。

5.5.5.5 答辩学生回答问题

学生答辩的方式有两种：一种是有准备的回答，学生对答辩委员会（或答辩小组）成员的提问做好回答准备后，在限定的时间内按顺序和要求做出回答；另一种称为即席回答，就是由答辩委员会（或答辩小组）成员根据论文中的有关问题或学生的简要报告当场发问或追问，并让学生立即做出回答。不论是采取何种方式，答辩学生都要认真、礼貌地对待。关于答辩中应持的态度和注意事项，在本书5.5.4节中已做过专门论述，此处不再赘述。

在答辩过程中，遇到学生实在无力回答时，答辩委员会（或答辩小组）成员可略加启发，引导其回答问题，以了解学生对此问题及相关问题的理解程度。但答辩委员会（或答辩小组）成员启发要得当，不能将答案全盘托出。这里需要特别指出的是，在回答问题时，必须条分缕析、层次分明，先后次序不容颠倒，观点事实清楚肯定。

5.5.5.6 答辩委员会（或答辩小组）成员和答辩学生分别进行小结

回答问题结束后，答辩委员会（或答辩小组）成员和答辩学生要分别进行小结。答辩委员会（或答辩小组）主席（组长）根据毕业论文本身的质量及答辩情况进行小结，一般是谈结论性意见，肯定学生做出的努力和取得的成绩，指出不足或错误之处，并就论文内容提出具体的补充和修改意见；答辩学生就写作论文的收获、论文中存在的问题谈体会、谈认识，并对答辩委员会（或答辩小组）成员指出的问题表示虚心接受、认真吸取和深表谢意后方可离场。

5.5.5.7 答辩委员会（或答辩小组）成员商定答辩是否通过

学生答辩结束后，在答辩会休会期间，答辩委员会（或答辩小组）举行内部会议，就答辩学生的论文水平和答辩表现进行研究，商定是否通过，写出答辩评语，确定答辩成绩。会议的主要议程如下：

① 由指导教师和评阅人宣读《学术评议书》；
② 评议论文水平及答辩情况；
③ 讨论并通过决议书；
④ 进行表决。

5.5.5.8 答辩委员会（或答辩小组）主席（组长）宣读意见并宣布答辩结束

答辩会复会，由主席（组长）宣布答辩委员会（或答辩小组）对论文的评语和表决结果，并宣布答辩会结束。

5.6 学位论文和答辩的评价

5.6.1 学位论文成绩的评定

学位论文成绩由答辩委员会（或答辩小组）合议后给出。答辩委员会（或答辩小组）根据论文质量和答辩水平评定成绩，写出评语。要求对论文文字部分和答辩情况分别进行评价，并指出存在的主要问题或不足之处。

论文文字部分成绩在答辩前就由集体讨论确定，而答辩成绩则由答辩委员会（或答辩小组）成员分别给出分数，再经协商平衡后评定。因此，答辩成绩的好坏不会影响论文书面成绩。但同时规定，答辩不及格者，学位论文的整个成绩不及格。由此可见，虽然学位论文成绩由文字书面成绩和现场答辩成绩两部分组成，并规定书面成绩占70%，答辩成绩占30%，但论文答辩和论文写作同样重要，二者都不能偏废。

5.6.2 学位论文书面成绩的评定标准

学位论文书面成绩一般分为优、良、中、及格和不及格5个等级，标准如下。

（1）优

优相当于百分制90分以上，需要满足下列条件。

① 论题具有一定的现实意义或学术价值；

② 丰富地占有资料，论点鲜明，论证充分，能综合运用所学知识和技能，比较全面、深入地分析问题，有一定独到的见解；

③ 观点正确，重点突出，结构严谨，层次分明，文字流畅。

（2）良

良相当于百分制80～89分，需要满足下列条件。

① 资料较为丰富，能运用所学知识和技能分析问题，有较强的解决问题的能力；

② 观点正确，重点明确，条理清楚，逻辑性较强，文字流畅。

（3）中

中相当于百分制70～79分，需要满足下列条件。

① 掌握一定的资料，大致上能结合所学知识进行分析，重点明确，主要论据基本可靠；

② 观点正确，条理清楚，文字流畅。

（4）及格

及格相当于百分制60～69分，需要满足下列条件。

① 掌握一部分资料，基本上能将所写的问题说清楚；

② 观点基本正确，条理清楚，文字通顺。

（5）不及格

不及格相当于百分制59分以下，只要有下述情况之一的，即可被评为不及格。

① 观点有明显的政治错误；

② 掌握的资料很少，或对资料缺乏分析、归纳，不能用论据来说明论点，或自己未做思考，仅将几篇文章胡乱拼凑而成；

③ 条理不清，文字不通，词不达意，且篇幅大大少于规定字数；

④ 抄袭他人或由他人代笔。

论文书面成绩乘以 0.7 即为其在学位论文总成绩中的得分。

5.6.3 学位论文答辩成绩的评定标准

学位论文答辩成绩一般分为优、良、中、及格和不及格 5 个等级，标准如下。

① 优（相当于百分制 90 分以上） 能正确回答答辩委员会（或答辩小组）成员的提问，思路清晰，具有一定的应变能力。

② 良（相当于百分制 80～89 分） 能正确回答答辩委员会（或答辩小组）成员的提问，思路比较清晰。

③ 中（相当于百分制 70～79 分） 能较为正确地回答答辩委员会（或答辩小组）成员的提问。

④ 及格（相当于百分制 60～69 分） 经过提示后才能比较正确地回答答辩委员会（或答辩小组）成员的提问。

⑤ 不及格（相当于百分制 59 分以下） 经过提示仍不能正确地回答答辩委员会（或答辩小组）成员的提问。

答辩成绩乘以 0.3 即为其在学位论文总成绩中的得分。

6 科技论文的收录、引用与评价

合理有效的科技评价对于激发科技工作者的创新潜力，促进我国科学研究与国际接轨具有重要意义。科技论文是科技活动过程中形成的知识成果，是科学研究最直接的产出形式之一。科技论文的数量和质量，在一定程度上反映了科学技术活动对现有知识体系的贡献，因而常被用作评价单位、个人科研实力和科研水平的指标之一。

对于科技论文的学术水平及其价值评价，人们一直在探索其评价方法的科学性、公正性、实用性。就科技论文而言，其学术水平及价值主要体现为信息知识内容对于学术环境或现实社会的影响力，以及对其他研究人员的借鉴、参考与启迪作用。学术水平的高低不仅要看它发表在哪种期刊上，而且还要看它发表后被他人引用的情况，更要看它为社会所带来的经济和社会效益。

6.1 科技论文的收录、引用

6.1.1 科技论文的收录

科技文献具有了传递性才能使它具有社会意义，才能产生促进科学发展的价值。在现代信息社会的条件下，科学上的继承和借鉴、交流和综合主要是通过文献检索来实现的。国际上有许多文献检索工具为科学技术的发展做出了重大贡献。文献检索工具的文献来源是世界上公开出版的期刊、图书、专利、学术会议等，各种文献检索工具所收录的论文来源期刊有不同的类别、层次和要求，因此就有论文是否被收录和被什么检索工具收录的问题，期刊也有是否被列为来源期刊和被什么检索工具列为来源期刊的问题。

目前，国际上比较公认的最著名的国际权威检索机构是所谓的三大检索：科学引文索引（Science citation index，SCI）、工程索引（The engineering index，EI）和会议录引文索引（Conference proceedings citation index，CPCI）。工程索引是一个全球性的工程类索引数据库，主要收录工程和应用科学领域的文献，其数据来源于世界 77 个国家。文献来自 3800 余种工程领域的期刊，80000 多会议论文集及其他类型的资源，这些文献涵盖了所有的工程领域，涉及 190 个学科。科学引文索引是世界上很有影响的一种大型综合性检索工具，它重点收录生命科学、物理、化学、生物、农业、医学等基础学科和交叉学科的文献，收录的文献主要是期刊论文。收录范围十分广泛，涉及学科 150 多个，SCI 核心区收录期刊 3700 多种，扩展版 SCIE 收录期刊有 8800 种。

作为一种检索工具，SCI 不仅通过主题或分类途径检索文献，而且设置了独特的"引文索引"（Citation index），即通过先期文献被当前文献的引用，来说明文献之间的相关性及先前文献对当前文献的影响力。SCI 严格的选刊标准和评价程序保证了来源期刊的质量。SCI 运用引文数据分析和同行评议相结合的方法，充分考虑了期刊的学术价值，在收录的期刊里包含了国际上较为重要的期刊，因此，SCI 所收录的期刊一般都被认为是被引频次高而且学术水平较高的期刊。但"SCI"不是目的，不是唯一标准，而是一种实用的比较客观的评价工具。应该指出，期刊是否被 SCI 收录，并不能绝对评判期刊的好坏。既要反对盲目鼓励发表 SCI 收录期刊的论文数，也要反对全盘否定 SCI 的观点。

除了上述三大索引，Elsevier Science 公司开发了一个新的检索、分析和评价的数据源——Scopus数据库，它是全球最大的文摘与科研信息引用数据库，拥有 5500 多万条记录，每日更新。Scopus 收录了 5000 多家国际出版商的 21915 种期刊，含 20000 多种同行评议期刊（包括 500 余种中文同行评议期刊）；2800 种黄金开放获取访问期刊；3750 种在编期刊；75000 本图书；超过 640 万篇会议论文；390 余种商业出版物；超过 400 本丛书；覆盖的期刊超过 40 多种语言。涵盖的学科有 Physical Sciences and Engineering（物理科学和工程）、Life Sciences（生命科学）、Health Sciences（健康学）和 Social Sciences and Humanities（社会和人文科学）四大类。

6.1.2　科技论文的引用

科技论文是科学研究活动的主要产出形式，也是科研工作者个人的学术思想和学术观点向社会传播，最终转化为社会科学财富的起始点。论文中对他人学术思想的继承、借鉴或批判通常都以参考文献的形式来反映，这种引证和被引证的关系（或称引用和被引用的关系）也即所谓的引文关系。论文的相互引用说明了知识的相互继承和作用，体现着人类科学是在前人研究的基础上不断发展的，因此，某一篇论文的被引用次数能从一个侧面客观地反映论文的学术水平和价值。引文关系是科学活动中存在的一种比较客观的关系，它是由科技论文的相互引证而形成的一种学术关系。与引文关系相关的概念有引文、来源文献、来源出版物。

如果文献 A 中提到或者引用了文献 B，并以参考文献的形式列出了文献 B 的出处，其目的在于指出信息的来源，那么文献 B 就是文献 A 的参考文献，也称文献 B 是文献 A 的引文（citation）；文献 A 提供了包括文献 B 在内的若干引文，文献 A 称为来源文献（source item 或者 source document），来源文献包括期刊论文、会议论文、评论、技术札记等。刊载来源文献的出版物，称为来源出版物。

6.2　科技论文的主要评价方法和评价指标

科技论文评价有定性评价和定量评价两种方式。定性评价在多数情况下通过其权威性、时效性、可证实性、可核查性、逻辑性和目的性对论文给予大致的、一般性的评价，以决定取舍。定量评价需要确立量化评价指标，给出论文的量化值，以确定论文的优劣。但单一的评价指标存在片面性，可综合选取多项评价指标，确定权重，建立相应的评价体系。科技论文评价体系的建立应该考虑以下几个方面：学术水平、科学意义、经济价值、社会价值、参考价值等。选取的指标必须具有明确性、独立性，且容易获得；确定权重一般要把握三个原则，一是要防止或减少人为干扰，二是要合理，三是与加权因子相适应；建立的评价体系应该科学、直观、实用、方便，并且可操作性强。同时，评价论文还要考虑其属于"软件"这一特点，即论文的作用或价值，主要是在科学理论、技术和潜在意义上的体现，它一般不直接产生社会效益或经济效益。此外，科技论文的评价也可通过评价期刊的方法来间接实现。科技论文的主要评价方法如下。

6.2.1　科技论文的主要评价方法

（1）同行专家评议法

同行专家评议是由部分同行专家对科研人员的论文进行审核、综合评价，最终确定优劣。如果同行专家完全按照客观、公正的原则对论文进行评价，评价结果是可信的。同行专家评议方法是目前国际通用的定性评价方法，主要是在科技论文向科技期刊投稿后的评审阶段实施。自然科学学术期刊的审稿制度，通常要经过初审、评审和终审三个阶段。对于1篇论文，许多期刊选择的评审专家一般在2~3人，审稿人对论文进行评审就是同行专家评议的过程，是论文质量评估的重要环节。但这种方法存在缺陷：花费时间较多，容易受主观因素影响。

（2）引文分析法

引文分析法是根据论文的被引频次进行评价，1977年，J. A. Virgo验证了被引频次与科技论文重要性的正相关假设，并将被引频次作为评价科学论文重要性的指标。随后在被引频次的基础上，又提出了引证强度、引证系数等评价指标，并在论文评价中广泛应用。但是，此方法也存在问题：时效性不强，被引频次的统计有较长时间的滞后性；各学科领域在科研规模、研究方式、合作程度、引文行为等方面存在各自的特点，这些特点决定了各学科在引文总频次水平上的差异。

（3）期刊影响因子法

影响因子由美国SCI创始人尤金·加菲尔德博士率先提出，是建立在引文分析基础之上的，应用于学术期刊的评价。它是期刊在一定时间内所有论文的平均被引频次，影响因子越大，相对来说期刊影响力也越大，该期刊上刊载论文的学术水平也越高。但该方法的问题在于：期刊的影响因子并不代表论文的影响因子；而且影响因子建立在引文量的基础上，必然也受到学科差异性的影响。

（4）网络链接分析法

网络链接分析法，即链接分析法或超链分析法，是以链接解析工具、统计分析软件等为工具，用统计学、拓扑学、情报学的方法对链接数量、类型、链接集中与离散规律、共链现象等的分析，用于Web网络中的信息挖掘及质量评价的一种方法。随着互联网的快速发展，学术期刊已逐渐实现网络化，同时免费网络资源数量不断增加，网络链接分析法也开始被应用于科技论文的评价，并出现了基于网络的科技论文评价指标，如网络影响因子、总链接数、出链数、入链数、链接密度等。

6.2.2 科技论文的主要评价指标

科技论文是科技工作者科研业绩最常见也是最主要的体现形式，定量评价论文的影响力或学术价值对科技人才科研业绩的评价具有重要意义。定量评价需要建立科学、明确、独立且易获得的量化评价指标，下面介绍目前被学术界科技工作者和信息专家普遍使用的科技论文定量评价指标，其中包括常被用来间接评价科技论文的期刊评价指标。

6.2.2.1 被引频次

科技论文的被引频次是科技论文从发表之日起被引用的次数，它是从信息反馈的角度评价科技论文的基本指标之一，可以显示某篇科技论文被使用和受重视的程度，及其在科学交流中的影响力。被引频次高的论文，一般来说质量也相对较高。

作者引用自己发表过的论文，称为自引。为了避免不合理的自引，常常比较论文去除自引后的被引频次，即他引次数，论文被除所有作者以外其他人的引用为他引。某篇论文的他引次数和该篇论文的总被引频次的比值为他引率，可以反映该篇论文被其他作者使用和重视的程度。

6.2.2.2 h指数

2005年,美国物理学家乔治·赫希提出了一个测度科研工作者个人科研成绩的新指标——h指数(h-index),h指数定义为:在一个科研工作者发表的N_p篇论文中,如果有h篇的被引次数都大于等于h,而其他(N_p-h)篇被引频次都小于等于h,那么他(她)的指数值为h。即将某位科研工作者所发表的论文按被引频次从高到低排列,直到某篇论文的序号大于该论文被引频次,该序号减去1就是h指数。h指数是一种定量评价科研工作者所发表科技论文总体质量的指标,h指数也可以用于专利、期刊、机构学术影响力的评价。h指数具有明显的优点,h指数是一个非常简单并且易于理解的复合指标,兼顾个人科学产出的质量和数量,得出的影响力评价更为合理。但h指数也存在缺陷,如对于那些刚开始从事科学研究的人员和那些论文数量少而被引频次高的学者而言是不利的,为了弥补h指数的缺陷,提出了一系列h指数的衍生指数,如g指数、w指数、A指数、R指数等。

6.2.2.3 基于SCI的期刊引证报告中的评价指标

SCI是世界上很有影响的一种大型综合性文摘和引文数据库,基于SCI的期刊引证报告(Journal citation reports, JCR)是全球最具影响力的同行评议期刊的评价资源,1975年由美国科学信息研究所(Institute for scientific information, ISI)开始设立,客观地评价可计量的统计信息,衡量期刊在学术文献中的地位,分析包括引用数据、影响力等多项评价指标,每年进行数据更新,相关数据可通过汤森路透的Web of Science检索分析平台获得。

(1) 总被引频次

期刊的总被引频次(Total cites)是指期刊自创刊以来所发表的全部论文在统计当年被引用的总次数。这也是一个非常客观而实际的评价指标,可以表示该期刊被使用和受到重视的程度,以及在科学交流中的作用和地位。

(2) 即年指标

它也称即时性索引(Immediacy index),是指当年发表的论文被引用数与当年发表的论文数之比,可以反映期刊出版后其中论文得到引用的快慢。

(3) 被引半衰期

被引半衰期(Cited half-life)是期刊被引用数降到年最高被引用数一半的时间,可以反映期刊发表论文被引用减少的趋势。

(4) 影响因子

期刊影响因子(Impact factor, IF)是美国SCI创始人尤金·加菲尔德首先提出并得到国际上广泛应用的一项期刊定量评价的重要指标,是JCR中的一项数据。影响因子是某期刊前两年发表的论文在统计当年的被引用总次数除以该期刊在前两年内发表的论文总数。影响因子IF是一个相对统计量,所以可公平地评价和处理各类期刊。通常情况下,期刊影响因子IF越大,它的学术影响力和促进科技进步的作用也就越大。一般都认为,期刊影响因子与期刊整体学术水平有直接的关系,而与论文质量的关系是通过同行评议来实现正相关关系的。

论文量、时间和被引频次是计算影响因子的三个基本要素。大多数高影响因子的期刊是载有高质量论文的著名期刊。应该说,影响因子和期刊论文的平均质量水平是互为因果关系的。当然,影响因子作为定量的评价指标不是万能的,其适用范围是有限的。所以要正确理解影响因子IF。

IF只是在一定程度上可以反映期刊的好坏,更不能绝对地表示某一篇论文的好坏。影响因子虽然只和被引用次数和论文数直接相关，但实际上，它与很多因素有密切联系。

① 论文因素　如论文的出版时滞、论文长度、类型及合作者数等。出版时滞较短的期刊更容易获得较高的影响因子。若期刊的出版周期较长，则相当一部分的引文因为文献老化（超过2年）而没有被统计，即没有参与影响因子的计算，从而降低了影响因子。大量统计资料表明，刊载的论文如果是热门课题，且篇幅较短，发表较快，则被引用率将很快达到高峰，进而使期刊的影响因子上升很快，然后又迅速下降；刊载完整研究性论文的期刊，持续被引用时间长，影响因子升高较持久。也有资料表明，论文的平均作者数与论文的总被引频次呈显著的正相关。

② 期刊因素　如期刊大小（发表论文数）、类型等。在计算影响因子时，刊载论文数仅统计论文、简讯和综述，而对评论、来信、通讯和其他一些常被引证栏目的文章则不进行统计。根据经验判断，期刊发表论文数量与影响因子和总被引频次的大小有密切联系。在多数情况下，论文量少的期刊容易得到高影响因子，并且这部分期刊的影响因子在年度之间会有较大的波动；而论文量多且创刊年代久的期刊往往容易得到较高的总被引频次。此外，还与其他引证指标，如即年指标、期刊被引半衰期、地区分布数、基金论文比以及期刊发行范围和发行量等指标有密切关系。期刊的规模和结构不同会造成期刊影响因子的不同。一般来讲，同种类型的期刊形成的规模越大，这些期刊的影响因子总的来讲就越大；期刊中所含的热门课题或热门专业的文章越多，总被引频次就越高，同时这种期刊的影响因子也就越大。

③ 学科因素　如不同学科的期刊数目、平均参考文献数、被引半衰期等都会对期刊的影响因子和总被引频次产生影响。期刊的影响因子和总被引频次均以论文的引证与被引证的数量关系为基础。一个学科的引文数量，总体水平取决于两个主要因素：一是各学科自身的发展特点；二是该学科期刊在数据库来源期刊中所占的比例。从总体上来说，某学科来源期刊越多，该学科期刊的总被引频次和影响因子就越大。这两大因素决定了学科影响因子和总被引频次分布的差异性和不均衡性。

④ 检索系统因素　如参与统计的期刊来源、引文条目的统计范围等。对于特定期刊来说，在中外的检索系统中，由于其所收录的期刊群体组成的差异较大，因而所计算的影响因子值有较大的差异，并且同一期刊在不同语种的检索系统中具有明显不同的影响因子和总被引频次。

可见，用 IF 比较不同类型期刊的好坏不是绝对的。基于以上因素，很多学者提出在使用 IF 时，为了消除学科的差异性，应该遵循同类相比的基本原则。不同学科的期刊，IF 差别较大，互相比较也是没有意义的。在同一学科内的同一类期刊进行比较，是相对合理的。为了解决不同学科之间的 SCI 收录期刊很难进行比较和评价的问题，中国科学院文献情报中心（国家科学图书馆）世界科学前沿分析中心对目前 SCI 核心库加上扩展库期刊的影响力等因素，以年度和学科为单位，对 SCI 收录期刊进行 4 个等级的划分。"JCR 期刊影响因子及分区情况"将各学科的 SCI 收录期刊分为 1 区（最高区）、2 区、3 区和 4 区四个等级。各种学科也被归为 13 个大类，分别是工程技术、农林科学、化学、生物、医学、社会科学、综合性期刊、地学、地学天文、数学、物理、环境科学和管理科学，以及 173 种小类。JCR 期刊分区数据每年 10 月份更新。

也有学者提出由于目前 IF 按 2 年期测试窗口统计，因此 IF 的变化比较大。特别对于那些刊载论文比较少的期刊，很可能因为一两篇论文的高引用率而使影响因子大幅度变化。因此，建议用 5 年期测试窗口来统计 IF，以使 IF 的变化幅度相对减小。但是不可否认，从各种层次上定量研究和评价科技活动已成为可能，这是科技管理者进行科研评价的基础。

6.2.2.4 基于 Scopus 的期刊评价指标

Scopus 数据库是 Elsevier Science 公司开发的一个文摘和引文数据库，是一个检索、分析和评价的数据源，Scopus 中期刊评价指标主要包括 Source Normalized Impact per Paper (SNIP)、Impact Per Publication (IPP) 和 SCImago Journal Rankings (SJR)。

（1）SNIP

SNIP 是 2010 年荷兰莱顿大学科技研究中心（CWTS）Henk F. Moed 开发出的期刊度量指标，它是在三年引文窗中某一来源出版物中的每篇论文的平均被引次数与该学科领域的"引用潜力"之间的比值。其中"引用潜力"是指一篇文章估计在指定的学科领域中所达到的平均被引次数，表示目标期刊主题领域的文献被引用的可能性，用主题领域的平均被引次数来衡量，以校正不同主题领域间的引用差异。

（2）IPP

IPP 是 Scopus 和 CWTS 在 2014 年 6 月新发布的一个期刊评价指标，其定义为，对某一年份（假设 Y）的 IPP 计算，是由其倒推前 3 年（Y-1，Y-2，Y-3）发表所有文献在 Y 年的被引次数总和，除以前 3 年（Y-1，Y-2，Y-3）发表的总文献数量。

（3）SJR

SJR 是西班牙 SCImago 研究小组于 2008 年研发的一种新型期刊评价指数，是一个既考虑了期刊被引数量，又考虑了期刊被引质量的指标，它采用 Google 网页排名的 PageRank 算法，赋予高声望期刊的引用以较高的权重，并以此规则迭代计算直到收敛。

6.3 国内外重要的期刊源数据库

6.3.1 科学引文索引

6.3.1.1 引文索引

美国人尤金·加菲尔德是引文索引的创始人，1958 年正式创办了美国科学信息研究所 (ISI)，并开始编制引文索引。引文索引是一种索引词表，也是一种检索方法。作为一种索引词表，它是对文献的引文进行标引而形成的，也称为引文索引语言；作为一种检索方法，主要是将文献的引文作为检索字段的一种方法，也叫引文索引法。

6.3.1.2 SCI 的发展历史

20 世纪 50 年代初，尤金·加菲尔德就受"谢泼德引文"的启发，萌生了编制引文索引的想法。1961 年开始编制 SCI，1963 年出版，摘录了 1961 年出版的重要期刊 613 种，来源文献 113318 篇，引文 137 万条。1964 年又出版了两卷 SCI，分别摘录了 1962 年和 1963 年的期刊。从 1965 年开始起，每年出版一卷。1979 年开始改成双月刊，并有年度累积本和五年度累积本。1990 年 SCI 开始出版光盘版的数据库。1992 年 ISI 被加拿大汤姆森公司（The thomson corporation）的分公司 Thomson Scientific & Healthcare 收购。1997 年，Thomson ISI 推出了 SCI 的网络版数据库 Web of Science 检索系统中的 Science Citation Index Expanded，其信息资料更加翔实，后来又建立了社会科学引文索引（Social science citation index，SSCI）和艺术与人文引文索引（Art & Humanities citation index，AHCI）。这三个数据库构成了 ISI 独具影响力的三大学科引文索引数据库，其网络版与会议录引文索引（CPCI）共同构成了 Web of Science 的核心。2008 年，加拿大汤姆森公司（The

thomson corporation）与英国路透集团（Reuters group PLC）合并成立汤森路透集团（Thomson reuters），现在 Web of Science 数据库属汤森路透集团旗下产品。

6.3.1.3 SCI 数据库简介

科学引文索引数据库是国际性的、多学科的综合性索引，涵盖 150 多个学科，主要涉及农业、数学、物理、化学、林业、医学、生物学、生命科学、天文、地理、环境、材料、工程技术等领域的学科。收录 1900 年至今的数据，可以检索 100 年来的学术引文，提供了最深的回溯数据。

Web of Science 是一个采用"一站式"信息服务的设计思路构建而成的数字化研究环境。该平台以三大学科引文索引和会议录引文索引作为核心，利用信息资源之间的内在联系，把各种相关资源提供给研究人员；兼具知识的检索、提取、管理、分析与评价等多项功能；还可以跨库检索德温特专利索引（Derwent innovations index，DII）、生物科学（BIOSIS previews）、国际农业和生物科学文摘（CAB abstracts）、科技文摘（INSPEC）等数据库以及外部信息资源。下面介绍 Web of Science 数据库的使用方法。

6.3.1.4 数据库检索系统和访问方法

Web of Science 数据库的检索首页见图 6-1，提供了 5 种检索方式：基本检索、作者检索、被引参考文献检索、化学结构检索和高级检索。同时，Web of Science 数据库也为用户提供了个性化服务。Web of Science 的系列数据库可以进行分库检索，也可以在本单位购买的所有数据库中进行跨库统一检索。检索字段视不同的数据库略有不同，这里以 Web of Science 数据库的核心合集为例进行介绍，核心合集包括 SCIE、SSCI、AHCI 和 CPCI-S、CPCI-SSH 等引文索引数据库及化学索引数据库，可同时选择上述索引数据库，也可选择单一索引数据库进行检索。

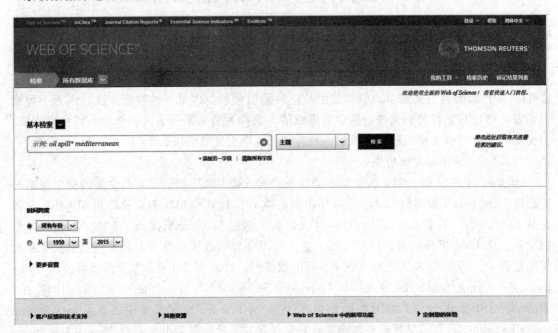

图 6-1　Web of Science 数据库界面

（1）基本检索

Web of Science 核心合集数据库默认的是基本检索界面，分为检索策略输入区和检索条件限定区。在检索策略输入区系统提供了1个检索输入框，用户可以添加输入框。检索范围设置了主题、标题、作者、作者识别号、团体作者、编者、出版物名称、DOI、出版年、地址、机构扩展、会议、语种、文献类型、基金资助机构、授权号、入藏号和PubMed ID 18个检索字段。在基本检索过程中，用户可以使用布尔逻辑算符、位置算符和截词符等检索技术。and,or, not 分别表示逻辑与、逻辑或、逻辑非。SAME 表示检索词出现在同一句子里，词序不限；NEAR 算符可限定两个检索词的位置邻近关系；词组或短语检索用双引号""表示。截词符"*"代表任意多个字符，截词符"?"代表任意一个字符。在每个输入框内对应的检索字段具有相应的输入例子供用户学习，有些检索字段可以从相应索引中选择检索词。

在以作者作为检索字段时，需要注意输入方式，可以使用姓名全称，也可使用姓的全称加名的缩写。如 Qian Xuhong 写成 Qian Xuhong 或 Qian XH，不区分大小写，也可从作者索引中选择作者姓名。用地址检索时，可以直接运用邮政编码进行检索。

在 Web of Science 数据库中，"出版物名称"检索字段可以从其索引中选择出版物名称，既可以单击一个字母或者键入出版物名称的前几个字母，按字母顺序浏览，如输入 neuro 可以找到 Neuroscience 这本期刊；也可以输入文本查找包含该文本的出版物，可以使用截词符，如输入 neuros * 可找到 Journal of Neurosurgery 和 Neurosurgery 等期刊。

在检索条件限定区，可以进行时间限制，同时也可以进行引文索引数据库和化学索引数据库的选择。在检索结果显示界面可以通过右边"精炼检索结果"区域对检索结果进行二次检索。

（2）高级检索

在 Web of Science 数据库中，提供高级检索功能，高级检索中常用的检索字段和算符如图 6-2 所示。

用户使用两个字母的字段标识、布尔逻辑算符、括号和检索词来创建检索式。结果显示在页面底部的检索历史列表中，可在列表中点击检索结果的数目，查看检索结果，

图 6-2 高级检索中常用的检索字段和算符

也可对列表中多个检索式进行组配获得新的检索式和检索结果。例如，可输入下列检索式进行检索。

TS=（nanotub* SAME carbon）NOT AU=Smalley

TI="carbon dioxide" and CI=（NEW same YORK）and SO=（JOURNAL OF THE AMERICAN CHEMICAL SOCIETY）

检索历史列表如图 6-3 所示。

（3）被引参考文献检索

与其他数据库不同的是，Web of Science 数据库中提供了被引参考文献检索，即查找引用个人著作的论文。如图 6-4 所示。

在被引参考文献检索中，可通过被引作者、被引著作、被引年份、被引卷、被引期、被引页和被引标题7个字段进行检索。其中，在被引作者字段中，输入作者姓名的全称或姓的全称加名的缩写。被引著作字段中使用被引期刊或图书的全称或缩写进行检索，但缩写字母后面需要加截词符"*"，也可从期刊名称索引中选择。需要注意的是被引著作是指刊载被引文献的期刊或图书的名称。被引年份输入要四位数字，如 2006。检索限制区可以对入库

图 6-3 高级检索中的检索历史列表

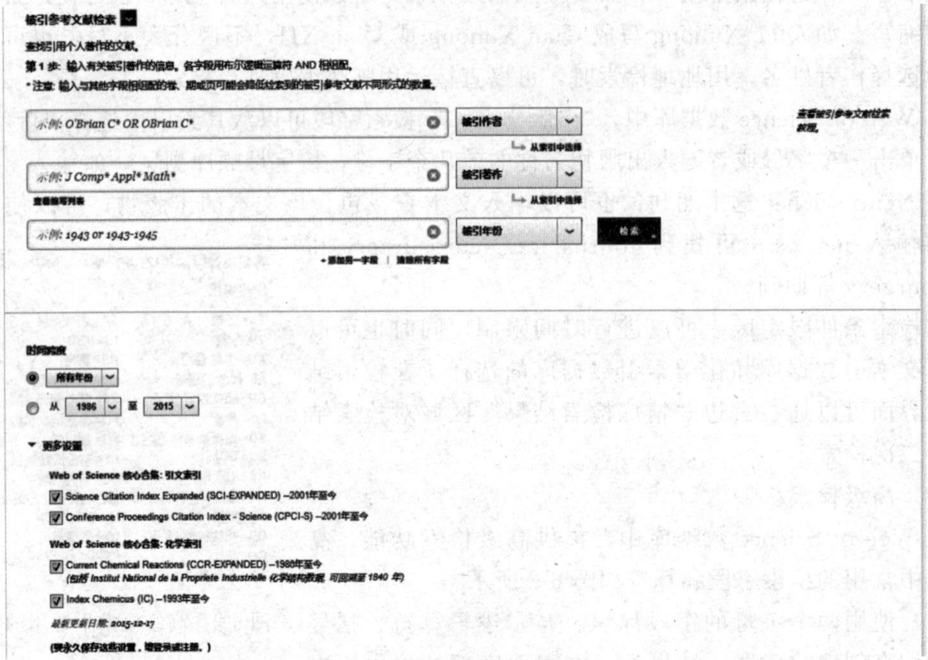

图 6-4 被引参考文献检索界面

时间进行限制和对数据库进行选择。

6.3.1.5 SCI 的分析功能

Web of Science 数据库除了具有普通数据库的检索功能外，还具有分析功能。在检索结果界面的右侧，具有"分析检索结果"和"创建引文报告"两个按钮，提供相应功能，如图 6-5 所示。

（1）分析检索结果

该功能可以将检索结果按照作者、丛书名称、会议名称、国家/地区、文献类型、编者、基金资助机构、授权号、团体作者、语种、机构、机构扩展、出版年、研究方向、来源出版物名称、Web of Science 类别进行聚类分析，挖掘有价值的信息并识别隐含的趋势与模式。如按照作者进行分析，可以了解某一研究领域的核心人员；按照国家/地区分析，可以知道在某研究领域中，哪个国家是领先的；按照文献类型分析，可以分析某研究成果是以什么途径发表的；按照机构名称分析，可以了解有哪些研究机构从事某领域的研究；按照来源出版物分析，可以了解某研究的成果发表在哪些期刊上；按照研究方向分析，可以了解某研究涉及了哪些研究领域。

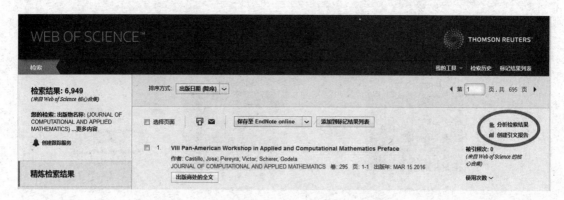

图 6-5 Web of Science 对检索结果提供的分析功能

将检索结果按照分析字段分析可得到柱状分析图，图 6-6 为将检索结果按作者分析后的分析结果。分析结果的数据可以导出，保存到文件中。

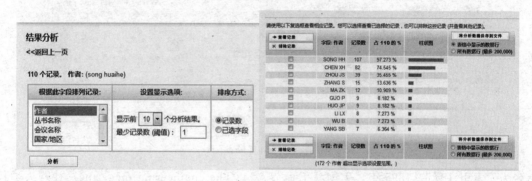

图 6-6 分析结果

（2）创建引文报告

该功能可以为检索结果创建引文报告，提供每年出版文献数和每年引文数的柱状图。还给出检索到文献的总被引频次、去除自引的总被引频次、施引文献数、去除自引的施引文献数、每项平均引用次数以及 h 指数，如图 6-7 所示。柱状图下还以一定的排序方式排列检索结果。默认排序方式为被引频次（降序），排序方式有被引频次、最近添加、入库时间、第一作者、来源出版物名称、会议标题，均可按降序或升序排列（最近添加除外）。

6.3.1.6 个性化服务

如果使用 Web of Science 的个性化服务，必须为注册用户，并且必须登录。作为注册用户，可以利用以下便利的功能：在每次访问 Web of Science 时自动登录；选择起始页，能够在开始会话时自动访问特定数据库，而不是"所有数据库"选项；更新个人信息，包括用户名和密码；将检索式保存到 Web of Science 系统的服务器，可以在以后继续检索时打开它；设置检索历史跟踪服务，自动检索数据库的上次更新，然后通过电子邮件将结果发送给用户，此功能需要订阅；设置引文跟踪，有新论文对"引文跟踪"列表中的论文进行引用时，会通过电子邮件发出通知，此功能需要订阅 Web of Science；创建并维护用户经常阅读的定制期刊列表，但此功能需要订阅 Current Contents Connect；直接从 Web of Science 和其他产品数据库将参考文献添加到 EndNote 在线文献库。

6.3.2 工程索引

工程索引（EI）创刊于 1884 年，最初是美国工程师学会联合会会刊中的一个文摘专栏，

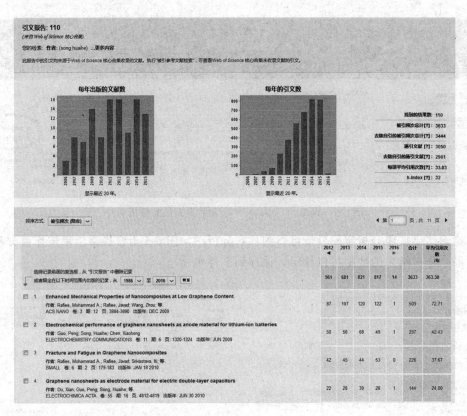

图 6-7 引文报告

命名为"索引注释"。1895 年，美国《工程杂志》(The engineering magazine) 社购买了其版权后更名为现在的名称——工程索引 (The Engineering Index)，并开始出版累积索引。工程索引有多种出版类型，最早出版的是印刷型，包括年刊 (The engineering index annaual) 和月刊 (The engineering index monthly)，年刊于 1906 年开始出版，每年出版一卷，年刊出版周期较长，但检索方便；月刊创办于 1962 年，每月出版一期，报道时差为 6~8 周。1928 年，工程索引出版了工程索引卡片，按照主题分组发行，报道时差更短，便于灵活积累资料。1969 年开始发行为计算机检索使用的工程索引机读磁带，20 世纪 90 年代之后工程索引发行了光盘版，之后又开始推行网络数据库版。

6.3.2.1 EI 网络版数据库介绍

EI 网络版检索系统曾用名 EI Compendex Web，2003 年起升级为 Engineering Village 2。Engineering Village 2 是一个综合检索平台，除了提供 EI 网络版的检索外，还提供了 INSPEC、NTIS 等数据库的检索。网络版 EI 也是文摘型的检索数据库，内容几乎覆盖了所有工程技术领域，包括土木工程，能源、环境、地理和生物工程，电气、电子和控制工程，化学、矿业、金属和燃料工程，机械、自动化、核能和航天工程，计算机、人工智能和工业机器人等。在所包含的学科领域中，电气工程方面的期刊文献最多，占 29%，土木工程占 14%，化学工程占 14%，机械工程占 9%，采矿工程占 8%，一般工程占 27%。其文献来自 3800 余种工程领域的期刊，80000 多会议论文集及其他类型的资源，含 1800 多万条记录，每年新增约 130 万条记录，可在网上检索 1869 年至今的文献，且数据每周更新。

6.3.2.2 数据库的检索

EI 网络版提供了快速检索 (Quick search)、专家检索 (Expert search) 和主题词表检索（Thesaurus search）三种检索方式。在检索平台上，检索词不区分大小写。检索结果可以通过"Refine results"进一步限定进行二次检索。注册用户，登陆后也可使用个性化服务。

（1）快速检索

数据库首页默认快速检索界面，如图 6-8 所示。检索区域分为检索策略输入区和检索条件的限定区，在检索策略输入区，系统默认提供 3 个检索框，用户可以添加检索框。

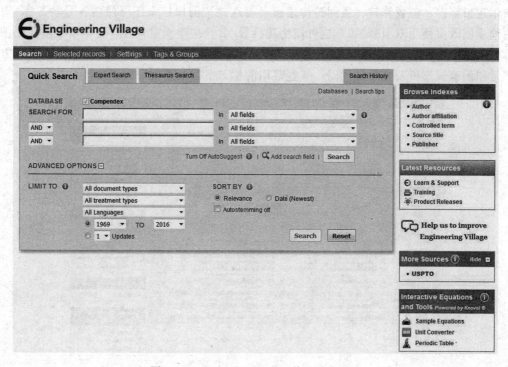

图 6-8　Engineering Village 快速检索界面

用户将检索词或短语输入一个或几个"SEARCH FOR"栏的文本输入框中，可以从文本框右边"in"后面的检索字段选择栏通过下拉菜单选定字段进行检索，也可以在一个文本输入框中使用布尔逻辑算符（and，or，not），位置算符（NEAR，ONEAR），截词符（*，?）等检索技术组配检索词构建检索式进行检索，短语精确检索使用双引号""。检索字段包括 All fields（所有字段）；Subject/Title/Abstract（主题/题名/摘要）；Abstract（摘要）；Author（作者）；Author affiliation（作者机构）；Title（题名）；Ei Classification code（Ei 分类码）；CODEN（图书馆所藏文献和书刊的分类编号）；Conference information（会议信息）；Conference code（会议代码）；ISSN（国际标准期刊编号）；Ei main heading（Ei 主题词）；Publisher（出版商）；Source Title（来源期刊名）；Ei controlled term（Ei 受控词）；Country of origin（来源国）。

快速检索框中的运算顺序为检索框排列的先后顺序，即先检索前两个文本框中的检索词，再检索第三个文本框中的检索词。输入检索词时，系统提供自动取词根（Autostemming）功能，输入检索词后，将自动检索所输入检索词的词根，其功能与后截词功能相近。在作者检索字段中，系统不能自动取词根检索。

检索条件的限定区可以限定检索结果的文献类型（Document type）、处理类型（Treatmenttype)、语言（Language）和发表时间等。

用户可以使用浏览索引（Browse indexes）查找用于检索的适宜词语。如图6-8所示检索页面右上角的作者、作者机构、Ei受控词、来源期刊名、出版商索引。通过索引可查看所输入检索词的拼写是否正确。

（2）专家检索

专家检索界面如图6-9所示，在专家检索字段中，用户可以使用检索字段代码、检索词和布尔逻辑算符、位置算符、截词符构建检索表达式。词根检索还可使用符号"$"，短语精确检索则既可使用双引号""，也可使用花括号{}。构建检索式时，在检索字段代码前加"wn"。例如，"{test bed} wn ALL AND {atm networks} wn TI"。在专家检索页面下方介绍了常用的检索字段及其字母代码。一些常用的检索字段及其代码列于表6-1中。

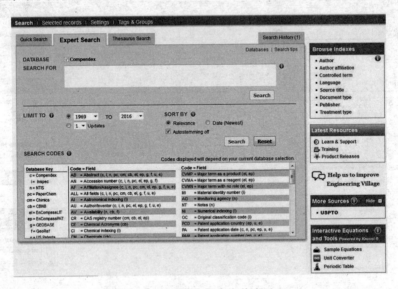

图 6-9　EI 数据库的专家检索界面

表 6-1　EI 数据库的高级检索字段及代码列表

字段	字段代码	语法	字段	字段代码	语法
All fields（所有字段）	ALL	wn ALL	Treatment type（处理类型）	TR	wn TR
Subject/Title/Abstract（主题/题名/摘要）	KY	wn KY	Ei Main heading（Ei 主题词）	MH	wn MH
Author（作者）	AU	wn AU	Uncontrolled term（自由词）	FL	wn FL
Affiliation（机构）	AF	wn AF	Classification code（分类码）	CL	wn CL
Publisher（出版商）	PN	wn PN	Abstract（摘要）	AB	wn AB
Sourcetitle（刊名）	ST	wn ST	CODEN（图书馆所藏文献和书刊的分类编号）	CN	wn CN
Title（题名）	TI	wn TI	ISSN（国际标准期刊编号）	SN	wn SN
Controlled term（受控词）	CV	wn CV	ISBN（国际标准图书编号）	BN	wn BN
Document type（文献类型）	DT	wn DT	Conference code（会议代码）	CC	wn CC
Language（语言）	LA	wn LA	Conference information（会议信息）	CF	wn CF

专家检索界面右边的浏览索引框（Browse indexes）中，在快速检索索引的基础上，增加了处理类型（Treatment type）、文献类型（Document type）和语言（Language）的索引3个选项。它为用户提供更多选择，以找到适宜的词语用于检索。

6.3.3 会议录引文索引

会议录引文索引（CPCI）数据库主要收录的是会议文献。所谓会议文献，是指各类学术会议的资料和出版物，包括会议前参加会议者预先提交的论文文摘，在会议上宣读或散发的论文，会上讨论的问题、交流的经验和情况等经整理编辑加工而成的正式出版物。广义的会议文献包括会议论文、会议期间的有关文件、讨论稿、报告、征求意见稿等，而狭义的会议文献仅指在会议录上发表的文献。

会议录引文索引原为美国科学技术会议录索引（Index to scientific & technology proceedings，ISTP），是综合性的科技会议文献检索工具，最初由ISI编辑出版。1978年创刊，分为月刊和年刊，年报道约4000个会议、论文约20万篇，约占每年主要会议论文的75%以上。索引内容的65%来源于专门出版的会议录或丛书，包括IEEE，SPIE，ACM等协会出版的会议录，其余来源于以连续出版物形式定期出版的系列会议录，内容涉及一般性会议、座谈会、研究会、专题讨论会等。

CPCI分为科技版（Conference proceedings citation index—science，CPCI-S）和社科与人文版（Conference proceedings citation index—social science & humanities，CPCI-SSH），内容涉及社会科学、人文科学、生命科学、物理、化学、生物、农业、环境科学、工程技术、医学等各学科领域。目前，CPCI已并入Web of Science，是Web of Science平台核心合集的组成部分，通过Web of Science平台提供检索，数据每周更新。

6.3.4 中国科学引文数据库

6.3.4.1 中国科学引文数据库概述

中国科学引文数据库（CSCD）是我国第一个引文数据库。中国科学引文数据库创建于1989年，收录我国数学、物理、化学、天文学、地学、生物学、农林科学、医药卫生、工程技术、环境科学和管理科学等领域出版的中英文科技核心期刊和优秀期刊千余种，目前已积累从1989年到现在的论文记录300万条，引文记录近1700万条。2015—2016年度中国科学引文数据库收录来源期刊1200种，分为核心库和扩展库两部分，其中核心库872种，扩展库328种。中国科学院文献情报中心（国家科学图书馆）自20世纪80年代初以来，一直从事建立中国科学引文数据库的探索性研究。1991年此项研究被列为国家自然科学基金资助课题，该课题组便正式开始了中国科学引文数据库的研究与建设，并于1994年初进行了印刷出版《中国科学引文索引》的编制研究工作。1995年《中国科学引文索引》试刊号问世，这意味着我国自己的科学引文索引诞生了。《中国科学引文索引》以中国科学引文数据库为基础编制而成，它收录来源期刊上刊载的全部研究论文和综述文章以及部分重要研究简报、译文、纪念性文章、教学研究、讲座等文献。不收录论文摘要、简讯、消息、短论、动态、发刊词、题词和名词解释等。1998年出版了我国第一张中国科学引文数据库检索光盘，1999年出版了基于CSCD和SCI数据，利用文献计量学原理制作的纸版《中国科学计量指标：论文与引文统计》，2003年CSCD上网服务，推出了网络版——中国科学文献服务系统（ScienceChina），2005年CSCD出版了《中国科学计量指标：期刊引证报告》。2007年，与美国Thomson ISI合作，CSCD成为ISI Web of Knowledge平台上第一个非英文语种的数据库，实现了CSCD在ScienceChina和ISI Web of Knowledge上的双平台服务。2008

年，以 CSCD 为核心的 ScienceChina 服务平台全面升级改版，同时推出网络版中国科学文献计量指标（CSCD ESI annual report）和中国科技期刊引证指标（CSCD JCR annual report）。

中国科学文献数据库服务系统（ScienceChina）是中国科学院文献情报中心（国家科学图书馆）资助的项目，建设目标是建立中文科技期刊的基于 Web 的科技文献摘要、引文、联合目录馆藏的科技知识服务体系，面向广大机构和个人用户提供中文科技期刊文献资源的有效发现和评价服务。结合对全文数据库的开放链接，建立基于核心科技期刊的知识发现、评价和推介服务体系。ScienceChina 是以统一的数字化信息加工、管理和发布平台为基础，以国内科技期刊论文为内容，以各种链接机制为手段的别具特色的科学文献服务系统。

6.3.4.2 中国科学引文数据库的检索

中国科学引文数据库提供来源文献检索和引文检索两种检索途径，可以进行简单检索、高级检索和二次检索。中国科学引文数据库还提供了数据链接机制，支持用户获取全文。

(1) 引文检索

引文检索可以查询到某篇科技文献被引用的详细情况，还可以从一篇早期的重要文献或著者姓名入手，检索到一批近期发表的相关文献，对交叉学科和新学科的发展研究具有十分重要的参考价值。

① 简单检索　这种检索方式分为检索输入区和条件限定区。检索输入区默认提供三个检索框，每个检索框的右边都有下拉框可以选择检索字段。检索字段包括：被引作者、被引第一作者、被引来源、被引机构、被引实验室、被引文献主编。可以选择每个检索框之间的逻辑运算关系"与"、"或"。条件限定区可以限定论文被引时间范围和论文发表时间范围。

② 高级检索　在检索框中输入检索字段名称和布尔逻辑运算符以及检索内容构造检索式，默认检索为模糊检索，例如，检索词"经济"，是指文中含有"经济"这两个连续字，如经济、经济学、经济效益等。如果在检索项后加入"_EX"，表示精确检索。也可以在最下方的检索框填入相应检索词，点击增加，将自动生成检索语句。提供的检索字段有：被引作者、被引第一作者、被引来源、被引机构、被引实验室、被引出版社、被引文献主编、被引时间范围、出版时间范围。还可选择是否只在核心库中检索。

③ 检索结果显示　检索结果的显示分为两部分：检索结果分布部分，包括被引出处分布、年代分布、作者。检索结果还可按来源被引文献的被引出处、年代和作者进行结果限定。结果输出部分，列出作者、被引出处、被引频次，可以打印和下载这些信息，也可链接查看文章的详细信息和全文。下载的输出字段包括被引题名、被引作者、被引出处、被引频次、引证文献。在结果输出部分勾选某个结果，再点击完成检索，提供被引文献的被引情况，包括施引文献的题名、来源、作者和被引频次。

④ 二次检索　可以通过被引作者、被引第一作者、被引来源、被引机构、被引实验室、被引出版社、被引文献主编对检索结果进行限定，进行二次检索。

⑤ 检索结果分析　点击检索结果分布右侧的检索结果分析，可以提供引文出版年的柱状图。

(2) 来源文献检索

利用来源文献检索，可根据相关信息查找相应的文章，获得对该篇论文的详尽描述，或直接查找原文。

① 简单检索　这种检索方式与引文检索中的简单检索方式类似，也分为检索输入区和条件限定区。检索输入区默认提供三个检索框，每个检索框的右边都有下拉框可以选择检索

字段。检索字段包括：作者、第一作者、题名、刊名、ISSN、文摘、机构、第一机构、关键词、基金名称和实验室。可以选择每个检索框之间的逻辑运算关系"与"、"或"。条件限定区可以限定论文发表时间范围和论文所属学科范围。

② 高级检索 在检索框中输入检索字段名称和布尔逻辑运算符以及检索词构造检索式，也可以在最下方的检索框填入相应检索词，点击增加，将自动生成检索语句。提供的检索字段与简单检索相同。还可选择是否只在核心库中检索。

③ 检索结果显示 检索结果的显示分为两部分：检索结果分布部分，包括来源期刊分布、年代分布、作者、学科分布。检索结果还可按来源文献的来源、年代、作者和学科进行结果限定。结果输出部分，列出文献的题名、作者、来源和被引频次，可以打印和下载这些信息，也可链接查看文章的详细信息和全文。下载的论文目次信息的输出字段包括题名、作者、文摘、来源、ISSN、关键词、语种、学科、基金名称等。

④ 二次检索 可以通过作者、第一作者、题名、刊名、ISSN、文摘、机构、第一机构、关键词、基金名称和实验室对检索结果进行限定，进行二次检索。

⑤ 检索结果分析和引文分析报告 可以对检索结果进行分析和创建引文分析报告。

a. 检索结果分析。点击检索结果分布右侧的检索结果分析，可以对检索结果的来源、年代、作者、学科进行分析。按来源分析提供来源期刊百分比柱状图，按年代分析提供检索结果分年走势图，按作者分析提供作者百分比柱状图，按学科分析提供学科百分比饼图。

b. 引文分析报告。点击引文分析报告，提供检索结果中的文献每年出版的文献数和每年被引文献数的柱状分布图，列出每篇文献的按年被引情况和平均引用次数。可以查看引证文献和去除自引的引文报告。

(3) 来源期刊浏览

来源期刊浏览途径提供刊名首字母导航、刊名检索、ISSN 检索、年卷期浏览等功能。

6.3.5 中国科技期刊引证报告

中国科学技术信息研究所（ISTIC）受国家科学技术部（简称科技部）的委托，从1987年开始对中国科技工作者在国内外发表论文数量和被引用情况进行统计分析（成立了中国科技论文统计与分析项目组），并利用统计数据建立了中国科技论文与引文数据库（CSTPCD）。《中国科技期刊引证报告》（CJCR）是依托 CSTPCD 数据研制的专门用于期刊引用分析研究的重要检索评价工具。自 1997 年出版第 1 本后，连续出版到今，每年一本（2006 年改名为《中国科技期刊引证报告（核心版）》，现《中国科技期刊引证报告》有核心版和扩刊版，是国内最有影响力的科技期刊评价报告之一。采用期刊被引、期刊来源和学科类别 3 类计量指标，结合中国期刊的实际情况选用了诸如总被引频次、影响因子、即年指标、他引率、引用刊数、扩散因子、学科扩散指标、学科影响指标、被引半衰期、基金论文比、海外论文比等 23 种指标。为了与扩刊版相区分，影响因子、总被引频次等主要引证指标自 2012 年版开始改用核心影响因子、核心总被引频次等名称。2014 版核心区来源期刊是 1989 种在中国出版的中英文科技类期刊。

6.3.6 核心期刊

6.3.6.1 核心期刊的由来

1934 年，英国文献计量学家布拉德福发表了《专门学科的情报源》一文，发现任何一门学科的绝大部分专业文献都集中于少数的相应专业期刊内，但是同时也散布于其他相关专业期刊之中。布拉德福通过对地球物理和润滑两个学科的目录资料进行统计分析，得出"如果将科技期刊按其刊载某专业论文的数量多少，以递减顺序排列，则可以分出一个核心区和相继的几个区域，每个区域的载文数量相等，此时核心区和相继区域的期刊数量呈 1：n：n^2……的关系"。统计表明，学科内 1/3 的论文刊载在 3.2% 的少数期刊上，另外 2/3 的论文则分散在大量的其他期刊上。这些少数信息密度大、载文量多的期刊被称为核心期刊。对于不同的学科，尽管 n 值不同，但分布规律是相同的。用语言描述为"与其主题有关的大部分期刊文章集中在少数部分相关期刊上"，这就是布拉德福文献分散定律。1948 年，维利多对其图形和定律进行了修正。1967 年，莱姆库勒对区域法进行了发展。1969 年，布鲁克斯又对图形法进行了发展。他们对定律的文字和图像两种描述进行修正，发展了这两种数学模型，大大促进了它在图书情报、文献工作和科技评价中的推广应用。1967 年，联合国教科文组织的研究表明，在二次文献的文摘、题录、索引中，同样存在一个核心期刊区。紧接着，尤金·加菲尔德 1971 年在引文分布规律中，也发现了被引文章在期刊的分布上呈现较为集中的核心区与广为分散的相关区。20 世纪 60 年代，美国科学信息研究所（ISI）相继研制了科学引文索引（SCI）、社会科学引文索引（SSCI）和艺术与人文科学引文索引（AHCI），核心期刊开始进入实践阶段。

6.3.6.2 国内核心期刊目录的现状

由于核心期刊有着巨大的应用价值，随着文献计量学在我国的发展，为了适应不同的领域及不同的需要，国内出现了几个影响较大的核心期刊目录。

(1) 中文核心期刊要目总览

1992 年，北京大学图书馆和北京高教学会图书馆工作研究会期刊专业委员会（原北京地区高等院校图书馆期刊工作研究会），运用载文量、文摘量、被引量 3 个评价指标，共同研制了《中文核心期刊要目总览》（以下简称《要目总览》）（第 1 版），筛选出 2157 种期刊，选刊率 33%。1996 年《要目总览》（第 2 版），筛选出 1613 种期刊；2000 年《要目总览》（第 3 版），筛选出 1571 种期刊，现已出版《要目总览》2014 年版，选刊率保持在 20% 左右。2008 年之前，每 4 年更新研究和编制出版一次；2008 年之后改为每 3 年更新研究和编制出版一次。《要目总览》2014 年版选刊 1983 种，采用 12 个评价指标，包括被索量、被摘量、被摘率、被引量、他引量、影响因子、他引影响因子、被重要检索系统收录、基金论文比、Web 下载量、论文被引指数和互引指数。《要目总览》学科齐全，除少量国内英文刊物外，该目录覆盖了自然科学、工程技术和人文社会科学等全部学科，适用范围很广。

(2) 中国科技论文与引文数据库源期刊

中国科技论文与引文数据库（CSTPCD）源期刊称为"中国科技核心期刊"，又称科技部统计源期刊，为《中国科技期刊引证报告》的统计源期刊。科技部中国科技信息研究所信息分析研究中心，为了对我国自然科学领域的主要学术论文产出情况进行分析，并使科技工作者、期刊编辑部和科研管理部门能够科学地评价和利用期刊，研制了该目录，并于 1989 年开始建库。选刊原则主要是根据期刊的学术质量来筛选，其次也考虑到编辑规范、学科和地区覆盖等因素。2014 年核心版收录的期刊为 1989 种，扩刊版期刊 6435 种，核心版选刊率为 30%。

(3) 中国科学引文数据库源期刊

中国科学引文数据库收录我国数学、物理、化学、天文学、地学、生物学、农林科学、医药卫生、工程技术、环境科学和管理科学等领域出版的中英文科技核心期刊和优秀期刊千余种，目前已积累从 1989 年到现在的论文记录 300 万条，引文记录近 1700 万条。该库以文献正文与引文之间的内在联系为纽带,建立了引文索引,可以定量分析、评价各种学术活动,号称中国的 SCI。在收录期刊的数量上,最初收录了 315 种,1996 年扩大至 582 种。2015—2016 年度中国科学引文数据库收录来源期刊 1200 种,其中中国出版的英文期刊 194 种、中文期刊 1006 种。目前分为核心库和扩展库两部分,其中核心库 872 种,扩展库 328 种。

(4) 中国人文社会科学核心期刊要览

《中国人文社会科学核心期刊要览》由中国社会科学院文献计量与科学评价研究中心研制,自 1996 年开始建立了人文社会科学论文统计分析数据库,于 1999 年编制了《中国人文社会科学核心期刊要览》(以下简称《要览》),又称《中国人文社会科学论文与引文数据库源期刊》(CHSID),收录核心期刊 506 种,是从全国 3000 多种人文社科期刊中经过统计分析研究精选出来的。《要览》的第 2 版收录人文社会科学专业期刊 550 种左右,选刊率为 16%。《要览》2013 年版,根据各界对学术期刊评价的实际需求,确定了核心期刊 484 种,学科分为 24 个专业大类和综合类。《要览》核心区基本上覆盖了我国人文社科的重要期刊。

(5) 中文社会科学引文索引源期刊

中文社会科学引文索引(CSSCI)由南京大学中国社会科学研究评价中心研制,用来检索中文人文社会科学领域的论文收录和被引用情况,是我国人文社会科学文献信息查询与评价的重要工具。CSSCI 遵循文献计量学规律,采取定量与定性相结合的方法从全国 2700 余种中文人文社会科学学术性期刊中精选出学术性强、编辑规范的期刊作为来源期刊,目前收录包括法学、管理学、经济学、历史学、政治学等在内的 25 大类 500 多种学术期刊。1998 年选用 496 种,选刊率 14% 左右;1999 年选用 506 种;2000 年收录 419 种,选刊率为 12.3%;2002 年为 419 种;2003 年为 418 种;2004 年为 461 种,选刊率 13% 左右。2000 年 5 月,首次开发的 CSSCI(1998)光盘正式出版,并提供网上服务。从 2004 年开始,每 2 年调整一次,选刊率控制在 15%~20%,总数为 500 种左右,2010 年以后增加中文社会科学引文索引扩展版。目前,中文社会科学引文索引(2014—2015 年)来源期刊收录 533 种,扩展版来源期刊收录 189 种。

7 科技论文的撰写、投稿与发表

7.1 科技论文的撰写

科技论文的写作一般要经过选题、准备和写作三个过程。

7.1.1 科技论文的选题

要完成一篇高质量的科技论文，最主要的工作就是要选好课题，也就是要确定好论文所要论述问题的主要方向和研究范围。选题，是科研工作的起点，既是重要的，也是艰难的。选题的正确与否，对于科研工作的成败起着关键性的决定作用。课题选好了，选对了，科研工作就会少走弯路，事半功倍，也容易完成一篇有价值、高质量、有影响力的论文；若选题不当，则往往出力不讨好，甚至徒劳无功。而科技论文往往是建立在科研课题研究过程中所取得一定的科研成果之上的，因此不仅在开始写论文之前，应该是在开始查资料、做实验之前就要把课题选好，这样才能为写出高质量的科技论文奠定良好的基础。

关于学位论文选题的意义、原则以及步骤在第5章已详细论述，科技论文的选题与学位论文的选题具有一致性，但科技论文又不等同于学位论文，在选题上有各自的特点，这里根据科技论文的特点，对其选题做简单的论述。

科研课题是科学研究人员在充分了解本学科、本领域研究进展的基础上，针对该学科领域内存在的尚未解决或亟待解决的问题进行理论上或实践上的研究探讨。因此科研课题的研究本身就存在选题问题，科研课题的选题往往是决定科研成果的多少与质量的前提条件，也是能否发表出高质量论文的前提条件。因此，如果想要发表出高质量的科技论文，在前期科研课题的研究初期就要对选题高度重视。作为在校学生的研究课题，往往是导师科研课题的子课题，因此研究课题的大概方向已经确定，只要在子课题的选题方面多花些力气即可。首先应该多听听导师的建议，在此基础上进行充分的文献调研、分析，了解清楚该研究方向的研究进展及还有哪些问题尚未解决，对于这些尚未解决的问题进行深入分析，结合自己的专长，找到一个合适的切入点进行研究。

7.1.1.1 科技论文选题的原则

科技论文的选题来源于科研课题，因此其选题与科研课题有着非常密切的联系，但是又与科研课题选题有所差别，科研课题选题是建立在对前人研究深入分析的基础上的，而科技论文的选题是建立在科研人员所从事的科研课题研究成果之上的，因此在对科技论文进行选题时，大概的方向已经确定了，只要对研究成果进行数据筛选和深入分析，选择其中最重要、最有价值和最能体现研究成果的某一方面或某几个方面，进行深入研究，总结、发现和探讨热点和难点问题及发现一些新的规律。科技论文选题时一般应遵循以下原则。

(1) 选题的科学性原则

确立的论文选题，必须在科学范畴内，符合自然规律，并且是客观存在的，不能主观臆造，更不能弄虚作假。

(2) 选题的创新性原则

一切科研工作都应该对既有的科学理论或科学技术领域做新的突破，有新的贡献。如果把"科学性"作为科研论文的生命的话，那么，"创新性"就是科研论文的灵魂。论文创新性往往是决定其质量高低的决定性因素，论文的创新性越大，其对阅读论文的研究者的参考价值也越大，对该研究领域的贡献也就越大，因此论文的写作一定要非常重视其创新性。而科研论文的创新性归根结底要依赖于科研成果的创新性，因此在做科研课题的过程中就要做出有创新性的成果。首先，要使科研课题选题具有创新性，必须广泛深入地查文献、搞调研，及时掌握了解国内外科技发展的动态和趋势，确保做到不重复别人的研究和劳动，准确地找到课题的突破口，确立科研的大方向。在此基础上，在做科研课题的过程中一定要多观察、多思考，善于发现新现象、新问题及新规律，并且在做科研过程中也要密切跟踪文献，注意所研究的问题是否已经被别的研究者突破，以便及时调整研究方向。

（3）选题的易行性原则

这一原则是前期科研课题选题时所要注意的问题，如果在科研课题选题时没有注意到这个问题，选题过大或过难，有可能造成很长时间出不了成果，就会面对一大堆失败的数据而无法写论文。特别对于研究生来讲，在完成学业期间做科研的时间是有限的，而学校往往把学生是否发表一定级别的科技论文作为毕业的硬性指标之一。因此在确立自己的课题时，要充分考虑到自己所具备的主观因素和客观条件，像物质准备、实验场地、自身的知识能力等等都要考虑周全。对于刚刚起步的学生或科研工作者来说，选题不宜过大，涉及的知识面也不要太广，尽量在自己精力和能力能达到的范围内做到：发挥优势，扬长避短。

（4）选题的经济性原则

这一原则也是前期科研课题选题时所要注意的问题。除了基础科学的研究之外，科研的目的都是针对国计民生领域或是攸关企业生存发展亟须解决的课题。研究的成果要以能给国家或企业带来显著经济效益为前提，在确保不损害社会效益的基础上，经济性原则是科研的重要原则。

7.1.1.2　选题的主要途径

（1）认真检索已经发表的科技文献，从科学技术的"空白点"上找突破

目前，全世界每天有 13000~14000 篇科技论文在发表，每年登记的新专利达 70 万项，每年出版的图书达 50 多万种，此外还有全世界高等学校及科研院所研究生撰写的大量硕、博士学位论文等，都是可以利用的极其有价值的信息源。科研工作者要善于利用这些宝贵的信息资源，仔细查阅与自己研究方向有关的文献资料，并对其进行认真归纳、分析，了解该研究领域已经做了哪些研究工作，取得了哪些重要的成果，还有哪些难点问题没有解决等等。这样做不仅可以避免因不了解情况而进行不必要的重复研究，还可以避免自己不走或少走弯路，更重要的是很可能找到新的发现，选到好的课题。

在全面了解前人研究背景的基础上，选题时要注意从科学技术的"空白点"上找突破。事物的存在与发展必然有着密切的联系和相互的渗透，人们往往都去注意事物的本身，而忽视了它们之间的联系和相互的渗透。这一个个不经意的"忽视"，就是所谓的"空白点"。科研工作者要善于去捕捉这些"空白点"，从中找到突破口，这不仅能较容易地找到新课题，还会为科学的新发明、新贡献创造出新机遇。近代科学发展特别是科学上的重大发现和国计民生中的重大社会问题的解决，常常涉及不同学科的相互交叉和相互渗透。学科交叉逐渐形成一批交叉学科，如化学与物理学的交叉形成了物理化学和化学物理学，化学与生物学的交叉形成了生物化学和化学生物学等。这些交叉学科的不断发展大大地推动了科学进步，很多

科学上的新理论、新发明的产生，新的工程技术的出现，经常是在学科的边缘或交叉点上，因此在选题时应该多重视这些学科的边缘或交叉点。

(2) 善于发现实际生产生活中理论与实践相互矛盾的方面，并从这些发生矛盾的地方寻找突破口

随着科学技术的不断进步和各种研究手段的不断发展，现有的理论往往会无法解释生产或生活中出现的一些新的矛盾或新的现象，如果能够敏捷地捕捉到这些问题或矛盾，可能会有新理论或新方法的重大发现，甚至可能会有重大的技术发明出现。

(3) 在工程实践与企业技术创新上下功夫

实践是人们认识事物的途径，是科技发展的动力，也是科学进步的源泉。这里所说的实践，是理论与实际相结合的实践，而不是盲目的实践。但是，工程实践是极其复杂的，任何一项新技术的应用，都要结合工程的实际实现再创造，对已有的新技术进行再补充和再丰富。这些工程实践中，所要进行的创造、补充和丰富，本身就是很好的课题。

另外，当前许多企业正处在更新换代的转型期，需要大量采用新知识、新技术、新工艺以及新的生产方式和经营管理模式，这些企业所亟须的技术创新，同样可作为所要选择的课题。

(4) 搞好个人的日积月累

俗话说："巧媳妇难为无米之炊"。搞科研需要大量的信息资源和方方面面的资料，不能仅靠亟需时的突击查找，还要靠平时的积累，这就要求在日常生活和工作学习中，将有关的科学技术信息做必要的记录和整理，也就是建立科学笔记。随着计算机的普及，可以随时把收集到的信息和随想分门别类后记录到自己的电脑中。对于收集的文献资料，还可利用文献管理软件（如 EndNote，NoteExpress，Notefirst 等）。

当前，科技信息之多，传播发展之快，都是前所未有的，在这海量的信息面前，只能靠平日的记录和日常的积累。随着科技信息量的积累和自己认识的深化，必然会使自身的知识和能力从量变到质变，产生飞跃，再上台阶，在科技领域就会有新发现，这就是科研的新课题。

7.1.2 科技论文的写作准备

7.1.2.1 确定所要写的论文类型

在开始写作科技论文之前首先要确定所写论文的类型，以便有目的地搜集准备相应的材料和确定大概的写作思路。一般按写作目的和发挥的作用不同，科技论文可分为学术型论文、技术型论文和综述型论文。

(1) 学术型论文

学术型论文指专业技术领域里的科研人员以报道学术研究成果为目的，提供给学术性期刊发表或向学术会议提交的论文，包括理论性论文和实（试）验性论文。这类论文应具有新的观点、新的分析方法或新的数据和结论。在搜集资料时以自己的实验数据为主，检索文献着重关注与自己研究领域密切相关的重要文献，特别是期刊论文。

(2) 技术型论文

技术型论文指工程技术人员为报道工程技术研究成果而撰写的论文，这种论文主要是应用国内外已有的理论来解决设计、技术、工艺、设备、材料等具体技术问题而进行的相关研究。这类论文应具有技术的先进性、实用性和科学性，搜集资料要以自己的技术指标、研究方法等为主，检索文献要着重关注与自己研究领域密切相关的重要文献，特别是专利文献和

工程技术领域的重要期刊。

(3) 综述型论文

综述型论文是在对某一特定学科或专题的文献进行收集、整理、分析与研究的基础上，对相关文献群进行分析研究，概括出该学科或专题的研究现状、动态及未来发展趋势的文献报告。这种类型的论文不要求在研究内容上的创新性，但一篇好的综述性文章也常常包括有未见报道的一些新资料或作者独到的新见解，它要求作者在综合分析和评价已发表过的资料基础上，提出涉及该专题在特定时期发展演变的规律和趋势。因此，综述型论文在搜集资料的时候主要是针对现有的文献资料，检索文献时强调要查全该研究领域发表的重要相关文献。

7.1.2.2 搜集材料

完成一篇科技论文需要方方面面的资料、数据等，充分地搜集各方面的资料是必不可少的；同时，任何科研成果都是在前人成果的基础上完成的，许多课题往往还需要几代人的连续努力，一步步才能实现，为了少走弯路，减少不必要的重复研究，也需要广泛搜集资料；另外，要说明文章的必要性和重要性，判断论文的科学价值，也需要了解别人的研究和信息。总之，无论是搞科研，还是写文章，搜集材料是必不可少的重要工作，这一工作在选题的时候也是着重强调的，只不过这一次的搜集材料是针对将要写的科技论文所涉及的相关资料、实验数据及调查结果等。

(1) 材料的来源

材料的来源主要有以下三方面。

① 直接材料　即直接来源于作者本身的材料，此类材料应该是论文中最具价值的部分，特别是对于理论性、技术性和实验性科技论文来说，直接材料具有独特的价值，也往往是涉及知识产权的部分。这种材料的获得一般通过以下四种途径：一种是在相关领域已有理论的基础上通过自己的推理得出的新的理论、结论或结果；二是通过做实验或试验得出的实验数据、技术指标等及其相关的仪器、材料、设备及结果或结论等；三是通过实践调查得来的相关行业或领域的重要数据；四是通过工程勘测等方法获得的关于工程施工的地形、地貌或地质构造等相关情况的数据。

② 间接材料　这种材料一般属于第二手资料，即通过查阅相关的纸质或电子文献资料或者通过其他途径获得的行业内部资料或信息等。间接材料也是撰写科技论文必不可少的重要资料，是写作过程中对自己的论点、观点或阐述论文必要性和重要性的有力支撑。

③ 加工整理的材料　即作者对直接材料或间接材料进行加工整理、分析、归纳后形成的资料或信息。

(2) 材料选取的基本要求

材料选取需要满足下列基本要求。

① 既要保质又要保量　在搜集材料时要偏重于"量"，做到"博采广集"；在选用材料时，要特别强调"质"，要求所选用的材料是必不可少的，缺了它就无法表达主题，而那些与主题无关的材料即使来得再难，也坚决不用。

② 既要真实又要准确　只有真实的材料才有强大的说服力。在选用的全部材料中，只要有一个不真实，就会让人们对全部的材料产生怀疑，一篇有价值的论文，有可能一文不值。选用的材料不仅要真实还要准确。这里的准确就是要求：一不用含糊不清、模棱两可的语言，二不能出现技术性差错或失误。要做到这一点，必须坚决地反对弄虚作假，坚决地做到一丝不苟。

③ 既要有代表性又要有特性　这里的代表性也是所谓的必要性，即要求所选的材料要能够反映事物的特征，揭示事物的本质，具有很强的代表性；所谓的特性就是所选用的材料是别人没见过、没听过，也没用过的。文章的亮点在于主题的新颖，而新颖的主题靠有特性的材料来支持。

通过对资料信息的搜集和整理，认真地归纳分类，可以清楚地了解别人在哪些方面做了哪些研究，到了哪种程度；从而判断出自己是否可以继续研究，向何方向发展，以什么为重点。同时，还可以从别人的经验和教训中得到有益的启示和借鉴。

7.1.2.3　拟定科技论文的题目和摘要

在理清自己论文所要表达的主要内容和基本思路后，首要的是拟定一个试用题目。因为论文的题目决定着它的内容和方向，必须能表达出论文的主题和主要论点，所以在拟定试用题目时要多动脑筋，反复斟酌；拟定题目之后还要草拟论文的摘要。摘要必须简明地表达出要做出的假设、采用的方法、得出的判断以及对这些结论的估价；论文的题目和摘要不仅时刻指导着论文的写作，发表后还要指导读者了解论文的内容和资料的检索，一定要突出重点，简明扼要。

7.1.2.4　拟定写作提纲

为了能清楚地表达作者的思想观点，撰写论文之前往往要进行整体构思，常用的构思方法是提纲法，即拟定写作提纲。写作提纲作为整个文章的整体设计，不仅能指导和完善文章的具体写作，还能使文章所表达的内容条理化、系统化、周密化。大家都知道纲举目张的道理，拟定好了论文的提纲，一篇论文就有了基本的框架。

（1）拟定提纲的作用

撰写论文之前拟定提纲具有如下作用。

① 能预先拟定文章的层次和结构，确保重要的内容和思想不会出现遗失和缺漏，为选择文章的最佳组合排列方式创造了很好的条件。

② 确保文章条理清楚、层次分明，为作者周密地思考问题、严谨地论述问题提供帮助。

③ 即使作者因故中断写作，也能确保有一个连贯的思路，清晰的连接；对于多人合作的论文，写作提纲不仅可以起到统一认识、协调衔接的作用，还为完成写作、整理修改和沟通交流提供不可或缺的便利条件。

（2）提纲的形式

论文的写作提纲通常有以下形式。

① 标题式提纲，也叫简单提纲。就是以标题的形式，用简洁扼要的语言，很概括地写出各个部分的内容来。其优点是简单明了、一目了然，缺点是不够直观。

② 句子式提纲，也叫详细提纲。就是用一个或者几个句子完整地表达出各部分的内容。这种方法具体、明确，不易造成遗漏，虽然文字多不醒目，但是很适合初次写作的人，或者写很复杂的文章。

特定的情况下，还可以将以上两种方法结合起来使用，以取长补短。

（3）写作提纲的类型

不同类型的论文，其写作提纲也不同，就是相同类型的论文，也因为作者的写作风格不同而有所不同。不过简单归纳起来大致可包括引言、正文、结论三个部分。按不同的论文类型分述如下。

① 实验型论文包括引言、实验装置、试验材料和方法、试验结果、结论几个部分，写

作提纲大致包括以下内容。

一是，引言部分。

a. 与该实验研究内容相关的简要研究背景介绍；

b. 实验的目的和意义。

二是，正文部分。

a. 实验原理及所用的设备、装置、材料和限制条件；

b. 实验方法和步骤；

c. 实验结果所得数据的呈现，考虑图、表的安排。

三是，结论部分。

a. 实验结果的讨论与分析；

b. 进一步改进实验方法或实验装置的建议。

② 理论型论文包括引言、理论分析、应用、结论几个部分，写作提纲大致包括以下内容。

一是，引言部分。

a. 与所研究理论相关的前人研究进展，存在哪些难点尚未解决；

b. 在评价前人研究工作的基础上提出自己的研究主题。

二是，正文部分。

a. 详细阐述自己的主题思想；

b. 分几个大的方面来论证自己的观点，每个大的部分分几个层次进行论述；

c. 公式、定理和引证的文献资料安排在哪一部分的哪个层次。

三是，结论部分。

结论部分要用比较精练、严密的语言总结性地表达自己通过论证所得出的观点和结论。

③ 技术性论文包括引言、技术应用的科学原理、研究所用的材料和设备、研究的方法和步骤、工程实践的相关研究、结论。

一是，引言部分。

a. 对所研究技术研究目的、意义的介绍；

b. 对所论述技术研究现状及存在问题的评价。

二是，正文部分。

a. 技术依据的原理和理论；

b. 研究过程使用的设备和材料；

c. 研究过程使用的方法和步骤；

d. 研究的技术在工程实践中的应用研究。

三是，结论部分。

a. 对研究技术所取得成果的评价及其在工程实践中应用价值及社会效益或经济效益等情况的评价；

b. 该研究还存在哪些问题，有哪些方面还可以继续改进，提出较为合理的建议。

④ 综述型论文包括引言、文献综述、结论。综述型论文涉及的内容多而广，更应该重视提纲的写作，以便将主题与材料加以安排和组织。

一是，引言部分。

简要介绍所综述的课题及其研究目的和意义。

二是，正文部分。

a. 分几个方面介绍所综述的课题；

b. 每个部分可按年代顺序综述，也可按不同的问题进行综述，还可按不同的观点进行比较综述。

三是，结论部分。

a. 论述通过研究文献得出的结论；

b. 本课题研究的意义，存在的分歧，有待解决的问题和发展趋势等，最好能提出自己的见解。

⑤ 提纲写作案例如下。

以实验型论文《E-苯甲酰二茂铁亚胺的合成、晶体结构和反应性》（有机化学，2005，25（2）：213-217）为例，介绍一下科技论文提纲的写作方法。

一是，引言部分。

a. 研究的范围、目的和意义，研究了E-苯甲酰二茂铁亚胺衍生物的合成、晶体结构及化学反应性，该类化合物中的亚胺基团可作为非对映选择性合成平面手性二茂铁的导向基团。

b. 对目前非对映选择性合成平面手性二茂铁的导向基团的研究背景做简要介绍，目前非对映选择性合成平面手性二茂铁方法中，只有Snieckus研究的酰胺类作为导向基团获得了高的ee值，需要寻找新的导向基团。

二是，正文部分。

a. 实验部分，有如下内容：

（ⅰ）实验仪器与试剂；

（ⅱ）合成步骤；

（ⅲ）产物的结构分析、晶体结构及物理性质；

（ⅳ）产物作为导向化合物的反应性。

b. 结果与讨论：根据实验的反应条件、实验过程所得到的产物的晶体结构及其物性常数等对其化学反应性进行讨论。

三是，结论部分。

a. 对化合物的合成情况及其反应结果进行分析。

b. 对以后的实验改进等提出合理的建议。

7.1.3 科技论文的写作

7.1.3.1 初稿

(1) 动笔前的准备

写作提纲完成之后，就要考虑进入写作阶段。动笔之前还有如下一些问题要考虑周全。

① 进一步查阅近期发表的文献，看是否有已经发表的论文与自己的研究成果非常接近，如果有的话就会影响自己研究成果的创新性，这个时候最好暂时放弃发表论文，仔细研究别人的研究成果还有哪些不足，将自己的研究结果做得更深入一些再考虑发表。通过文献查阅确定没有与自己研究成果雷同的情况后，再开始动笔写论文，否则缺乏创新性的论文很难被接收，即使接收了也会涉及知识产权的纠纷问题。

② 确定论文是独自完成还是合作完成，作者都是哪些人。论文是投给期刊发表还是参加会议交流，是用中文书写还是用英文书写。

③ 若是合作完成的论文，还要确定合伙作者及署名顺序，根据每个人的特长和能力进行合理分工，确定由谁执笔，由谁负责整理材料，由谁核实计算相关数据、绘图制表等。

④ 写作科技论文时，要充分考虑论文的性质、目的和阅读对象。学术类的读者喜欢真实的典型实例、直白的叙述、科学的分析、严密的推导、可靠的数据，注意力放在新发现、新理论、新规律上，重点是"新"；而应用类读者喜欢的范围更广，对那些经济价值高、使用效果好、能解决实际问题的论文更感兴趣，把注意力放在那些新设备、工艺，新产品、材料，新方法、设计上，重点是"用"。

⑤ 查阅所要投稿的期刊近期发表的论文，仔细研究与自己研究领域接近的论文，了解该期刊已发表的同类型论文的写作风格，以便对自己的写作有所借鉴，这一点对于初次投稿的期刊来说非常必要，因为通过对这些论文的阅读不仅可以对自己的写作思路有所帮助，还可以了解该期刊论文的写作格式及风格，做到知己知彼。

(2) 写作过程中要注意的问题

科技论文写作过程中要注意以下问题。

① 在写好文章的提纲框架的基础之上，可以先打个腹稿，即在头脑里，把自己的新尝试、新突破，细细的捋一下，形成一个连贯的思路、清晰的脉络，写作时就会融会贯通，一气呵成。

② 写作时应该充分把握各部分的写作重点，合理掌握各部分展开的深度。引言的作用是提出问题，也就是要让读者明白研究这个问题的重要性和必要性是什么。这一部分在论文中必不可少，但却不是文章的主体，因此写作的时候要注意不要过于啰嗦，一定要简洁、明了地交待清楚为什么要提出这个问题，并简单介绍该问题的研究背景，以免喧宾夺主。正文部分才是全文的重点，在引言中提出问题的基础上，正文的写作重点是如何分析问题和解决问题。因此在写这一部分的时候要不惜笔墨，涉及的研究方法一定要科学；给出的数据或结果要客观、真实、细致，并配以必要的图表使其表达更加直观；分析和讨论问题的时候要从不同的角度把产生问题的原因分析透彻，并给出合理解决问题的方法。结论部分起到画龙点睛的作用，其写作重点就是要求作者对自己的研究成果做出恰当的评论和对以后的研究工作提出建议或展望，不必展开论述。

③ 紧扣主题，开门见山。不论文章是长是短，都要做到主题突出、中心明确、开门见山。与主题无关的话不说，与主题无关联的材料不用。

④ 实事求是，以理服人。写作时一定不要用文学作品中的形容词，什么"重大发现"，"具有划时代的意义"，"重要的参考价值"等，都不要随便用，尤其不要使用夸张的手法。要用创新性的理论、独到的科学性技术和真实可靠的成果赢得读者的关注。

⑤ 语言要简明准确、连贯清晰、富有逻辑性。就是要求语言的表达既要准确，别让人误会，又不啰嗦；既要做到层次分明，又要前后衔接，符合逻辑。

⑥ 写作的时候要注意人称的写法，尽量用第三人称写作，如"本文"、"本研究"等，避免用第一人称写作，如"我"、"我们"等人称最好不要出现在科技论文中。

⑦ 尽量用英文撰写科技论文，并争取在英文期刊上发表。英文是全世界的通用语言，在英文期刊上发表论文，可以扩大该论文的交流范围，同时提高作者的知名度。但用英文撰写科技论文不像用中文撰写那样方便，因此作者平时就要注意提高这方面的能力，在研究课题的过程中大量阅读相关研究领域的英文论文。英文科技论文的写作不仅要注意语法正确，还要注意中西方文化在用词方面的差异，要避免写成中国式的英语。比较好的办法是在高质

量的英文期刊上查找几篇相同类型的欧美国家作者写的论文，模仿其对类似语句的表达方式。对于一些拿不准的专业术语，也要多查阅相关领域的英文论文，以确定其常用的表达方式。

（3）写作方法

科技论文可采用如下方法写作。

① 充分利用写作提纲撰写草稿，不必细绘论文中的图表，也不必推敲细节中的瑕疵，集中精力、集中时间，一鼓作气，一气呵成，尽快地把论文的基本框架完成，以后再慢慢地修改。

② 也可采用先易后难的方法，即参照提纲的结构，但不按照提纲的顺序，先把提纲中考虑成熟的地方写好，最后再花费精力写较难的部分。

③ 化整为零，一次定稿。对于一些篇幅太长、难度较大的论文，可以分成几个部分，每部分两三千字为宜，完成一段推敲修改一段，特别难的地方单独起草，精心修改，最后合并成文一次完成。

7.1.3.2 修改与校对

论文的初稿完成之后，必须进行认真的修改与校对。不妨搁置一段时间，也不妨做个换位思考，那样，就会看到许多不满意的问题，发现疏漏谬误之处；若有投稿的经历，还可以回顾思考一下：专家会有什么评论，编辑会有什么意见，是否请导师审阅修改，等等。具体要做好如下工作。

（1）深入阅读、强化主题

文章写完之后，先要好好读几遍，看基本框架的结构是否合理；主题是否突出，有无跑题现象；数据论据是否充足，论述内容是否详略得当；发现与主题不密切、不相干的内容坚决删掉，毫不留情。一定做到强化主题，突出重点。

（2）反复推敲、精雕细琢

首先进一步推敲论文的题名：看题文是否相符，能否找到一个更满意的题名。其次，要确保内容的科学性，草稿中所选用的材料要确保真实可靠，来不得半点虚假；所介绍的技术一定要经得起理论的推敲和实践的检验。再次，对事物的表达不能含糊不清、模棱两可，要做到准确、真实、恰如其分。另外，对语言表达的简明性、规范性、一致性，甚至字、词、语、句、专业术语、标点符号等等，都要逐词逐字认真推敲，仔细修改，使全篇文章达到文字精练、语句准确、酣畅精粹。

（3）审核校对、确保精准

要认真核查所有引文，防止引用的文献出现文字上的错误和意思上的谬误，不能出现断章取义和篡改原意的问题；还要对原始数据、运算过程、结论结果、推理、论证、观点、论据、图表、公式等，仔细审查、认真推敲，确保准确无误，经得起实践的检验和科学的论证。

（4）论文修改的常用方法

通常论文的修改有以下方法。

① 自改法 一是趁热打铁及时修改，这时论文刚刚完成，思路清晰、印象深刻，可以较好较快地完成修改，但难以跳出原有的模式和框架；二是将初稿搁置一定的时间后再行修改，虽然容易遗忘，但是，很可能会有新的突破、新的感受和新的提升。

② 他改法 俗话说：" 旁观者清，当局者迷"。不妨把自己的稿子让别人看看，挑挑毛

病，做做指导，许多自己发现不了的问题、看不出的毛病会得到解决。

③ 综合法 将以上方法结合起来综合运用，效果会更好。可先热改，再冷处理；先自改，再他改。一篇论文从草稿到投出，往往要经过三到四次的反复修改，就是审查过关、同意采纳的稿件，还要进行修改。

7.1.3.3 定稿

论文经过反复修改，在认真对照拟投期刊的近期征稿细则后，就可以考虑定稿了。所谓的定稿就是可向期刊投稿的稿子，需要有以下的内容和工作。

① 做好扉页 在扉页上打印定稿的题名、作者姓名和作者工作单位，必要时，将作者的简介、通讯地址、邮政编码、联系电话等一起添加。

② 进一步确定题名和摘要 定稿的题名必须能引起编辑和读者的兴趣和注意，定稿摘要的任务是通过简明扼要地介绍文章的内容，进一步引起人们的关注和兴趣，一定要多多用心，反复斟酌。

③ 再一次查看阅读全文 大到书写格式、漏页落项，小到标点符号都要仔细检查；如有致谢要简短明了地写好，放在论文后面的参考文献之前；要是还有附录，则放在致谢之前，正文之后。

如果是英文稿件，在投稿之前，最好能够找一位英文功底比较好的同行帮忙润色一下，有条件的可以直接找国外的教授帮忙润色，这样也能够提高文章被录用的概率。因为有的论文虽然创新性比较大，但由于作者的英文写作水平有限，编辑或审稿人由于阅读论文困难也会因此放弃该论文。

④ 排版和打印 定稿的最后一步就是清抄或打印了。随着计算机及其软件技术的普及应用，计算机打印往往是人们的首选。论文的定稿是要交给编辑和评阅人员看的，一定要做得规范、清晰、醒目、漂亮。论文中各部分的标题要根据投稿期刊的要求，或冠以序号，或加上特定记号。不同期刊对排版格式要求也不尽相同，认真阅读投稿期刊的征稿细则或者找一篇近期发表在该期刊上的范文，尽量按照该期刊的排版格式进行排版；有些期刊提供论文模板，则可根据模板进行排版。版面大小通常选用 A4 纸（210mm×297mm），正常边距，1.5 倍或 2 倍行距。

总之，稿件无论手写还是打印，都要慎之又慎，细之又细，把错误和问题减少到最低的限度。

7.2 科技论文的投稿与发表

7.2.1 选择投稿期刊

7.2.1.1 提前找准投稿目标

不能等到论文完成之后才确定投稿期刊，而是要在论文起草之前早做打算。任何期刊都有自己的办刊特色和刊载范围，投稿的期刊不同，面对的读者群就不同，因而，不同期刊对论文内容、形式的要求也不同。提前确定了投稿期刊，作者就可以遵照拟投期刊的"投稿须知"的要求撰写论文。这样，不仅被采纳的概率增大，而且让最适合的读者群阅读到所投论文的可能性也大了，当然，获得应有的同行认同的机会就大。因此，提前确定投稿期刊最重要。

7.2.1.2 如何提高投稿的命中率

第一，确定投稿期刊之前先要阅读各个期刊的投稿须知，详细了解它们的办刊方针，弄清它们对稿件的写作要求，侧重发表哪些领域的文章，它们的影响力和权威性如何，充分做到知彼。特别是对于选定期刊的征稿范围一定要搞清楚，如果论文的内容不在该刊的征稿范围内，即使论文质量再高也不会被录用。此外，每个期刊都设置有不同的栏目，作者应根据论文内容，选择合适的投稿栏目。比如，具有高创新性研究成果或高创新性研究的阶段性成果，可投研究快报，期刊为提高影响力对研究快报都设有绿色通道，快审快发，这样就能使作者的研究成果得到快速传播。如果作者选择的投稿栏目不对，编辑部一般都会退回重投，导致稿件的发表延误。

第二，对于选定期刊，最后要查阅近五年内发表的与自己论文研究内容相近的文章，结合这些论文的研究成果，客观地判断自己论文研究成果的科研水平、创新性和影响力，以此判断是否能够在该刊物上发表，做到客观公正的知己。如果自己的论文与该期刊的同类论文相比并无创新性可言或者创新性很小，那投稿的结果可想而知。

第三，努力承担基金项目。任何期刊都乐于刊登基金项目论文，因为获得基金项目的论文，不仅说明其创新性强、学术价值高，而且是科技期刊评优的硬指标，有利于提高期刊的知名度。因此，作者应努力承担层次较高的基金项目，并在投稿时注明，以增加论文发表的可能性。

第四，所投文稿应符合国家规范，格式上要符合所投期刊的行文格式，这样的论文会无言地告诉编辑该作者治学严谨、态度认真、成果可信，易于通过编辑初审关，快速进入专家审稿程序。

第五，选择适当的期刊，还应考虑以下几个问题。

① 选择最适宜的期刊。一般学术性论文投向学报或通报，技术性论文可向其他科技期刊投稿。

② 对于创新性较大、比较有参考价值的科研成果，如理论性创新成果、新发现或其他方面重大突破等，力争在最具权威、最有影响力的核心期刊上以研究快报、研究简报等形式快速发表。

③ 对于有一定的创新性，但创新性不是特别大的科研成果，如工艺改进、指标提高、合成新化合物等方面的论文，可以选择一些影响力较小的刊物投稿，或者参加各种定期或不定期的学术会议，在此类会议上发表论文，录用相对容易，发表得也快。

④ 一定不要一稿多投。一稿多投涉及学术道德问题，无端地浪费编辑、评审专家和读者的时间，影响相关期刊的声誉。编辑部对一稿多投深恶痛绝，一稿多投的作者一经发现可能会受到严厉的处罚，如在业界通报，在业界相关期刊被封杀等，对作者本人造成极坏的影响。

7.2.2 稿件的投递

7.2.2.1 投稿说明信的撰写

投稿时附上一封投稿说明信（Cover letter）很有必要，包括文章题目；投稿栏目；文章亮点（创新点）；通讯联系人的联系方式（包括姓名、地址、邮编、电话、E-mail、传真等）；推荐3~5位审稿专家，并提供他们的所在单位、职称、通讯地址、E-mail和电话，也可以提出希望回避的审稿人。有些期刊对于逾期退稿后再投的稿件，要求务必给予说明，并附上原投稿件的稿号、审稿意见和对审稿意见的修改说明。

7.2.2.2 投稿方式
期刊论文的投稿方式大体分为3种：网络投稿、电子邮件（E-mail）投稿、邮寄投稿。

（1）网络投稿

随着计算机技术在科技期刊编辑流程中的应用日益增加，越来越多的科技期刊建立了网络在线投稿系统。在该系统下，实现了作者在线投稿、查稿，实时追踪稿件处理状态，并能在第一时间内收到用稿通知；专家在线审阅稿件和提交审稿意见；编辑则可在线阅读、审批来稿以及给作者发送邮件，对录用文章进行在线发表，从而实现投稿-采编-发布一体化。网络在线投稿系统的方便性、快捷性，使投稿者和审稿者、编者交流更密切；为编者、读者和作者之间开辟了多种信息交流的平台。网络在线投稿系统的开发和使用既可以节省编辑部的工作时间，又能提高工作效率，适应了新时代文化传播的方式和速度，深受作者、编者欢迎。

进行网络在线投稿时要注意以下事项。

① 登录所投期刊网站，阅读投稿指南，按要求注册。

② 投稿时须按期刊要求填写全部作者和完整的稿件信息（包括作者姓名、单位、通讯地址、题名、摘要、关键词等），以免因信息不全退给作者重投造成稿件发表的延误。

③ 投稿时须填写准确的电子邮件地址，有关稿件的重要信息都将通过电子邮件通知作者。

④ 投稿后，按要求及时提供有关版权转让材料。

⑤ 实时跟踪稿件状态，有问题及时同编辑部联系。

（2）电子邮件投稿和邮寄投稿

目前还有少数期刊没有网络投稿系统，而是通过电子邮件投稿或邮寄投稿的方式。对于有网络投稿系统的期刊，作者如果通过网络在线投稿确有困难，有的期刊也允许其进行电子邮件投稿和邮寄投稿，但在通常情况下，有关稿件的全部信息编辑部将仅通过网络发布和电子邮件的方式告知作者。通过电子邮件和邮寄方式投稿时，须注明所投稿件的通讯联系人及其通讯地址、电话、电子邮件等联系方式。

7.2.3 投稿后的通信联系

作者经网络投稿后，要实时跟踪稿件状态。一般，编辑部经初审接收稿件后，系统会同时生成收稿回执信，通过电子邮件发送给作者。如果一周内没有收到编辑部的收稿通知，要及时同编辑部联系。个别因系统不稳定或邮件传递问题造成作者收不到回执信的偶然情况也是难免的，因此作者实时关注稿件状态，可避免稿件因偶然情况导致延误发表。

7.2.4 稿件的评审与编辑

7.2.4.1 科技论文的评审

不同的国家、不同期刊的审稿制度是各不相同的。国内的学术期刊一般都采用"三审一定制"，即编辑初审、专家评审、终审和审定。

（1）编辑初审

编辑初审就是编辑人员对自己分管的稿件进行初步的评价和审查。编辑初审的基本内容包括：明确稿件是否属于本刊刊登范围；其形式是否合乎本刊的出版形式，是否有缺页少图等问题。具体内容如下。

① 审定稿件是否属于科技论文的范畴；是否符合相关规范；是否具有一定的创新性。

② 论文的英语是否基本过关（非英语国家）。

③ 论文是否重复性投稿。
④ 浏览全文，细查所述成果是否真实科学，有没有发表推广的价值。
⑤ 对于具备发表价值的论文，再进一步细读，查找文稿所存在的主要问题和遗漏。

(2) 专家评审

专家评审是经编辑初审后，认为有可能发表的论文送同行专家审稿的过程，也叫送审。专家评审人大都是本领域科研前沿的专家、知名学者，也叫审稿人。期刊的影响越大，审稿人的学术水平越高。专家评审过程中，多采用"双盲制"。即送审稿件分送给两名审稿人，两人互不相知，互不见面，独立审稿。期刊编辑部对审稿人的要求都体现在"审稿书"中。

(3) 终审

终审也叫决审，一般由主编或副主编或有关学科编委承担，根据编辑初审、专家审稿书等决定稿件是否录用。

(4) 审定

稿件通过编辑初审、专家评审、主编或副主编或编委终审"三审"后，编辑部门编制发排计划，呈报编委会做出最后审定。稿件审定工作由谁完成，各编辑部门不尽相同。有的由编委会开会讨论，集体审定；有的由常务编委开会讨论，然后集体审定；也有的由编委会主任或副主任审定。

7.2.4.2 稿件评审后的处理

(1) 定稿

定稿就是编委会按程序决定采用的稿件，经过编辑加工后再经作者校对，就可编排出版。

(2) 退回修改

发现虽然有发表价值但并不完美的论文，编辑部门会将原稿立即退还作者，请作者进行必要的修改和补充，即退修。退修意见一般有如下两种情况：其一，退修后发表。这表明文章基本得到肯定，但有某些不足，如篇幅过长需删减；有遗漏需补充；题名、摘要、引言、结论、参考文献等，其中某些部分需改写或完善；插图或表格设计需要改进；语句需要修改；层次需调整，等等，作者要根据这些意见仔细修改，进一步提高文章的质量，确保文章如期发表。其二，修改后再审定。表明文章的大致内容可以肯定，但有些重要问题尚需改进，是否能录用还得看修改的结果。如果研究工作的确取得创新性成果，只是文章没有写好，则要在文章上重点下功夫；如果研究工作还有较大缺陷，则在科研工作上再下功夫，文章的修改补充也就有了基础。

(3) 退稿

全球每年大约提交一万多篇论文，百分之六十以上的被直接拒绝，最后能够发表的只有一千篇左右。编辑部门对不采用的稿件，一般要退还作者。退稿一般有如下三种情况：其一，缺乏创新性，不具发表价值；其二，稿件与所投期刊的办刊宗旨和收稿范围不符；其三，由于稿件积压，有的稿件虽然符合发表条件，但质量比较一般，故被退回。退稿是编辑部门迫不得已的事，也是大部分稿件的必然命运，作者面对退稿要冷静、理解、正确对待。

7.2.4.3 稿件的编辑加工

(1) 编辑加工的目的

对科技论文的编辑加工，是一项很重要的工作。论文经过层层评审，终于决定发表，是对作者科研成果的充分肯定。但是，绝大部分作者的稿件都不可避免地存在这样或那样的问题和缺点，只有经过编辑人员的辛勤劳动和创造性工作，把一篇篇比较粗糙的文章，经过精心加工，细心梳理，精雕细琢，才能使文题更相符、论点更鲜明、论据更确凿、论证更严密、结论更明确，使发排的稿件达到"齐、清、定"的水平。从而使学术期刊达到精品水平，起到示范作用。

(2) 编辑加工的内容

科技论文需要编辑加工的内容如下。

① 内容加工　主要包括：政治性问题、保密性问题的检查和处理；科学性问题的加工和处理；对名词、名称、数字等问题的检查和加工。

② 语言文字加工　主要包括：题名和层次标题的修订；文章结构的调整以及标点、字、词、语句等的检查修改。

③ 技术加工　主要包括：插图表格的选择；数学式和化学式的规范；量和单位的标准化处理；数字、字母的规范化处理以及参考文献著录的标准化处理。

(3) 编辑加工的原则

《中华人民共和国著作权法》规定，编辑人员对稿件只能做文字上和技术上的修改和订正，若需改动内容，则应得到作者的承诺或委托。这是编辑加工总的原则。在这一原则下，需要正确处理"文责自负"和"编辑把关"之间的相互关系。"文责自负"是针对作者的，是既尊重作者合法权益，又必须让其承担责任的精辟概括。它表示：论文一旦在期刊上发表，作者就对其拥有著作权，同时又要在多方面负有责任。如政治上要符合党和国家的方针政策；科学上要经得起检验；道德法律上要确保不剽窃和抄袭。"编辑把关"是国家赋予编辑人员的岗位职责，要求编辑必须对读者负责、对期刊负责、对作者负责，对文稿进行全面的审查和精心的加工。作者不能以"文责自负"为借口不接受编辑的正确意见；编辑也不能以"把关"为理由随意修改文稿，或以"文责自负"为托辞对文稿不认真加工。

7.2.4.4　作者与稿件的校对

(1) 作者参与校对的必要性

有些作者的投稿被录用后，自以为万事大吉，即使收到文稿的校样，也不认真检查、仔细修改。这是一种很不负责任的态度。编辑部把文稿的校样寄给作者的目的，是让作者检查校对校样中是否有排版的错误。实际上，只要经过排版、校对、修改的文章，都有可能出现错误和失误。一旦发表的论文出现严重问题，其他问题会接踵而来。哪怕一个小数点的错位，一个关键字的误用，都可能造成重大的政治错误或技术事故。这些问题或失误，又会长期存在，广泛流传，其后果难以想象。所以，作者必须认真对待已经录用稿件的校对。

(2) 稿件校对的程序和方法

稿件校对时，要依据原稿一一核对校样，先清除排版带来的错误和不妥，再按照出版的规范和要求校正编排技术和版式加工上的毛病。另外，原稿在撰写、编辑加工时难免有疏漏或笔误，特别要注意发现那些政治上、技术上、文字上的问题。这些问题一旦发现，要及时联系有关人员，妥善处理。

(3) 稿件校对时应注意的问题

作者收到投稿的校样后，主要检查排版时出现的错误，一定不要做大的删减和改动。原因如下：有违于科技出版道德，经过作者重大修改后的论文，已经不是审稿人和编辑曾经录用的那篇论文了；修改已排版的内容，可能产生新的排版错误；这样会浪费出版者的资源，作者要求修改出版者已确定的校样，有时会引来承担校对费的争议。

7.2.4.5 科技期刊学术不端文献检测系统

近年来,学术不端现象时有发生,学术腐败已渗透到学术研究各个环节。学术期刊作为学术交流的重要平台,在遏制学术不端行为中具有非常重要的作用。2009年3月19日,教育部发布了《教育部关于严肃处理高等学校学术不端行为的通知》,列举了必须严肃处理的七种高校学术不端行为:①抄袭、剽窃、侵吞他人学术成果;②篡改他人学术成果;③伪造或者篡改数据、文献,捏造事实;④伪造注释;⑤未参加创作,在他人学术成果上署名;⑥未经他人许可,不当使用他人署名;⑦其他学术不端行为。现有主要的学术不端行为分为以下这四类:抄袭、伪造、篡改及其他。"其他"主要包括不当署名、一稿多投、一个学术成果多篇发表等不端行为。随着互联网技术的发展和应用,出版物的数字化为甄别学术不端行为提供了更多技术手段,一些研究机构开发了判断学术不端行为的软件,即学术不端文献检测系统,已被科技期刊编辑部广泛使用,作为论文刊发前反剽窃检测的有力手段。

学术不端文献检测系统主要针对投稿论文文字抄袭的问题,将被检论文的句子、段落、章节等与已收录在学术不端文献检测系统数据库中的期刊论文、学位论文、会议论文等文献资源中的内容进行对比,以甄别被检论文是否存在抄袭问题。期刊编辑部在稿件遴选时,首先对投来稿件进行学术不端行为检测,一般情况下,重复率低于一定比例的文章方可进入下一步的评审流程(不同科技期刊所要求的比例不尽相同),否则直接退稿;论文在经过初审、外审、作者修改后会再次进行检测,以防止作者在修改论文的过程中出现新的学术不端行为,在一定程度上也可解决检测系统存在收录文章滞后的问题。

8 文献检索与科技论文写作

8.1 文献检索对科技论文写作的作用

8.1.1 文献检索的意义

文献检索是利用文献获取知识、信息的基本手段。21世纪是知识经济的时代，是现代信息技术高速发展的新时期，它的到来给人们的生活、工作和思维方式带来了一场革命。在知识经济的社会里，随着各种信息爆炸般的快速增长，知识成为了比资源、资本、劳动和技术更重要的经济因素，知识与信息、能源、材料共同构成人类社会发展的三大支柱。据联合国教科文组织统计，人类近30年所积累的知识占有史以来人类积累的知识总量的90%，而在此之前的几千年中所积累的知识只占10%，而且人类知识的更新频率会越来越快，据未来学家约翰·奈斯比特估计，到2020年，人类知识将每73天翻一番。因此，在如此复杂的信息环境当中，面对国际间日趋激烈的竞争和世界新技术革命给人们带来的日新月异的挑战，要想使国家经济和科技获得高速发展，就要求国民具有很高的信息素质，特别是对当今的科研工作者的获取信息、评价信息、利用信息的基本能力和综合素质提出了更高的要求。

8.1.2 文献检索在科技论文写作中的作用

文献检索在科技论文写作中具有如下作用。

① 科技论文写作是要以具有一定创新性的理论或实验成果为基础的，也就是一定要以不同于前人研究的有意义的素材为基础，这种素材的创新性很大程度上决定了科技论文发表的水平。而所有的科学研究都是建立在前人科研成果的基础上的，因此要想获得创新性较大的成果，就需要充分了解国内外在该领域的研究背景，了解该领域已经解决了哪些问题，还有哪些重大问题亟须解决，并在此基础上确定自己的研究方向。如果没有对文献进行充分调研，没有把科研工作提升到一个新的高度，甚至把前人研究过的问题进行了重复研究，那无论有多高的写作水平都写不出高水平的科技论文，甚至导致所做的工作无法发表。而在现实中确实有一些研究生、科研工作者在研究工作已经完成，准备发表论文的时候才发现相关工作别人已经研究过了，结果不仅论文发表不了，还导致大量人力、财力的浪费，由此凸显文献检索的重要性。

② 参考文献是科技论文的重要组成部分，一方面，它能反映该研究领域的发展状况，既能体现前人在该领域的研究成果和存在问题，又能体现科学的继承性，为科技论文提供文献依据。另一方面，通过检索和阅读相关文献，作者可以学习一些高水平论文的语言形式和表达方式，特别是可以从文献的主题思想和基本观点中获得一些启发，结合自己的理论或实验结果产生一些灵感或是新的思想和观点，甚至有可能形成新的知识体系。其次，可以引用参考文献来支持自己的观点。引用参考文献中一些成熟的理论、典型的数据或经典的公式与论文的观点进行对比分析，可以使自己的论据或观点更具有科学依据和说服力。再者，参考文献也可以帮助审稿者评价论文的价值，帮助读者很方便地找到更多有价值的相关文献。

8.2 科技文献及文献检索的基础知识

8.2.1 科技文献的基本常识

8.2.1.1 文献的定义

文献是用文字、图形、符号、声频、视频等技术手段记录人类知识和信息的一种载体，也可以理解为固化在一定物质载体上的知识或信息。文献是记录、积累、传播和继承知识的最有效手段，是人类社会活动中获取情报最基本、最主要的来源，也是交流传播情报的最基本的手段。正因为如此，人们把文献称为情报工作的物质基础。

8.2.1.2 文献的功能

文献具有两个基本功能：继承功能和传递交流功能。

（1）继承功能

牛顿说过：如果我已经看得更远，这是因为我是站在巨人的肩膀上的。也就是说，人类的一切新知识都是在前人研究发现、发明、经验或是知识总结的基础上，而这些都是以文献的形式记录和保存下来的。文献正是汇集保存了人类创造的一切科学技术和知识成果，并且承担了继承传承功能，为人类继续新的科学技术创造和发明以及新知识的发现发挥重要作用。

（2）传递交流功能

文献具有传递信息和交流知识的作用。文献可以使研究者了解各国或各地区相关领域的发展趋势和研究水平，从而可以把握自己的研究方向、研究方法和寻找合作伙伴，大大促进科学研究和社会生产力继续地向前发展。

8.2.1.3 文献的查全率和查准率

查全率和查准率是评价和衡量信息检索系统检索效果和功能的两项重要技术指标与重要参数。查全率是指被检出的相关文献占总文献内所有相关文献的百分比，查准率是指被检出的相关文献占被检出文献总数的百分比，即：查全率＝检出的相关文献/实有相关文献，查准率＝检出的相关文献/检出的全部文献。查全率是用来描述系统检出文献能力的一种尺度，查准率则是用来描述系统拒绝不相关文献的能力或检索精确度的一种尺度。

8.2.2 科技文献的类型

科技文献的类型比较多，根据不同的分类方式也有多种分类方法，一般可以根据文献出版形式、文献载体类型和文献加工类型来分。

8.2.2.1 根据文献出版形式分

这种分类是大家最为熟悉的方法，可将科技文献分为科技期刊、专利文献、会议文献、学位论文、科技报告、政府出版物、科技图书、标准文献、产品资料和档案文献等不同的形式。

（1）科技期刊

期刊（Jounal/Magazine/Periodical）是一种具有固定名称和一定出版周期的连续出版物，一般均有统一的版式和装帧，用连续的卷、期号或年、月顺序号标识时序，每期刊载作者投稿并经专家评审通过的文章，报道最新的科研成果，每期内容不重复。科技期刊是科研工作者获取科研动态、学科前沿及研究进展信息的最为重要的途径之一，有人曾经做过统计，从期刊得到的信息占整个信息来源的 65%～75%，某些学科和专业可能还要更高一些。

因此科技期刊是科技论文写作最重要的参考文献。

(2) 专利文献

专利文献（Patent literature）是与知识产权相关的文献，是专利制度下的产物。广义的专利文献具体包括专利说明书、专利公报、专利文摘以及与专利有关的法律文件和诉讼材料等。而人们在从事科研活动和进行科技论文写作时一般仅对专利申请书和专利说明书进行检索，即所谓狭义的专利文献。与其他科技文献相比，专利最为突出的特点就是内容新颖，报道迅速。由于专利制度中特有的优先权原则，发明人往往在发明完成的第一时间就会提出专利申请。据统计，全世界的专利文献数量虽仅为期刊文献的10%，却能提供40%左右的新产品信息，世界上90%~95%的发明创造会很快地首先出现在专利文献中，所以专利文献是跟踪技术创新最新进展的极为重要的信息源，也是科技论文写作的重要参考文献类型之一。

(3) 会议文献

会议文献（Proceedings/Conference paper）是指在各国国内和国际上的各种专业领域所召开的学术会议上发表的论文和报告。会议文献的特点是发表的信息都是相关领域的最新进展，而且针对性比较强，都是针对特定研究领域的，但是相对于期刊文献，会议文献没有固定的出版形式，大多数是以图书的形式出版，少部分以期刊专辑（增刊）的形式发表，因此检索起来比较麻烦，获取全文的途径也比较困难。

(4) 学位论文

学位论文（Dissertation/Thesis）是高等学校或研究机构的学生为取得具有专业资格的学位而撰写的关于自己在完成学业过程中所做的科研活动或调查研究的结果或结论的文献。学位论文在美国统称为"dissertation"，在英国统称为"thesis"。与期刊相比，学位论文是不出版发行的，因此论文的写作水平和研究水平也是参差不齐，一篇好的学位论文也会提供非常重要的科研信息。学位论文除了提供作者本身的研究成果外，还会引用大量的参考文献介绍相关领域的研究进展和与作者的研究结果进行对比，因此在撰写科技论文前阅读相关的学位论文不仅有助于作者进一步了解相关研究领域的研究背景，也会帮助作者找到更多有价值的参考文献。学位论文虽然大多数都不出版发行，但除保密论文外，大部分对于提供复制品没有限制。此外，有些高质量的学位论文中具有创新性的成果部分会以期刊论文的形式发表，这部分内容可以通过对期刊的检索获得相关信息。

(5) 科技报告

科技报告（Science & Technical report）是科研院所、高等学校或公司企业等科学研究单位向为其提供经费的部门提供研究进展、工作成果等备忘录或报告的技术性文件。与期刊论文相比，科技报告所反映的科研成果更快，而且内容详尽、专深、完整可靠，往往真实记录了科研工作从事过程，很多学科的尖端技术和研究信息都会首先反映在科技报告之中。科技报告具有保密性，所以除了公开与解密的科技报告外，很难获得。国外常见的科技报告是美国的四大科技报告：AD报告、PD报告、AEC/ERDA/DOE和NASA报告，分别由美国武装部队技术情报局、美国商务部国家技术信息服务处、美国原子能委员会、美国国家航空和宇宙航行局负责收集、整理、出版、报道或发行。

(6) 政府出版物

政府出版物（Government publication）是各国政府部门及其所属专门机构发行或出版的文件。主要包含两种类型的文件，行政性文件和科技文献。行政性文件包括国会记录、立法司法资料、方针、政策规章制度及调查统计资料等；科技文献包括科技研究报告、科普资料和科技成果公布等，大概占政府出版物的 30%～40%。另外，政府出版物在内容上和科技报告有一定的重复，与科技报告相同的是，其密级也分为保密、解密和公开发售三类。通过政府出版物可以了解一个国家的科技、经济政策及其发展动态或演变情况。

(7) 科技图书

科技图书（book）是一种内容比较系统、全面、成熟、可靠的公开出版物，它通常是以期刊论文、会议论文、研究报告等其他第一手资料为基本素材，经作者分析、整理、鉴别，对已发表的科研成果、科技知识、成熟的思想和经验等有价值的信息重新加工组合而成。科技图书一般不作为文献检索的主要对象，但可以帮助人们比较全面、系统地了解某一特定领域的知识体系、研究历史和现状。

(8) 标准文献

标准文献（Standard literature）指的是由公认的权威机构批准的，以特定的形式发布的，在某一行业或领域作为共同遵守或执行的准则、规格、规则或技术要求等规范性文献，具有一定的法律约束力。标准可划分为法定标准、推荐标准、试行标准和标准草案。每个标准都具有特定的标准号，由标准代号、序号、年代号组成。通常所说的标准是技术标准，主要是对工农业产品和工程建设的质量、规格、技术要求、工艺规范、检验方法等方面所做的标准化的规定。标准文献常以单行本发行，主要的检索工具是标准目录。

(9) 产品资料

产品资料（Product literature）是指生产厂商或经销商为介绍产品而印发的各种产品样本、目录和说明书等资料。其中，产品样本是对已定型产品的构造、性能、使用方法、用途及产品规格等所做的具体说明，其数据非常可靠，是查阅和分析国内外产品的主要资料。但由于这些资料收集困难、来源不稳定，因此对这些产品资料的利用也比较困难，在科技论文的写作中涉及的也比较少。

(10) 档案文献

档案文献（Archives）是指国家机关、社会团体等组织在从事各种政治、军事、经济、文化等活动中所形成的具有保存价值的各种形式的历史记录。档案的形式复杂、内容繁多，具有原始性、真实性和可靠性等特点。由于档案具有一定的保密性，因此比较难以获得，一般仅限于本单位或本组织内部查看，因此对于这些资料的利用也是比较少的，在科技论文写作中更是很少利用。

8.2.2.2 根据文献的载体形式和记录方式分

根据文献的载体形式和记录方式可将文献分为印刷型、缩微型、声像型和机读型。

(1) 印刷型

印刷型的文献是最原始的文献类型，也是从古至今人们最为熟悉的一种文献类型。这种类型的文献载体从古代的甲骨、竹简等材料逐渐过渡到纸张，记录手段也从手写逐渐过渡到印刷。像传统的图书、期刊、手册、档案、报纸等都属于印刷型的。它的优点是方便阅读、便于流传，缺点是占用空间大，需要耗费较多的人力、物力来保存，而且检索起来也比较麻烦。

(2) 缩微型

缩微型文献的载体是胶卷、胶片等感光材料，是经过缩微拍摄的特殊记录方式形成的。它的优点是体积小，存储密度高，便于保存、传递，缺点是不能直接阅读，需要借助于特殊的缩微阅读机，因此不方便读者借阅。

(3) 声像型

声像型文献是以磁性材料或者感光材料为载体，运用录音、录像等技术，将文字图像和声音记录下来的文献，如幻灯片、唱片、录像带、录音带、电影胶片等。它内容真切，形象逼真，在信息交流、情报传递、科学研究中具有独特的作用，但必须配置特殊的设备才能利用。

(4) 机读型

机读型文献也称为电子文献，国家标准 GB/T 7714—2015《信息与文献参考文献著录规则》中将"电子文献"更名为"电子资源"，也即数字信息资源，是把文字、图片、声音、动态图像等以数字代码方式存储在磁带、磁盘、光盘等介质上，通过计算机输出设备和网络传递出去，最终显示在用户的计算机终端上。这种文献类型检索方便，可以高密度、大容量存储信息，高效率、多功能地加工转换信息，高速度、远距离地传输信息，但必须借助计算机等设备才能阅读。随着计算机技术和互联网技术的快速发展，这种文献类型已经越来越普及。

8.2.2.3 根据文献加工类型分

根据文献加工类型可将文献分为一次文献、二次文献和三次文献。

(1) 一次文献

一次文献也称原始文献，是以人们的社会实践和科学研究成果为依据而创作的原始文献，如图书、期刊论文、科技报告、会议论文、学位论文、技术标准、专利说明书等，还包括不宜公开发表的科技日记、杂记、实验记录等。由于这些文献是第一手资料，因此所记录的信息内容详尽、系统，具有一定的创造性，有较高的参考和借鉴价值，但由于数量庞大，常常需要利用二次文献才能获得相关信息。

(2) 二次文献

二次文献是把大量无序的一次文献信息按照一定的方法和原则进行加工整理、浓缩提炼后所形成的信息集合，如目录、题录、索引、文摘等。它的特点是浓缩性、汇集性和有序性，主要功能是提供一次文献的线索，是重要的检索工具。

(3) 三次文献

三次文献是通过二次文献提供的线索，选用一次文献内容，进行系统分析、综合、概括后形成的文献。如手册、指南、年鉴、百科全书等。三次文献具有更高的浓缩性，而且具有综合性和参考性等特点，可直接提供检索答案。

一般说来，一次文献是基础，是检索的对象；二次文献是检索一次文献的工具；三次文献是一次文献的浓缩和延伸，是文献信息的重要来源。

8.2.3 文献检索的步骤

8.2.3.1 检索课题的分析

对检索课题的分析，首先要明确检索目的，检索目的通常包含以下几个方面：①根据某一具体问题寻找具体答案。②查找特定文献，根据某一篇文献的线索查找原文，或已知某一作者，查询其发表的论文。③对某一问题做大致的了解，并就问题的某一方面，表述自己的观点撰写小论文。④对某一课题做全面的调查研究，了解该课题的整个发展过程，并在此基础上开展科研活动。对于撰写科技论文来说，一般的检索目的是第三点和第四点，这都是比较难的检索。至于对课题做全面检索的情况，这种检索是最难的，首先需要保证查全率，在此基础上再强调查准率。而且这个工作不能等到写论文的时候才做,需要在开始进行课题研究之前就要做好。否则如果没有查全文献,对于别人的工作做了重复劳动,不仅浪费了大量的人力、物力和时间,更不用谈撰写论文了,没有哪本期刊会刊登重复性的工作。对于第三点检索目的,就是与撰写科技论文直接相关的了,这点首先强调查准率,因为在前期对课题做全面检索时,已经在查全方面做了大量的工作。同时,在保证查准率的基础上,对于前期检索之后的时间段也要进行查全的检索,因为在研究课题的过程中别人也有可能进行类似或相同的研究。

在明确检索目的的基础上,更重要的是要明确检索内容,实际上是对检索课题主题内容和概念的正确分析,这是进行正确检索的前提条件,是影响检索质量的一个较为重要的因素。在正确分析和理解课题的基础上,想办法尽量用包含课题主要概念的一到两句话来描述课题的主题内容,特别是对于一些隐含的概念,一定要在分析课题的过程中尽量搞清楚,否则很有可能在检索的过程中造成误检和大量有用文献的漏检。

例如,"具有内增塑作用的悬挂链聚合物"这一课题的检索,如果不对"悬挂链"一词进行深入分析,直接用其进行课题检索,就会发现检索结果是大量极不相关的机械方面的论文。在对课题进行深入分析后,了解到所谓的"悬挂链"就是高分子中数均相对分子质量较大的支链,这个词是有的高分子研究人员根据这种高分子与机械领域"悬挂链"具有相似性借用过来的概念,因此在检索的时候就要了解其真正的含义再进行检索,才能保证文献检索的查全率和查准率。

8.2.3.2 检索词的选择

确定检索词是构造检索式的第一步,检索词选择的恰当与否,将直接影响检索的效果。这个过程主要依靠检索者在对课题主题内容进行正确分析和理解的基础上进行归纳整理,根据词的同类、隶属、相关性等关系列出一系列词,并应用有关主题词表、分类词表,查核有关词语。同时,在检索的过程中,也要留意所检到的相关文献中用到的同类词,进行进一步的补充检索。

(1) 上位主题词和下位主题词的合理搭配使用

上位主题词是泛指概念,内容含义更广泛;下位主题词是专指概念,内容含义狭窄,应当使用上位词和下位词共同参与检索,以提高查全率。

例如,"碳酸盐作为能量给体的化学发光体系"这一课题,"碳酸盐"这一上位词泛指的概念过大,不能完全代替"碳酸钠"、"碳酸钾"等下位词,用"碳酸盐 and 化学发光"作为检索式,在重庆维普资讯中文科技期刊数据库中检出文献 13 篇,用"(碳酸盐 or 碳酸钠) and 化学发光"作为检索式,在同样的数据库则检出 19 篇(检索日期 2015-11-26)。由简单的例子可以看出,如不考虑上位词和下位词的关系,势必造成文献的漏检而降低查全率。

(2) 写全同义检索词

很多检索者在检索的过程中往往忽略了其同义检索词,这样也会造成很多相关文献的漏检,需要通过查阅相关的主题词表、分类词表等方法将同义检索词补充完整,避免造成重要文献的漏检。

例如,"以 P123 共聚物为模板剂合成介孔分子筛"课题,以在 CNKI 中进行主题字段进行跨库检索为例,其检索词、检索策略和检索结果见表 8-1(检索日期 2015-11-26)。从检索结果可以看出,检索式 1 中仅使用"P123"和"模板剂"为检索词,获得的相关文献为 180 篇,显而易见,"P123"只是一个别称,通过了解,得知其全称为"聚环氧乙烷-聚环氧丙烷-聚环氧乙烷"，又查阅相关资料，得知其英文缩写为"EO20PO70EO20"和"PEO-PPO-PEO"，有些文献中还使用"聚环氧乙烯醚-聚环氧丙烯醚-聚环氧乙烯醚"或"聚氧乙烯-聚氧丙烯-聚氧乙烯"。同样的方法查阅得知"模板剂"也可以称为"结构导向剂"。获得这些检索词的同义词后，再用检索式2进行检索，结果获得相关文献195篇。由此可见，同义词的漏写将会造成文献漏检，应该通过多种途径尽量把同义词列全。

表 8-1　不同检索词的检索结果

序号	检索词	检索策略式	检索结果数目/篇
1	P123,模板剂,介孔分子筛	P123＊"模板剂"＊"介孔分子筛"	180
2	P123,聚环氧乙烷-聚环氧丙烷-聚环氧乙烷,聚氧乙烯-聚氧丙烯-聚氧乙烯,聚环氧乙烯醚-聚环氧丙烯醚-聚环氧乙烯醚,EO20PO70EO20,PEO-PPO-PEO,模板剂,结构导向剂,介孔分子筛	(P123＋EO20PO70EO20＋"聚环氧乙烷-聚环氧丙烷-聚环氧乙烷"＋"PEO-PPO-PEO"＋"聚氧乙烯-聚氧丙烯-聚氧乙烯"＋"聚环氧乙烯醚-聚环氧丙烯醚-聚环氧乙烯醚")＊("模板剂"＋"结构导向剂")＊"介孔分子筛"	195

8.2.3.3　检索策略的制定

在确定好检索词后，就要编写合理的检索式进行文献检索。检索式的编写主要是用各种基本运算符将确定好的检索词进行合理的组配，这些基本运算符包括位置算符、逻辑算符和截词符。这个环节同样对检索结果有着非常重要的影响，使用同样的检索词，不同的检索者进行文献检索获得的结果也不一样，运算符使用的是否合理将直接影响检索结果的查准率和查全率。运算符在不同的检索工具中会有不同的表达方式，但其功能是一样的。在实际操作中，进行一次检索就可以获得合适的结果几乎是不可能的，需要在利用初步构造的检索式进行检索的基础上，根据浏览检索结果所获知的一些信息，反复对检索式进行调整、修改，最终获得满意的结果。可以用位置算符来改变检索词在一篇文献中的相对位置，以提高查全率或查准率；或增加（减少）若干个检索词，也可以尝试其他的专指词或进行短语检索；或通过逻辑算符来扩大或缩小检索范围。

例如"甜高粱茎秆制取乙醇固定化酵母流化床发酵方法"课题，以在中国国家知识产权局专利检索系统进行检索为例，在摘要中用不同的检索表达式检索得到的结果见表8-2（检索日期2015-11-26）。检索式1虽然充分考虑到了上位词、下位词和同义词的合理搭配，如用同义词"茎"、下位词"渣"、"汁"对检索词"秆"进行补充，用同义词"载体"和"酒精"分别对检索词"固定化"和"乙醇"进行补充，但由于表达式对检索条件限制得太死，查到的相关文献只有3篇。将检索条件分别放宽至检索式2或检索式3，分别检索到33篇和117篇文献。继续放大检索范围，将检索式2和检索式3结合的检索式4，获得文献2801篇。由此可见，不同的检索表达式对检索结果的影响是非常大的，合理使用基本运算符对检索词进行组配，既要保证较高的查全率，又要保证较高的查准率。

表 8-2　不同检索表达式的检索结果

序号	检索式	检索结果数目/篇
1	甜高粱 and（秆 or 茎 or 渣 or 汁）and（固定化 or 载体）and（发酵 or 酵母）and（乙醇 or 酒精）	3
2	（秆 or 茎 or 渣 or 汁）and（固定化 or 载体）and（发酵 or 酵母）	33
3	甜高粱 and（发酵 or 酵母）and（乙醇＋酒精）	117
4	（甜高粱 or 秆 or 茎 or 渣 or 汁）and（固定化 or 载体 or 乙醇 or 酒精）and（发酵 or 酵母）	2801

8.2.3.4 选择检索工具

在选择检索工具前，首先要明确课题所属的学科范围，即要搞清楚课题所涉及的学科领域，以便按学科选择信息资源。其次要明确信息指标，也就是明确所需信息的数量、语种、年代范围、类型等具体指标，以便正确地选择检索工具。

检索时供选择的检索工具有印刷本、光盘数据库、网络数据库和联机检索数据库。其中，联机检索数据库一般是针对专业检索人员的，一般的检索者往往接触不到。而普通的检索者最常用的是其他三种检索工具，随着网络的迅速发展和普及，目前网络数据库由于检索方便和不依赖于局域网的限制，越来越受到检索者的青睐。选择检索工具的原则主要有以下几点。

① 学科属性是考查参考资源是否适用的首选因素，要了解参考资源收编的范围和特色，所选择的检索工具必须覆盖课题的主要内容。

② 要注意所选检索工具的实效性，尽量选择更新时间较快的数据库。

③ 所选择的检索工具，质量尽可能高，收录文献尽量全面，且检索方便。

8.2.3.5 常用的检索手段

随着信息技术的不断发展，文献检索的手段也在不断地发生变化。目前文献检索的手段主要有两种：手工检索和计算机检索。

(1) 手工检索

手工检索是最原始的文献检索方法，即通过手工翻阅纸本文献（包括图书、期刊和目录卡片等）来获取信息的手段。手工检索不需要借助任何的特殊设备，方法也比较简单，但由于需要翻阅大量的检索工具，比较费时、费力，而且也容易造成误检和漏检，因此随着计算机检索技术的快速发展，手工检索越来越成为计算机检索的辅助手段。

(2) 计算机检索

计算机检索主要是以计算机为检索终端，并以此为媒介查询光盘数据库、互联网数据库或联机检索系统的数据来获取信息的手段。由于计算机功能强大、检索效率高，目前已经成为信息检索的主要手段，但纸质文献由于其内容丰富、全面等特点，不可能完全被计算机检索取代。

8.2.3.6 信息检索语言和检索途径

信息检索语言也称为受控语言，它是信息标引人员根据信息的外部特征或内容特征，用特定的标识符号对信息进行标引、组织和编排形成的一种人工语言。信息检索语言是沟通"信息"与"检索"的桥梁，用户检索的时候，根据自身需要通过使用检索语言，利用一定的检索方法，从检索工具中获取所需要的信息。信息检索语言主要有两大类，如图8-1所示。

根据各种检索语言进行文献检索，可以有多种不同的检索途径。

① 学科分类途径　主要利用分类索引、分类号进行文献资料查找，使用的检索工具有分类目录、分类索引等。

② 主题或关键词途径　按照文献的主题内容进行检索的一种途径。使用的检索工具主要有主题索引、关键词索引、叙词索引等。

③ 题名途径　从期刊名、书名或篇名等检索入口进行查找。

④ 著者途径　从个人作者、团体作者、编者或译者等检索入口进行查找。

⑤ 机构途径　从作者所在的单位、团体作者单位等入口进行检索。

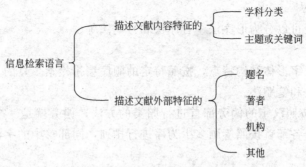

图 8-1 信息检索语言的分类

⑥ 任意字段途径 特指在计算机检索中，所选的检索词在数据库中所有字段进行检索。

8.2.3.7 常用的检索方法

(1) 常用法

常用法是指利用检索工具，使用一定的检索语言直接查找出与课题相关的文献的方法。这种方法能够直接获得大量相关文献，是进行课题研究之前及其前期中比较重要的查全文献的方法，但需要一定的检索技巧。常用法又分为顺查法和倒查法两种。顺查法是指按文献收录时间由远及近的顺序查，倒查法是指按文献收录时间由近及远的顺序查。顺查法和倒查法主要是针对手工检索来讲的，对于计算机检索，由于数据库可以直接选择某一时间段的文献进行检索，并可以很方便地对文献出版时间进行排序，因此这两种方法在计算机检索过程中差别不是很大。

(2) 回溯法

回溯法又叫追溯法，是以某一篇论文末尾所著录的参考文献为依据，按照其所提供的题录信息获取文献资料的方法。这种方法能够直接获得部分与课题相关的文献，查准率较高，一般是在科学研究中期，已经具备一定的相关文献资料的情况下比较常用的，在科技论文写作开始之前，使用这种方法获得部分相关资料也是一种很好的途径。

(3) 综合法

这种方法就是将常用法和回溯法相结合，先用常用法查出一批文献，进行阅读筛选后，从有价值的文献所附的参考文献中再追溯查找重要的相关文献。这种方法可以弥补常用法由于检索技巧使用不当所造成的文献漏检。

8.3 参考型检索工具

参考型检索工具是根据一定的社会需要，综合某一方面全面系统的知识，以特定形式编排，专供人们检索某一方面的基础知识或资料线索，解决各种疑难问题的工具。参考型检索工具属于三次文献，一般用于对事实型或数据型问题进行检索。事实检索是以特定的事项为检索对象并直接得到事实性的答案，如检索特定的人名、地名或名词术语等。数据检索是直接查找特定的数值型数据的一种检索方法，如各种统计数据、市场行情参数、公式等。这两种检索都是一种确定性的检索。

8.3.1 参考型检索工具的排检方法

参考型检索工具的排检方法根据内容特征和外形特征大致可以分为两类，根据内容特征可以分为分类法和主题法，根据外形特征可以分为字顺法、自然顺序法和列表法。

8.3.1.1 字顺法
字顺法进一步又可以分为形序法、音序法和号码法等。
(1) 形序法
形序法是根据汉字形体结构特点,按照特定的顺序编排检索工具的方法。这种方法又细分为部首法、笔画法和笔顺法。

① 部首法 是按照汉字的偏旁部首进行归类的方法,偏旁就是一个字的部首。把偏旁相同的字归在一起,各部首按照笔画多少为序进行排列,同部首中的字再按照其余部分的笔画多少排序。

② 笔画法 又称笔数法,就是简单地按照汉字的笔画多少来排序,少的在前,多的在后,对于相同笔画的字,再按照起笔笔形或部首进行排序。

③ 笔顺法 又称笔形法,是按照汉字的起笔笔形顺序来确定汉字排序的方法,也就是按照书写汉字第一笔的顺序来排序。起笔笔形的一般顺序为点、横、竖、撇、捺。这种排检方法一般很少单独使用,只有在个别的工具书中会用它编排正文。

(2) 音序法
音序法是按照汉字的读音对汉字进行排列的一种方法。主要包括汉语拼音字母法、声部韵部法和注音字母法。

① 汉语拼音字母法 这个排序方法是大家最为熟悉的一种方法。汉语拼音共设 26 个字母,排列顺序是根据 1958 年公布的《汉语拼音方案》规定的顺序。汉语拼音字母法就是根据这个字母顺序来排列汉字,具体排列规则是,先按字音的第一个字母排,如果第一个字母相同,再按第二个字母的顺序排,以此类推。如果全部字母顺序都完全相同,则按声调阴平、阳平、上声、去声的顺序排。

② 注音字母法 1949 年前后出版的工具书大都按照这个方法编排汉字,主要是用注音符号排列汉字的方法,先查声母,再查韵母,如果声母和韵母都相同,再按照阴平、阳平、上声、去声四种声调次序进行查找。

③ 声部韵部法 即声部法和韵部法。前者是将汉字按古声母分类排列汉字的方法;后者是将汉字按古韵母分类后进行排序的方法。

(3) 号码法
号码法是把汉字的笔形先变成数字,把这些数字连接成一组号码,再按号码大小排列汉字的方法。号码法主要有四角号码法、皮撮法、起笔笔形代码法和快速检字法等。现在最常用的是四角号码法,把汉字的笔画分为十种,以号码来代表。横笔用 1 表示;竖笔用 2 表示;点捺用 3 表示;两笔交叉用 4 表示;三笔交叉用 5 表示;方框用 6 表示;角用 7 表示;八用 8 表示;小用 9 表示;点下有一横笔用 0 表示。每一种笔画都以号码代表,因此每个字都有四角,都有号码代表,如"端"字的四角号码为 0212,根据 0212 查字典的页码,就可以查到"端"字。读书遇到不会读音的字,使用这种方法最好,查字的速度快,商务印书馆出版的《四角号码新词典》及《辞源》、《辞海》都有四角号码索引。

8.3.1.2 自然顺序法
自然顺序法又分为时序法和地序法。
(1) 时序法
时序法是指按照事物发展的时间顺序、人物的出生年月,或生平经历的先后顺序编排信息的方法。比如各种年表、历表、大事记等都是采用时序法编排,这种方法线索清晰,检索起来非常方便。

(2) 地序法

地序法是指按照一定时期的行政区域规划排列文献的方法。此法主要用于编制和检索地理和地方资料的工具书，如中外地图集、地方志、地名录等参考工具书，皆用此法排检。

8.3.1.3 主题法

主题法是按照既定的主题汇集和编排资料的排检法。该法用从文献内容中抽取的规范化的自然语言来标引文献的中心内容，对于这些规范语言，按字顺排检。该法不受学科领域限制，能使同一事物的知识相对集中，再利用"参照"项，沟通相关知识。这种方法的使用范围比较广泛，如年鉴、百科全书等，都以此法排检。

8.3.1.4 分类法

分类法是按学科或按事物性质的系统性排列文献的方法，是书刊资料常用的分类法。如中国图书馆分类法、中国科学院图书分类法、国际十进制分类法等都按此法编排。这些分类法不仅是图书馆的书刊资料分编、排架的依据，而且大量的工具书，也依此法进行编排、检索。

8.3.2 参考型检索工具的类型

参考型检索工具因其选材、加工或编排方式等的不同，形成多种不同的类型，常见类型如下。

8.3.2.1 字典、词典

字典、词典（Dictionaries）是按照一定方法编排的，汇集文章、语言和事物名词等，并解释其含义、发音和用法的工具。该种知识性参考工具书，在表音文字的国家里通称词典（如英文 dictionary），没有字典和词典之分。在我国古汉语中也无字、词典之分，统称为字书。现代汉语中，字典、词典有区别。字典是解释汉字的形、音、义及其用法的工具书；词典是解释词语的概念、意义及其用法的工具书。虽然现在二者有一定区别，但不能断言分开。

字典、词典的种类很多，根据其内容和用途来分，一般分为综合性、专业性、缩略语等类型。如《说文解字》、《中华大字典》、《现代汉语词典》、《中国百科大词典》、《牛津英语词典》等都属于综合性词典；《现代科学技术词典》、《哲学词典》、《农业辞典》、《英汉畜牧科技词典》、《英汉园艺学词典》等都属于专业性词典；《英汉缩略语词典》、《科技英文缩写词典》、《英汉农业缩略语词典》等都属于缩略语类型的词典。

8.3.2.2 百科全书

百科全书（Encyclopedia）就是各种学科知识的总汇，它包括自然、社会科学和工程技术各个领域最全面、最系统的知识，是一种以辞典形式编排的一种大型的综合性工具书。百科全书多采用条目形式对各个学科知识的定义、概念、原理、方法、历史和现状等做出客观实际的解释和描述。百科全书完善的检索体系，使读者能够迅速而准确地检索到所需知识。一般在10卷左右的百科全书称为"百科全书"，20卷以上的称为"大百科全书"。根据其收录范围、学科性质和通俗程度，可分为综合性、专业性和通俗性三种百科全书，通俗性百科全书如《旅游百科全书》等；综合性百科全书如《简明不列颠百科全书》、《中国大百科全书》、《大英百科全书》、《苏联大百科全书》等；专业性百科全书如《中国农业百科全书》、《食品科学百科全书》等。

8.3.2.3 手册

手册（Handbook 或 Manual）是汇集某一学科、某一专题的基础知识和基本数据或综合性资料的便捷性工具书。手册一般常用指南、便览、要览、一览、需知、必备、大全等名称，其编排体例简便、易查，一般以分类排列，并附有字顺索引。

手册按照其知识领域和内容的不同，可以分为综合性和专科性两种，其中专科性手册占比例较大，提供某一学科或某一专题的知识，如《简明化学手册》、《汉语拼音中国地名手册》、《微生物学手册》、《农业科技常用数据手册》、《蔬菜病虫害防治手册》、《畜牧生产常用数据手册》、《肉品卫生检验手册》等。综合性手册提供各学科专业的基本知识和数据，或提供与日常生产、生活等相关的常识或知识，如《中华人民共和国资料手册》、《世界各国手册》和《青年知识手册》等。

8.3.2.4 年鉴

年鉴（Annual 或 Yearbook）又称年报、年刊，是一种汇集社会科学和自然科学等各领域的重大事件、重要时事文献及科学技术新进展和统计数据的工具书，能够提供详尽的事实、数据和统计数字，有些还附有大量图表和插图等，能够反映近期政治、经济发展动向及科学文化进步情况，是每年一期连续出版的工具书。年鉴可以说是大百科全书的补充，其资料主要来源于当年的政府文件、政府公报及一些重要报刊。

年鉴根据其内容、性质和用途可分为记事年鉴、综述年鉴和统计年鉴，根据其涉及的领域又可分为综合性、专门性和区域性年鉴。由于年鉴出版及时，报道新颖，提供的资料内容极具权威性和可靠性，成为广大科技人员非常重要的参考工具书。如《中国百科年鉴》、《世界知识年鉴》、《联合国统计年鉴》、《中国农业年鉴》、《中华人民共和国水文年鉴》、《中国统计年鉴》、《中国教育年鉴》、《中国医药年鉴》等。

8.3.2.5 名录

名录是一种提供各种名称及其相关信息的检索工具，包括人名录、机构名录、地名录、企事业单位名录和产品名录等，这里主要介绍人名录和机构名录。

(1) 人名录

人名录源于名人传记，是根据其个人生平史实编纂的检索人名的工具，包括传记词典和名人录。如《国际人名录》、《世界名人录》、《美国科学家名录》、《世界农业人名录》等，能够为考查某个著名人士及其成就提供较为系统的线索和资料，是一种实用性较强的工具书。

(2) 机构名录

机构名录（Dictionary 或 Directory 或 Guide）是简要介绍各种机构如政府部门、政治团体、行业组织、慈善机构等的名称和基本情况的汇编，它又称为机构名称"指南"、"辞典"、"年鉴"、"手册"、"名鉴"、"总览"等，是为查找有关组织机构简要信息的工具书。

机构名录一般包括以下信息：①机构的全称、简称、国际上流行的译名、创建日期、地址、邮编、电话号码；②机构的规模、宗旨、沿革、组织概况、负责人姓名、活动情况；③机构的业务介绍、服务项目、出版物及其会议情况等。如《美国政府研究中心名录》、《中国图书馆名录》、《世界大学名录》、《中国科学研究与开发机构名录》等属于机构名录。

8.3.2.6 表谱

表谱（Table）或称表册，是一种采用表格形式汇集某一方面或某一专题相关资料的特种参考工具书。主要包括年表、历表和人物年谱等专门性表谱。

年表是查考历史年代和历史事件的检索工具书，分为纪元年表和记事年表。历表是查考和换算不同历法年月日的工具。人物年谱是按时间顺序记载历史人物的生卒年代、生平事迹及著述等的专门表谱。常用的表谱如《中外历史年表》、《中国历史大事年表》、《中华人民共和国大事记》、《新编万年表》、《温度查算表》、《地形测量高差表》、《世界有花植物分科检索表》、《唐宋词人年谱》、《中国历史人物生卒年表》等。

8.3.2.7 图录

图录（Photography）又称图谱，是用图形或图像的形式描绘人物或事物的一种直观性的特种工具书，图录一般都附有文字说明。主要包括地图和图谱。

① 地图（Map） 是将地表事物和现象按一定比例缩小并标绘于纸上的缩影，包括普通地图、历史地图和专业地图三种。普通地图如《世界地图》、《中华人民共和国分省地图集》等；历史地图如《中国历史地图集》；专业地图如《美国农业地图集》、《中国气候等级图》等。

② 图谱 是以图像揭示和反映事物或人物形象的一种检索工具。包括历史图谱、事物图谱和人物图谱等。历史图谱如《简明中国历史图册》、《中国历史参考图标谱》；事物图谱如《中国高等植物图鉴》、《家畜解剖图谱》等；人物图谱如《古今中外历史人物图谱》等。

8.4 数字信息资源检索的基础知识

8.4.1 数字信息资源的基本概念

数字信息资源即电子资源，指一切以数字形式生产和发行的信息资源，这种资源包括文字、图片、声音、动态图像等。具体地说，就是将这些信息资源以数字代码方式存储在磁带、磁盘、光盘等介质上，通过计算机输出设备和网络等通信技术传递出去，最终显示在用户的计算机终端上。这种新的信息资源是随着现代计算机技术、通讯技术、磁存储技术及网络技术的迅速发展而发展起来的，由此也使计算机检索取代手工检索，成为信息检索的重要手段，而传统的手工检索一般作为辅助检索手段。

8.4.2 数字信息资源的类型

数字信息资源的类型根据不同的形式划分有多种不同的分类方法，如根据出版形式划分，可分为图书、期刊、报纸、专利、科技报告、学位论文等，这种分类方法与纸本文献的分类方法相同。下面介绍与纸本文献不同的分类方法。

8.4.2.1 按文献载体类型划分

按文献载体类型可以将数字信息资源分为磁带数据库、光盘数据库、联机检索数据库和网络数据库。

① 磁带数据库 是以磁带为存储介质的电子信息资源，如随书磁带和独立磁带。这种数据库主要发展于 20 世纪 50~60 年代计算机情报检索的原始时期，那时的计算机是由电子管组成，主要的存储介质是磁带、磁鼓，功能比较简单，只能进行简单的检索。

② 联机检索数据库 是存储于联机检索中心的数据库，用户通过计算机终端和通信线路与计算机数据库中心进行直接对话，如 Dialog，STN 等是著名的联机检索数据库。联机检索数据库主要发展于 20 世纪 60~70 年代，这个时期计算机主要部件由晶体管组成，使得检索速度大大提高，检索起来非常方便，采取人机对话式检索，可随时修改检索表达式，及时取得检索结果，但缺点是检索费用极其昂贵。

③ 光盘数据库　通常是指以光盘为存储介质的数据库，如 CA on CD 数据库。这种数据库发展于 20 世纪 80 年代，随着大容量计算机存储器和 CD-ROM 出现而发展起来的，这一时期计算机检索进入国际联机检索与光盘检索共同发展阶段。由于光盘这种存储介质具有存储密度高、容量大、读取迅速、保存成本低等优点，使得计算机检索速度进一步提高，并且检索起来更为方便，但缺点是这种数据库更新周期比较长。

④ 网络数据库　是跨越电脑在网络上创建、运行的数据库，能够在更大范围内实现信息共享。网络数据库发展于 20 世纪 90 年代，是现代通讯技术、网络技术和计算机技术高度发展并相互融合的产物，它的出现与发展，使得计算机检索进入一个新的时期，如 SciFinder Scholar，EI Compendex 等都是网络数据库。这种数据库具有检索方法简单，更新周期较短，检索速度快，并且检索费用也比联机检索数据库便宜很多。

8.4.2.2　按数据库记录形式划分

数字信息资源按数据库记录形式分为全文数据库和文摘数据库。

① 全文数据库　包含一次文献，用户通过数据库能够方便地得到所需资料的全文。主要的全文数据库如维普资讯中文科技期刊数据库、美国化学学会 ACS 数据库等。

② 文摘数据库　只包含文献的题录和文摘，如果想获得一次文献还需要借助于其他的检索工具。主要的文摘数据库如美国化学文摘（CA）、工程索引（EI）、剑桥科技文摘（CSA）等。

8.4.2.3　数字信息资源的基本结构

每种数字信息资源一般可以成为一个检索系统，一个检索系统包含一个或若干个数据库，数据库是由很多个记录组成，记录又包含多个不同的字段。

(1) 记录

记录是数据库中的基本文献单元。一条记录是对某一实体的完整描述，如书目数据库中一条记录一般是一篇文献的书目或题录。

(2) 字段

字段是组成记录的基本信息单元。每一个字段都描述文献的某一方面特征，不同数据库的记录字段不完全相同。字段可分为两类，即基本字段和辅助字段。基本字段用以描述文献的内容特征，如标题（TI）、文摘（AB）、主题词（DE）等。辅助字段用以描述文献的外部特征，如著者（AU）、出版社（PY）、语种（LA）等。

8.4.3　数字信息资源检索的常用算符和常用技术

数字信息资源检索常用的算符包括布尔逻辑算符、位置算符和截词符。

8.4.3.1　布尔逻辑算符

布尔逻辑算符是计算机检索中最为常用的一种算符，它采用布尔代数中的逻辑运算符 and、or 和 not。运用布尔逻辑算符能够把一些具有简单概念的检索单元组配成表达复杂概念的检索式，可以使用户的信息需求表达得更准确。

(1) 逻辑"与"

逻辑"与"用逻辑算符"and"或"*"表示，使用这个算符表示检索命中的信息同时含有它所连接的两个检索词，如图 8-2 所示，两个圆交叉的部分即为命中的结果。逻辑"与"专指性强，起缩小检索范围和提高文献查准率的作用。

(2) 逻辑"或"

逻辑"或"用逻辑算符"or"或"+"表示，检索命中信息包含它所连接的两个检索词

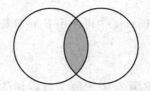

图 8-2　A and B

的任意一个即可,如图 8-3 所示,即所有关于逻辑 A 或逻辑 B 或者同时包括 A 和 B 的都出现在检索结果。增加主题的同义词,以扩大检索范围,避免文献漏检,提高文献查全率。

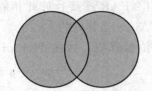

图 8-3　A or B

(3) 逻辑"非"

逻辑"非"用逻辑算符"not"或"-"表示,检索命中信息只包含它所连接的第一个检索词的概念,但要排除含有第二个检索词的概念。如图 8-4 所示,检索结果只包括逻辑 A,不包括逻辑 B 或者同时有 A 和 B 的,排除了不需要的检索词。

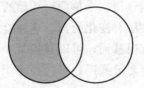

图 8-4　A not B

逻辑算符的优先顺序是 not>and>or。

8.4.3.2　位置算符

位置算符表示两个或多个检索词之间的位置邻近关系。布尔逻辑算符只要求它所连接的检索词在同一篇文献中是否出现,而没有限定算符两侧检索词之间的位置关系,有时难免造成误检,而运用位置算符可以表示两个检索词间较为准确的位置邻近关系,可提高检索结果的查准率。不同网络数据库使用的位置算符也不尽相同,常用的位置算符如下。

(1) P/n 算符与 N/n 算符

① P/n 算符表示其两侧检索词之间允许插入 0~n 个词,要求这两个检索词在文献中出现的前后位置不能互换。例如,P/0 算符表示其两侧检索词必须紧密相连,除空格和标点符号以外,不得插入其他词或字母,且两个检索词的前后位置不能互换,可用连字符"-"替代,如 CD P/0 ROM 或 CD-ROM 将命中 CD ROM 或 CD-ROM;P/2 算符则表示两侧检索词中间可能有 0~2 个单词,两个检索词的前后位置不能互换。

② N/n 算符表示其两侧检索词之间允许插入 0~n 个词,且这两个检索词的词序可以颠倒。例如,N/0 算符表示其两侧检索词必须紧密相连,除空格和标点符号以外,不得插入其他词或字母,但两词的词序可以颠倒,如 cross N/0 section 可检出 cross section 和 section cross;N/2 算符则表示两侧检索词中间可能有 0~2 个单词,且这两个检索词的词序可以

颠倒。

国际联机检索系统 ProQuest Dialog 中可使用 P/n 算符与 N/n 算符，精确限定两个检索词的位置关系。

(2) NEAR 算符

有些网络数据库中使用 NEAR 算符限定两个检索词的位置邻近关系，不同数据库中该算符的形式会有所不同。例如，Web of Science 数据库中该算符的形式为 NEAR/x，可查找由该运算符连接的检索词之间相隔指定数量的单词的记录，该规则也适用于单词处于不同字段的情况；用数字取代 x 可指定将检索词分开的最大单词数；如果只使用 NEAR 而不使用/x，则系统将查找其中的检索词由 NEAR 连接且彼此相隔不到 15 个单词的记录，salmon NEAR virus 与 salmon NEAR/15 virus 是等效的。

有些数据库中还会使用其他位置算符，如在 Web of Science 数据库中还使用 SAME 算符。

(3) 短语检索

有些网络数据库可把短语放在双引号（""）内进行精确短语检索，例如 "hybrid electric vehicle"，"5-tert-butyl-1,3-benzoxazole"。在中文数据库中，放在双引号中的检索词，也表示该词精确匹配的意思。

8.4.3.3 截词符

截词符号包括截词符和通配符，常见的有 "?"、"*" 或 "$" 等，不同的检索系统可能用不同的符号。将其加在检索词（指一个单词）片段的前后或中间，以检索一组概念相关或同一词根的词，以及同一词的拼法有变化的词。这种检索方式可以扩大检索范围，提高查全率。一般情况下，"?" 常用于有限截词，可以替换某个单词内部或结尾的任何一个字符，不能代表没有字符；"*" 常用于无限截词，可代替多个字符，可用于某个检索词的开头、结尾或中间。

(1) 后截断

后截断是前方一致检索，截词符放在被截词的右边，也称右截断，是最常用的截词检索技术。如输入 librar*，可检索到 libraries，librarian，library 等。

后截词主要用于下列情况的检索：词的单复数检索，如 compan*，可检索 company 与 companies，如 199*，可检索 1991，1995，1990s 等；词根检索，如 cataly*，可以检索 catalyze，catalyzed，catalysis 等。

(2) 前截断

前截断又称左截断，截词符放在被截词的左边，例如输入 *polymer，可检索 homopolymer，copolymer 等。也可与后截断一同使用。

(3) 中截断

中截断是把截词符放在词的中间。如 organi?ation 可检索 organisation，organization 等。

8.4.3.4 优先算符

优先算符即用括号将优先检索的检索式括起来，系统会首先检索括号中的概念。例如，(cross country or nordic) and skiing，系统首先检索括号内含有 "cross country or nordic" 的表达式，得到检索结果 "A"，然后再检索 "A and skiing" 的表达式。如果不加优先算符，则系统先检索 "nordic and skiing" 表达式，得到结果 "B"，然后再检索 "cross country or B"的表达式,这两种检索结果是完全不同的。

8.4.3.5 字段检索

字段检索是指定检索词在数据库记录中出现的字段范围的一种检索方法,被指定的字段也称检索入口。检索时,系统只对指定字段进行匹配运算,提高了效率和查准率。

一般数据库提供的可检索字段可分为两大类:一类是表征文献内容特征的主题字段;一类是表征文献外部特征的非主题字段。其中主题字段又称为基本检索字段,如,文献的题名、摘要、主题词等;非主题字段又称辅助字段,如著者、出版年、出版单位、语种等。

在西文数据库中,字段检索有时是用代码来表示的。数据库不同,字段名称和代码也有所不同,需要在检索时再进行查看,不同学科不同类型的数据库还有许多自己的专用检索字段,如化学文摘数据库就使用化学类专用的分子式和化学物质登记号等检索字段。另外,不同的数据库对于同样的检索字段有不同的要求,如作者全名为"Richard Stuart",有些数据库要求按"名姓"格式输入,如"Stuart Richard";有些数据库要求按"姓的全称和名的首字母"输入,如"Richard S";还有的数据库要求加","号,如"Richard,S"和"Richard,Stuart"。具体的检索方法要查看检索系统的 Help 文件中的相关说明。

8.4.3.6 全文检索

全文检索是指直接对文献原文进行检索,从而更加深入到语言细节中去。它扩展了用户查询的自由度,使用户能对原文的所有内容进行检索,检索更彻底、直接。全文检索通常用于全文数据库和搜索引擎中,使用全文检索可能会提高查全率。

8.5 常用的网络数据库

在各种类型的数字信息资源中,网络数据库具有信息量大、数据标引深度高、检索功能强大、检索速度快,并且相对于联机检索系统来讲检索费用较低等优点,随着现代信息技术的快速发展,已经成为普通的信息检索用户最为常用的数字信息数据库类型。本节主要介绍国内外一些常用的综合性网络数据库。

8.5.1 中国知识资源总库

中国知网,是国家知识基础设施(National knowledge infrastructure)的概念,由世界银行提出于 1998 年。中国知识基础设施(CNKI)工程是以实现全社会知识资源传播共享与增值利用为目标的信息化建设项目,由清华大学、清华同方发起,始建于 1999 年 6 月。CNKI 工程集团建成了世界上全文信息量规模最大的"CNKI 数字图书馆",并正式启动建设中国知识资源总库及 CNKI 网格资源共享平台。中国知识资源总库包括源数据库、行业知识库、特色资源、作品欣赏、国外资源、指标索引等 6 个模块。其中,CNKI 系列源数据库是其核心,包括中国学术期刊网络出版总库(CAJD)、中国博士学位论文全文数据库(CDFD)、中国优秀硕士学位论文全文数据库(CMFD)、中国重要报纸全文数据库(CCND)、中国重要会议论文全文数据库(CPFD)、中国专利全文数据库等。中国知识资源总库的网址为 http://www.cnki.net,所有数据库都提供免费的题录数据,全文数据均采用收费服务方式,主要采用 Web 版(网上包库)、镜像站版、光盘版、流量计费等收费服务模式。以下主要介绍 CNKI 的常用的几个数据库。

8.5.1.1 CNKI系列数据库简介

(1) 中国学术期刊网络出版总库

中国学术期刊网络出版总库是目前世界上最大的连续动态更新的中国学术期刊全文数据库，以学术、技术、政策指导、高等科普及教育类期刊为主，其内容覆盖自然科学、工程技术、农业、哲学、医学、人文社会科学等各个领域。截至2015年11月，收录国内学术期刊8129种，全文文献总量达4400多万篇。该数据库收录自1915年至今出版的期刊，部分期刊回溯至创刊，每日更新数据。

(2) 中国博士学位论文全文数据库和中国优秀硕士学位论文全文数据库

中国博士学位论文全文数据库和中国优秀硕士学位论文全文数据库是目前国内相关资源最为全面的博士学位论文全文和硕士学位论文全文数据库。收录从1984年至今的全国985、211工程等重点高校，中国科学院和社会科学院等研究院所的博士学位论文和硕士学位论文。截至2015年11月，分别收录来自427家培养单位的博士学位论文27万多篇和684家培养单位的优秀硕士学位论文240多万篇，其内容覆盖基础科学、工程技术、农业、哲学、医学、哲学、人文、社会科学等各个领域，每日更新数据。

(3) 中国重要会议论文全文数据库

中国重要会议论文全文数据库收录了国内重要会议主办单位或论文汇编单位书面授权，投稿到"中国知网"进行数字出版的会议论文，是《中国学术期刊（光盘版）》电子杂志社编辑出版的国家级连续电子出版物。重点收录1999年以来，中国科学技术协会、社会科学联合会系统及省级以上的学会、协会、高等院校，科研院所，政府机关等举办的重要会议上发表的文献。其中，全国性会议文献超过总量的80%，部分连续召开的重要会议论文回溯至1953年。截至2015年11月，已收录出版16138次国内重要会议投稿的论文，累积文献总量190多万篇，每日更新数据。

(4) 中国重要报纸全文数据库

中国重要报纸全文数据库收录2000年以来中国国内重要报纸刊载的学术性、资料性文献的连续动态更新的数据库。收录范围为国内公开发行的500多种重要报纸。至2012年10月，累积报纸全文文献1000多万篇，每日更新数据。

(5) 中国专利全文数据库

中国专利全文数据库（知网版）包含发明专利、实用新型专利、外观设计专利三个子库，准确地反映中国最新的专利发明。该数据库可以通过申请号、申请日、公开号、公开日、专利名称、摘要、分类号、申请人、发明人、优先权等检索项进行检索，并一次性下载专利说明书全文。数据库收录了从1985年至今的中国专利。截至2015年11月，共计收录专利1294万多条，每两周更新一次数据。

8.5.1.2 检索字段

CNKI的系列数据库可以进行单库检索，也可以选择多个数据库，在一个界面下实现跨库统一检索，省却了逐个登陆多个数据库的麻烦，而且统一检索界面格式统一，检索过程简单。

检索字段视不同的数据库略有不同，如在跨库统一检索界面上，基本检索字段包括篇名、主题、关键词、摘要，辅助检索字段包括全文、中图分类号、参考文献。在中国学术期刊网络出版总库、中国博士学位论文全文数据库、中国优秀硕士学位论文全文数据库、中国重要会议论文全文数据库的界面上均包括上述基本字段。辅助字段除上述介绍的各个字段外,各个数据库的界面上还包括了各自所特有的辅助字段,如中国学术期刊网络出版总库有刊名、ISSN 等辅助检索字段,中国博士学位论文全文数据库和中国优秀硕士学位论文全文数据库有导师、学位授予单位等字段。中国专利全文数据库则有其特有的检索字段,如专利名称、申请号、公开号、分类号、申请人、发明人等。因此在开始检索之前一定要充分了解各数据库的检索字段,以便于制定检索策略。

8.5.1.3 检索方式

根据不同检索需求,CNKI 提供了多种不同的检索方式,每个数据库根据其收录内容又有一些特定的检索方式,在跨库检索界面上主要提供以下几种面向不同需要的检索方式,即简单检索、高级检索、专业检索、作者发文检索、科研基金检索、句子检索、文献来源检索、二次检索。以下主要介绍简单检索、高级检索、专业检索和二次检索等四种常用的检索方式。

(1) 简单检索

简单检索是 CNKI 首页默认的检索方式,检索界面如图 8-5 所示,提供了类似搜索引擎的检索方式,用户只需要输入所要找的关键词,点击"检索"就能查到相关的文献。该方式既可进行单库检索,也可同时在所有子库中进行检索。

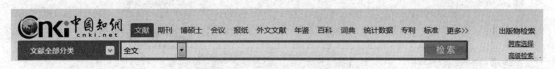

图 8-5 CNKI 的简单检索界面

(2) 高级检索

在单库检索和跨库检索界面下均可进行高级检索,高级检索界面如图 8-6 所示。高级检索可以运用系统提供的逻辑运算符将检索字段进行快速有效的组配,这种方式用于比较复杂的检索需求,命中率较高。可以通过下拉菜单选择检索字段,还可以根据需要通过检索框左侧的"+"或"-"符号随意增加或减少检索框数目。具体检索步骤为:选择相应的检索字段,在检索框中输入对应的内容检索条件,选择逻辑关系组配,对词频和匹配度进行限定,并可增加相应的检索限制条件(包括时间、支持基金、文献来源、作者、学科领域等检索控制条件),点击"检索"按钮进行检索;对检索结果分组、排序,反复筛选修正检索式得到最终结果,如果对检索结果不满意,还可以通过二次检索继续对检索结果进行限制。

(3) 专业检索

专业检索允许检索者使用各种逻辑运算符、字段标识和检索词构造更为精确的检索式进行检索,比高级检索的功能更为强大,但需要熟练掌握各种算符的用法,因此一般适用于专业的情报检索人员。检索界面如图 8-7 所示。

(4) 二次检索

二次检索是指通过简单检索或高级检索后,没有达到期望的检索结果,可以在这些检索的基础上,也就是在前期检索结果的范围内进一步缩小检索范围,二次检索可以反复使用,直至检索到满意的结果。

8.5.2 万方数据知识服务平台

万方数据知识服务平台(简称万方数据)是由万方数据股份有限公司建立起来的综合性网络化信息服务系统。万方数据股份有限公司是国内较早以信息服务为核心的股份制高新技

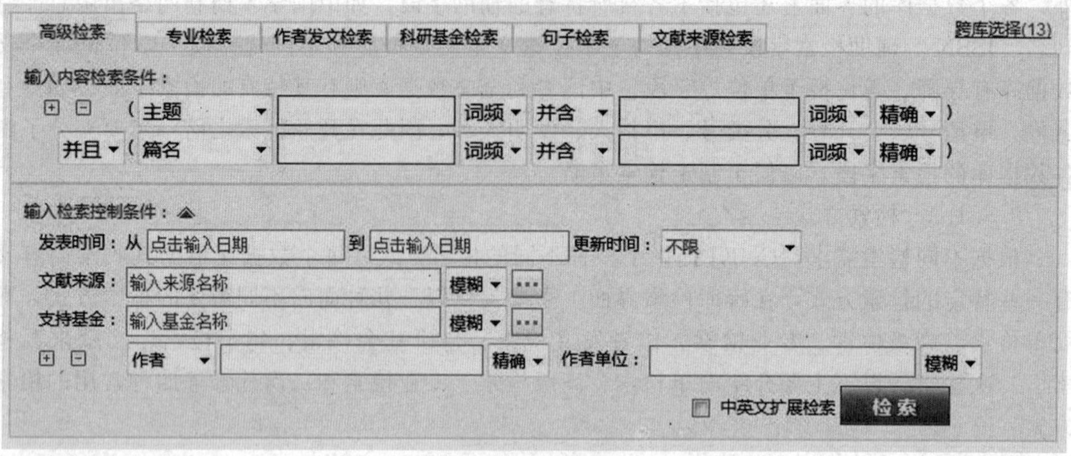

图 8-6 CNKI 跨库检索的高级检索界面

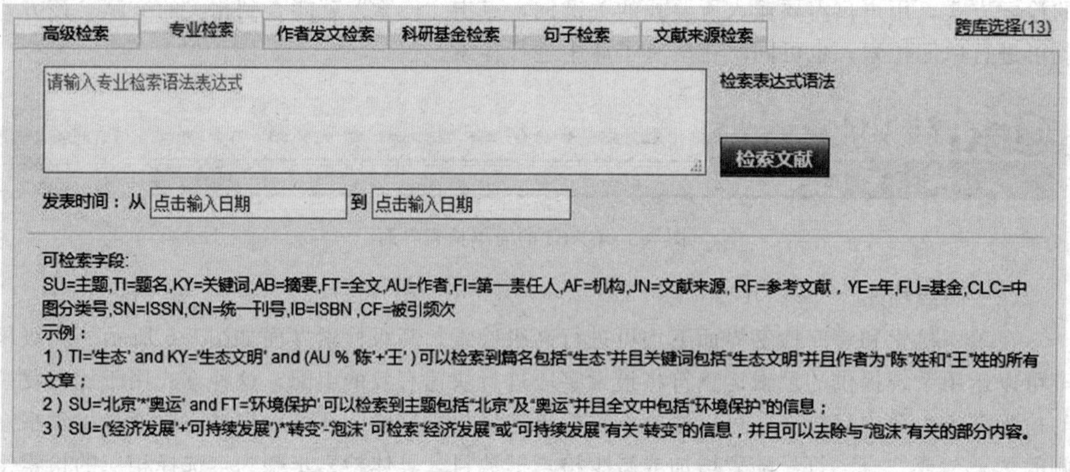

图 8-7 CNKI 跨库检索的专业检索界面

术企业，是在互联网领域，集信息资源产品、信息增值服务和信息处理方案为一体的综合信息服务商。公司目前有六家股东单位：中国科技信息研究所、中国文化产业投资基金、中国科技出版传媒有限公司、北京知金科技投资有限公司、四川省科技信息研究所和科技文献出版社。万方数据资源系统与CNKI知识资源系统类似，也是集成了一系列数据库，包括学术期刊、学位论文、会议论文、外文文献、专利技术、中外标准、科技成果、图书、政策法规、机构和科技专家等。其内容以科技信息为主，同时也收录经济、金融、社会、人文等方面的信息，登录网址为 http://g.wanfangdata.com.cn。

8.5.2.1 万方数据系列数据库简介

（1）中国学术期刊数据库

中国学术期刊数据库（CSPD）是万方数据知识服务平台的重要组成部分，集纳了多种科技、人文和社会科学期刊的全文内容。收录自 1998 年以来国内出版的各类期刊，其中绝大部分是进入科技部科技论文统计源的核心期刊。截至 2015 年 11 月，论文总数量达 3200 余万篇。

（2）中国学位论文全文数据库

中国学位论文全文数据库（CDDB）是万方数据知识服务平台的重要组成部分，精选收录自1980年以来全国重点学位授予单位的硕士、博士学位论文以及博士后报告。内容涵盖理学、工业技术、人文科学、社会科学、医药卫生、农业科学、交通运输、航空航天和环境科学等各学科领域。与国内600余所高校、科研院所等学位授予单位合作，占研究生学位授予单位的85%以上。重点收录1980年以来的学位论文，并将逐年回溯并月度追加，可提供1977年以来的学位论文全文传递服务。截至2015年11月，论文总量达338余万篇，每年增加约30万篇。

(3) 中国学术会议文献数据库

中国学术会议文献数据库（CCPD）由中文全文数据库和西文全文数据库两部分构成，内容涵盖人文社会、自然、农林、医药、工程技术等各学科领域。以国家级学会、协会、研究会组织，部委、高校召开的全国性学术会议论文为主，每年涉及近3000个重要的学术会议。"中文版"所收会议论文内容是中文；"英文版"主要收录在中国召开的国际会议的论文，论文内容多为西文。收录了自1983年至今的会议论文，截至2015年11月，总计295余万篇，每年增加约20万篇全文，每月更新。

(4) 中外专利数据库

中外专利数据库（WFPD）包括中国专利文献、国外与国际组织专利两部分，收录了国内外的发明、实用新型及外观设计等，内容涉及自然科学各个学科领域。收录自1985年以来的专利，为全文资源，包括七国两组织（中国、美国、日本、德国、英国、法国、瑞士、欧洲专利局和世界知识产权组织）的专利信息数据。截至2015年11月，专利总量达4600余万项，每年增加约25万条，中国专利每两周更新一次，国外专利每季度更新一次。

(5) 中国科技成果数据库

中国科技成果数据库（CSTAD）收录了国内的科技成果及国家级科技奖励、计划、鉴定项目，范围有新技术、新产品、新工艺、新材料、新设计，涉及自然科学的各个学科领域。截至2015年11月，收录的科技成果总记录约84万项。

(6) 中国法律法规数据库

中国法律法规数据库（CLRD）主要由国家信息中心提供，包括13个基本数据库，内容涵盖国家法律法规、行政法规、地方法规、国际条约及惯例、司法解释、合同范本、案例分析等，涉及社会各个领域。该库数据格式采用国际通用的HTML格式。收录自中华人民共和国建国以来全国人民代表大会及其常委会、国务院及其办公厅、国务院各部委、最高人民法院和最高人民检察院以及其他机关单位所发布的国家法律、行政法规、部门规章、司法解释以及其他规范性文件。

8.5.2.2 检索方法

万方数据系统的检索方法与CNKI类似，也提供简单检索、高级检索和跨库检索界面，但不支持二次检索。

(1) 简单检索

简单检索是万方数据首页默认的检索界面，可直接输入检索词进行检索，在此界面只能选择一个子数据库进行检索，但其中学术论文检索包括期刊论文、学位论文、会议论文、外文文献等4个子库，不提供检索字段和其他限制条件的选择，检索功能较为简单。

(2) 高级检索和跨库检索

万方数据系统的跨库检索界面可以实现对万方数据所有数据库进行统一检索，在该界面下可以选择对单个子数据库进行检索，也可以选择多个数据库进行跨库检索。检索字段随子数据库的类型不同而不同，学术论文子数据库的检索字段一般都包括主题、题名或关键词、题名、创作者、作者单位、关键词、摘要、日期。该界面提供高级检索和专业检索两种检索模式。

① 高级检索　提供了多个检索框，数目可随意增减，并且可以对各检索框的匹配度和各检索框之间的逻辑关系进行选择。

② 专业检索　专业检索允许检索者使用各种逻辑运算符和检索词构造更为精确的检索式进行检索。

8.5.3　维普期刊资源整合服务平台

重庆维普资讯（VIP）有限公司成立于1995年，前身为中国科技情报研究所重庆分所数据库研究中心，是中国第一家进行中文期刊数据库研究的机构。数据库研究中心于1989年自主研发并推出了中文科技期刊篇名数据库。在中文科技期刊篇名数据库的基础上，维普资讯又相继研发并推出了中文科技期刊数据库、中国科技经济新闻数据库、中文科技期刊数据库（引文版）、外文科技期刊数据库、中国科学指标数据库、中文科技期刊评价报告、中国基础教育信息服务平台、维普-Google学术搜索平台、维普考试服务平台、图书馆学科服务平台、文献共享服务平台、维普期刊资源整合服务平台、维普机构知识服务管理系统、文献共享平台、维普论文检测系统等系列产品。维普期刊资源整合服务平台是重庆维普资讯有限公司2010年推出的产品，是集合所有期刊资源从一次文献保障到二次文献分析，再到三次文献情报加工的专业化信息服务整合平台，该平台还兼具为机构服务功能，在搜索引擎的有效拓展下提供支持工具，网址为http://lib.cqvip.com。维普期刊资源整合服务平台包含4个功能模块："期刊文献检索"模块、"文献引证追踪"模块、"科学指标分析"模块、"搜索引擎服务"模块。其中中文科技期刊数据库（CSTJ）是"期刊文献检索"模块的重要组成部分，涵盖12000余种中文期刊的数据资源，其中核心期刊1957种，包含了1989年（部分可回溯至1955年）至今的4000余万篇文献，数据每周更新。该平台的使用包括以下检索方式，都支持二次检索。

(1) 基本检索

这是首页默认的检索方式，操作相对简单，直接在输入框中输入检索式或检索词即可进行检索，可以增加多个检索框输入检索条件、选择逻辑运算符做由上至下的组配检索，并可增加相应的检索限制条件，检索限制条件包括年限、期刊范围和学科范围；提供的检索入口有：题名或关键词、题名、关键词、文摘、作者、第一作者、机构、刊名、分类号、参考文献、作者简介、基金资助、栏目信息。

(2) 传统检索

这种检索方法是2005年5月换版前的检索模式，与基本检索类似，也是直接在输入框中输入检索式或检索词进行检索，可以增加相应的检索限制条件。其检索字段为 M 题名或关键词、K 关键词、T 题名、R 文摘、A 作者、F 第一作者、S 机构、J 刊名、C 分类号、U 任意字段。检索限制条件包括同义词、同名作者、期刊范围、年限和更新周期，同时可在左边导航树中选择文献类别限制，或选择期刊类别限制。

(3) 高级检索

高级检索提供两种检索方式：向导式检索和直接输入检索式检索。向导式检索提供分栏式检索词输入方法，提供可增减数目的若干检索框，每个检索框都可以选择各自的检索字段、扩展功能和匹配度,各检索框间可以选择逻辑运算符;提供的检索字段有:M 题名或关键词、K 关键词、T 题名、R 文摘、A 作者、F 第一作者、S 机构、J 刊名、C 分类号、Z 作者简介、I 基金资助、L 栏目信息、U 任意字段。直接输入检索式检索可在检索框中直接输入逻辑运算符、字段标识和检索词组成的检索式,即专业检索方式,并可通过点击"更多检索条件"对相关检索式进行进一步限制,包括年限、期刊范围和学科范围。

(4) 期刊导航

期刊导航的检索界面提供对维普资讯收录的所有期刊进行浏览,并可以按期查看某一刊物所收录的所有文章。其查找方法也有很多,可以通过输入期刊名和 ISSN 号检索期刊,也可以按期刊名称字顺、期刊学科分类导航、核心期刊导航、国内外数据库收录导航、期刊地区分布导航进行浏览。

8.5.4 ScienceDirect

8.5.4.1 简介

ScienceDirect 数据库是由 Elsevier Science 公司出版的全文数据库,该公司是一家总部设在荷兰的历史悠久的跨国科学出版公司,其出版的期刊是世界公认的高品位学术期刊,且大多数为核心期刊,并被世界上许多著名的二次文献数据库收录。该数据库登录网址为 http://www.sciencedirect.com。ScienceDirect 数据库收录的资源包括期刊、图书、参考工具书、丛书、手册。其中期刊达 2500 多种,电子图书达 33000 种。ScienceDirect 数据库是一个综合性的数据库,包括的学科有 Physical Sciences and Engineering(物理科学和工程), Life Sciences(生命科学), Health Sciences(健康学)和 Social Sciences and Humanities(社会和人文科学)四大类。每个大类下还包含若干小类,具体分类如下。

PhysicalSciences and Engineering 下包含:Chemical Engineering(化学工程);Chemistry(化学);Computer Science(计算机科学);Earth and Planetary Sciences(地球和行星学);Energy(能源);Engineering(工程);Materials Science(材料科学);Mathematics(数学);Physics and Astronomy(物理学和天文学)。Life Sciences 下包含:Agricultural and Biological Sciences(农业和生物科学);Biochemistry, Genetics and Molecular Biology(生物化学、遗传学和分子生物学);Environmental Science(环境科学);Immunology and Microbiology(免疫学和微生物学);Neuroscience(神经系统学)。Health Sciences 下包含:Medicine and Dentistry(医学和牙科学);Nursing and Health Professions(护理与健康学);Pharmacology, Toxicology and Pharmaceutical Science(药理学、毒理学和药学);Veterinary Science and Veterinary Medicine(兽医学)。Social Sciences and Humanities 下包含:Arts and Humanities(艺术和人文科学);Business, Management and Accounting(商业、管理和会计学);Decision Sciences(决策学);Economics, Econometrics and Finance(经济、计量经济学和金融学);Psychology(心理学);Social Sciences(社会科学)。

8.5.4.2 检索方法

该数据库提供资源浏览和简单检索、高级检索、专业检索等检索方式,检索结果可以通过年份、出版物名称、主题和文献类型进行进一步限定,并为注册用户提供个性化服务。

(1) 简单检索

简单检索(Simple search)界面是默认的检索,在每个界面的上方都有简单检索的检索框,提供针对 Article(文本)的检索。文本检索界面共提供了包括 Search all fields(任意字段)、Author name(作者)、Journal or book title(期刊或题名)、Volume(卷)、Issue(期)和 Page(/页码)6 个检索框。在 Search all fields 检索框中可以直接输入检索词或检索式进行检索。

(2) 高级检索

单击简单检索框右侧"Advanced search"进入高级检索界面。该检索界面分为上下两个区,即检索策略输入区和检索条件的限定区。检索策略区提供两个检索框,相对应每个检索框可以选择检索字段,包括 All Fields(所有字段);Abstract,Title,Keywords(摘要、题名、关键词);Authors(作者);Specific Authors(特定作者);Source Title(刊名);Title(题名);Keywords(关键词);Abstract(摘要);References(参考文献);ISSN(国际标准期刊编号);ISBN(国家标准图书编号);Affiliation(机构)12 个字段选项。其中,Authors 字段与 Specific Authors 字段的区别是,限定 Authors,意味着检索词出现在 Authors 字段中,但可能来自不同人的名字;限定 Specific Author 字段,则意味着检索词必须出现在同一个人的名字中。条件限定区可以限定检索结果的出版时间、资源类型、学科领域等。

(3) 专业检索

在高级检索的界面或检索结果的界面中,点击右侧的"Expert search",即可进入专业检索界面。该界面也分为检索策略输入区和检索条件限定区。在检索策略输入区可直接利用各种布尔逻辑算符、位置算符和检索词编写检索表达式进行检索,检索结果可以限定的更为准确。检索条件限定区也可以对检索结果的资源类型、学科领域和出版时间进行限制。

(4) 资源浏览

系统提供按字母顺序(Alphabetically)和按学科(By subject)分类的期刊或书的列表,用户可以根据自己的习惯在资源浏览页中选择自己所需的刊名或书名。若选择期刊,单击刊名,进入该刊所有卷期的列表,进而逐期浏览。若选择书,单击书名,进入该书的目录,浏览章节。

该数据库除提供文本检索外,还提供 Image(图像)检索,可通过 Image 题名等检索期刊论文和图书中出现的图像和视频。

8.5.5 SpringerLINK

8.5.5.1 简介

SpringerLINK 是世界上著名的科技出版集团——德国 Springer 开发的全球最大的在线科学、技术和医学领域学术资源平台。该系统所涉及的资源类型包括电子期刊、电子图书、电子参考工具书和电子从书等,其中全文电子期刊多达 3100 多种,包括 24 个学科,分别为 Architecture and Design(建筑和设计学);Astronomy(天文学);Behavioral Science(行为科学);Biomedical Sciences(生物医学);Business and Management(商业和管理学);Chemistry(化学);Computer Science(计算机科学);Earth Sciences and Geography(地球科学和地理学);Economics(经济学);Education and Language(教育和语言学);Energy(能源);Engineering(工程学);Environmental Sciences(环境科学);Food Science and Nutrition(食品科学和营养学);Law(法律);Life Sciences(生命科学);Materials(材料科学);Mathematics(数学);Medicine(医学);Philosophy(哲学);Physics(物理学);Psychology(心理学);Public Health(公共健康学);Social Sciences(社会科学);Statistics(统计学)。平台检索主页为 http://link.springer.com。

8.5.5.2 检索方法

SpringerLINK 数据库提供资源浏览功能，检索方式包括简单检索和高级检索，检索结果可以通过文献类型、学科和语言进行进一步限定。

（1）简单检索

SpringerLINK 数据库检索界面的首页最上方提供一个简单检索框，可以直接输入检索词进行检索，也可利用逻辑运算符（and，or，not），截词符（*，?），位置算符（NEAR，ONEAR），短语检索（""）等组配检索式进行检索。

（2）高级检索

点击首页检索框右侧的"※"可以选择高级检索"Advanced Search"，进入高级检索界面。高级检索界面提供下述检索框："with all of the words"（包含全部的检索词，输入框内的每个单词间默认关系为 and）；"with the exact phrase"（包含精确短语，输入框内的检索词为短语）；"with at least one of the words"（包含任意一个检索词，输入框内的每个单词间默认关系为 or）；"without the words"（不包含输入框内的检索词）；"where the title contains"（输入的检索词位于题名中）；"where the author/editor is"（输入的检索词位于作者或编辑姓名中）；"Show documents published"（限定文献出版时间）。各个检索框中可以使用截词符，但不能使用逻辑运算符、位置算符等组配检索式。

（3）资源浏览

在 SpringerLINK 数据库检索界面的首页可以按学科、资源类型进行浏览，查找需要的内容。

8.5.6 EBSCOhost

8.5.6.1 简介

EBSCOhost 是美国 EBSCO 公司为数据库检索设计的系统，有近 60 个数据库，其中全文数据库 10 余个，涉及自然科学、社会科学、人文和艺术等多种学术领域。EBSCO 公司是一个具有 70 多年历史的大型文献服务专业公司，提供期刊、文献定购及出版等服务，总部在美国。其中 EBSCOhost 数据库是其早期开发的基于 EBSCOhost 平台的数据库，主要包括 Academic Search Premier（ASP）、Business Source Premier（BSP）、Education Resource Information Center（ERIC）、MEDLINE 和 Newspaper Source、Regional Business News 等多个子数据库。EBSCOhost 数据库检索主页为 http：//search.ebscohost.com。

① ASP 是综合学科全文数据库，收录范围几乎覆盖各个学科领域，提供 8500 多种期刊的索引和文摘，4600 多种期刊全文，其中包括 3900 多种同行评议期刊的全文，ASP 还提供了 100 多种期刊回溯至 1975 年或更早期发表的 PDF 格式资料，以及 1000 多种期刊的可搜索引用参考文献。ASP 通过 EBSCOhost 每日进行更新。

② BSP 是行业中最常用的商业全文数据库，提供全文，收录了 2300 多种期刊（包括 1100 多种同行评议期刊），全文内容最早可追溯至 1886 年，可搜索引用参考文献最早可追溯至 1998 年。相比同类数据库，BSP 优势在于全文收录的内容涵盖市场营销、管理、MIS、POM、会计、金融和经济在内的所有商业学科。BSP 在 EBSCOhost 上每日更新。

③ ERIC 提供了教育文献和资源。数据库提供了 Current Index of Journals in Education 和 Resources in Education Index 中所含期刊的信息，包含超过 130 万条记录和 32 万多篇全文文档的链接，时间可追溯至 1966 年。

④ MEDLINE 提供了有关医学、护理、牙科、兽医、医疗保健制度、临床前科学及其

他方面的权威医学信息。该数据库由 National Library of Medicine 创建，采用了包含树、树层次结构、副标题及展开功能的医学主题词表（MeSH）索引方法，可检索 5400 多种流行生物医学期刊中的引文。

8.5.6.2 检索方法

EBSCOhost 数据库包括多个子数据库，可选择单库进行检索，也可以同时选择多个库进行检索。该数据库可根据出版物名称进行浏览或检索，直接找到特定出版物。可进行科目术语检索和图像检索，科目术语检索即学科主题检索，可查找特定主题范围的资源；图像检索可查找照片、图片。提供的检索方式有基本检索和高级检索。

(1) 高级检索

高级检索界面分为检索输入区和检索选项区，检索输入区默认提供 3 个检索输入框，可通过"＋"和"－"号增加或减少检索框，但不能少于 3 个，在检索框内可以随意输入词组、句子或检索式进行检索。每个检索框的右侧有下拉框可供选择字段，各检索框左侧可以直接选择逻辑算符。可供选择的检索字段包括 TX 所有文本、AU 作者、TI 标题、SU 主题词、SO 来源、AB 摘要等。检索选项区可以通过选择检索模式和出版物名称、出版时间等其他限制选项以及某个子数据库的特定限制条件对检索结果进行限制。其中检索模式包括四种：布尔逻辑/词组，查找全部检索词语，查找任何检索词语和智能文本检索。其中布尔逻辑/词组模式是指支持任何布尔逻辑运算符的使用和词组的精确检索；查找全部检索词语是指词间默认的关系是逻辑 and；查找任何检索词语是指词间默认的关系是逻辑 or；智能文本检索可以输入尽可能多的检索文本，包括词组、句子、篇章或全部页面。

(2) 基本检索

基本检索界面也分为检索输入区和检索选项区，但其检索输入区只提供一个检索输入框。在检索框内可以随意输入词组、句子或检索式进行检索。检索选项区与高级检索方式下类似，只是某个子数据库的特定限制条件较少，其他内容相同。

参 考 文 献

[1] 郭倩玲. 科技论文写作. 北京：化学工业出版社，2012.
[2] 张孙玮，吕伯昇，张迅. 科技论文写作入门［M］. 第4版. 北京：化学工业出版社，2011.
[3] 韦凤年. 怎样写科技论文［J］. 河南水利，2006，(09)：37-39.
[4] 高莉丽. 浅析科技论文写作的道德规范［J］. 广西大学学报（哲学社会科学版），2009，31（4）：138-141.
[5] 刘素萍，宋俊丽，杨继承. 科技论文写作［M］. 北京：中华书局，2007.
[6] 夏镇华. 科技论文撰写参考［M］. 北京：国防工业出版社，2009.
[7] 梁福军. 科技论文规范写作与编辑［M］. 第2版. 北京：清华大学出版社，2014.
[8] 杨继成，陈艳春. 专业技术人员科技论文写作［M］. 北京：中国人事出版社，2010.
[9] 李兴昌. 科技论文的规范表达：写作与编辑［M］. 北京：清华大学出版社，1995.
[10] 陈国剑. 科技论文著编规范［M］. 郑州：河南大学出版社，2006.
[11] 郭爱民. 研究生科技论文写作［M］. 沈阳：东北大学出版社，2008.
[12] 钟似璇. 英语科技论文写作与发表. 天津：天津大学出版社，2004.
[13] 李旭. 英语科技论文写作指南［M］. 北京：国防工业出版社，2005.
[14] 肖东发，李武. 学位论文写作与学术规范［M］. 北京：北京大学出版社，2009.
[15] 林豪慧，孙丽芳. 信息资源检索与利用［M］. 第2版. 北京：电子工业出版社，2007.
[16] 吴寿林等. 科技论文与学位论文写作［M］. 上海：东华大学出版社，2009.
[17] 刘春燕，安小米. 学位论文写作指南［M］. 北京：中国标准出版社，2008.
[18] 过仕明. 信息检索概论［M］. 哈尔滨：黑龙江科学技术出版社，2005.
[19] 彭奇志. 信息检索与利用教程［M］. 北京：中国轻工业出版社，2007.
[20] 戴超勋，赵玉涛. 科学创新与论文写作［M］. 北京：机械工业出版社，2004.
[21] 左文革，吴秀爽. 农业信息检索与利用［M］. 北京：中国农业出版社，2006.
[22] 孙乐民，张海新. 科技论文写作与投稿［M］. 长沙：国防科技大学出版社，2002.
[23] 尹才忠，王绍维，朱舜等. 毕业论文写作指南［M］. 成都：西南交通大学出版社，1991.
[24] 欧阳周，汪振华，刘道德. 毕业论文和毕业设计说明书写作指南［M］. 长沙：中南工业大学出版社，1996.
[25] 赵英才. 学位论文创作［M］. 长春：吉林大学出版社，2009.
[26] 全国信息与文献标准化技术委员会. 信息与文献　参考文献著录规则：GB/T 7714—2015［S］. 北京：中国标准出版社，2015.
[27] 全国信息与文献标准化技术委员会. 学位论文编写规则：GB/T 7713.1—2006［S］. 北京：中国标准出版社，2006.
[28] 邓芳明，龚学民. 从外籍编委审校英文摘要看编校英文摘要应注意的问题［J］. 编辑学报，2007，19(1)：20-22.
[29] 贺萍. 英文科技论文撰写中的几个用词问题［J］. 中国科技期刊研究，2006，17(2)：321-323.
[30] 杨远芬. 科技论文评价方法实证比较研究［J］. 科技管理研究，2008(8)：57-59.
[31] 林德明，姜磊. 科技论文评价体系研究［J］. 科学学与科学技术管理，2012，33(10)：11-17.
[32] 邱均平，李江. 链接分析与引文分析的比较［J］. 中国图书馆学报，2008，34(1)：60-64.
[33] 王一华. 基于IF（JCR）、IF（Scopus）、H指数、SJR值、SNIP值的期刊评价研究［J］. 图书情报工作，2011，55(16)：144-148.
[34] 吴雷，孙莹莹. 基于h指数和g指数的高等学校学术表现评价应用研究［J］. 经济研究导刊，2013(17)：245-247.